入海口城市发展
图 集

陈明星　主编

科 学 出 版 社
北 京

审图号：GS 京（2025）1107 号

图书在版编目（CIP）数据

入海口城市发展图集 / 陈明星主编 . 北京：科学出版社，2025. 7.
ISBN 978-7-03-080018-3

Ⅰ. F299.1-64

中国国家版本馆 CIP 数据核字第 2024UT9023 号

责任编辑：杨逢渤 / 责任印制：徐晓晨
封面设计：无极书装 / 装帧设计：北京美光设计制版有限公司

科学出版社 出版
北京东黄城根北街16号
邮政编码：100717
http://www.sciencep.com

北京华联印刷有限公司印刷

科学出版社发行 各地新华书店经销

*

2025年7月第 一 版 开本：787 × 1092 1/8
2025年7月第一次印刷 印张：26
字数：500 000

定价：400.00元

主编简介

陈明星（1982－ ），男，研究员（中国科学院特聘核心岗位），博士生导师，优秀青年科学基金项目获得者，国家重点研发计划专家组成员，中国科学院大学岗位教授，现任中国科学院地理科学与资源研究所党委委员、区域可持续发展分析与模拟重点实验室主任。曾获第二届吴传钧人文与经济地理学优秀论文奖一等奖、中国城市地理学优秀论文奖一等奖、第十三届全国青年地理科技奖等。入选科睿唯安全球高被引科学家名单、斯坦福大学和爱思唯尔联合发布的全球前 2% 顶尖科学家榜单。

长期从事城市化与区域发展研究，发表学术论文 100 余篇，主持国家自然科学基金项目 7 项，包括优秀青年科学基金项目、原创探索计划项目、面上项目、青年科学基金项目、专项项目及学科发展战略研究项目等，是创新研究群体项目核心骨干成员。主持国家社会科学基金重大、重点项目各 1 项。主持国家发展和改革委员会委托“十四五”规划前期研究课题“面向 2035 年中国新型城镇化战略研究”，研究成果被纳入《国家“十四五”规划重大问题研究》。多次应邀参加中央财办、中央农办城镇化和城乡融合发展座谈会。

副主编简介

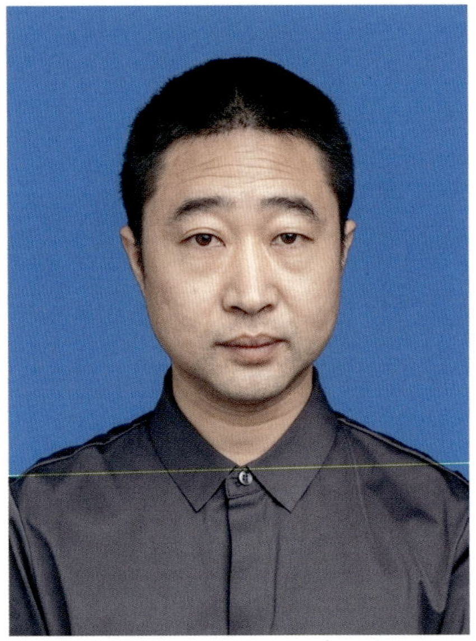

黄耀欢（1982－），男，副研究员（中国科学院特聘骨干岗位），硕士生导师，中国科学院青年创新促进会会员，中国水利学会青年科技委员会委员，中国科学院大学岗位教授。现任地理信息科学与技术全国重点实验室地理信息探测研究室副主任。曾获国家测绘科技进步奖一等奖，地理信息科技进步奖二等奖、三等奖，中国自然资源学会青年科技奖等。

长期从事地理信息技术智能应用研究，发表学术论文100余篇，授权专利10余项，软件著作权20余项，先后主持国家自然科学基金项目、中国科学院战略性先导科技专项课题、科技部基础性工作专项课题、中国科学院重点部署项目课题、国家重点研发计划项目专题等。

副主编简介

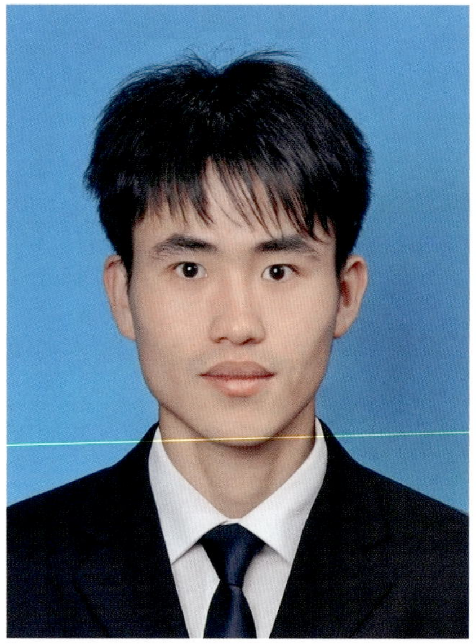

蒋会平（1990－），男，中国科学院区域可持续发展分析与模拟重点实验室助理研究员。曾参与国家高技术研究发展计划项目、国家重点研发计划项目、中国科学院战略性先导科技专项（A类）课题多项。现主持国家自然科学基金青年科学基金项目1项，参与面上项目2项、专项项目1项。

长期从事联合国SDG 11相关指标遥感监测、数据生产、定量评估和情景模拟等全链条和系统化研究。发表学术论文40余篇，取得国家发明专利2项。曾选派借调至国家发展和改革委员会规划司工作一年，并多次受邀参加有关职能部门组织召开的城镇化工作专家咨询会议。

前 言 / Preface

20世纪以来人类社会发生的最为显著的变化是星球城市化。1950年，全球城市人口约占全球总人口的30%，而到了2007年，城市人口比例已超过50%，2023年达到56%，预计到2030年、2050年将分别增至60%、72%。城市人口从1950年的7.51亿人增长到2000年的28.68亿人，再到2030年有望进一步增长到51.67亿人。城市是人类文明的结晶，是经济、文化、科技和社会活动的中心。与此同时，城市也面临着气候变化、经济复苏、住房问题、社会公平等一系列严峻挑战。

2022年10月，世界城市日全球主场活动暨第二届城市可持续发展全球大会在上海开幕，主题为“行动，从地方走向全球”。习近平向大会致贺信指出，世界城市日全球主场活动秉承“城市，让生活更美好”理念，致力于推动全球城市可持续发展，希望各国城市积极参与全球发展倡议，加快落实联合国《2030年可持续发展议程》和《新城市议程》，助力经济有效复苏，改善生态环境质量，提升城市治理效能，共同推动全球可持续发展。

2022年11月，世界入海口城市合作发展大会在山东东营开幕，主题为“江河奔海·共向未来”。时任全国政协副主席张庆黎在讲话中指出，入海口城市在经济社会发展中发挥着重要作用，希望世界入海口城市深化文明互鉴，促进理解尊重，加强经贸合作，增进民生福祉，共同打造城市间经济互补、文化包容的利益共同体和责任共同体。时任山东省委书记李干杰在致辞中指出，举办这次大会是贯彻落实习近平重要指示要求的实际举措，是深入落实黄河重大国家战略的具体行动，应深化国际合作，推动互学互鉴，共同谱写世界入海口城市发展新篇章。

在世界入海口城市合作发展大会开幕式上，中国科学院地理科学与资源研究所陈明星研究员牵头编制的《世界入海口城市发展研究报告（2022年）》隆重发布，报告界定了“入海口城市”概念及内涵，总结了入海口城市发展的国际态势、成长模式和可持续性研究。研究成果被中央电视台新闻联播、新华社等报道关注。会后，世界入海口城市合作发展大会组委会专函感谢中国科学院地理科学与资源研究所为论坛成功举办发挥的重要作用；山东省黄河三角洲可持续发展研究院、山东省东营市人民政府外事办等单位领导多次带队莅临中国科学院地理科学与资源研究所访问指导，对陈明星课题组为入海口城市研究和大会成功举办做出的重要贡献表示感谢。在此，向山东省黄河三角洲可持续发展研究院常淮诚院长、张凌燕副院长、臧民杰副院长、魏景海处长，山东省东营市人民政府外事办苏保乾主任、徐燕副主任等在工作开展全过程中的信任和支持表示衷心感谢！

基于各方面的积极评价、反馈和鼓励，课题组在 2024 年出版《入海口城市发展模式》的基础上，发挥中国科学院地理科学与资源研究所多学科综合交叉优势，结合多源数据和 GIS、RS 等技术，进一步开展相关研究工作。作为河流与海洋交汇处形成的特殊城市类型，入海口城市兼具自然生态复杂性与社会经济重要性，既是人类文明与经济活动的重要集聚区，也是践行可持续发展理念的前沿阵地，对探索人与自然和谐共生的现代化路径具有不可替代的战略价值，对其持续深入开展研究具有显著科学和现实意义。本图集遴选 20 个代表性入海口城市（亚洲 9 个、欧洲 5 个、非洲 1 个、北美洲 2 个、南美洲 2 个、大洋洲 1 个），综合采用多源日间多光谱和彩色夜间灯光影像以及精细尺度土地利用和建筑轮廓数据，从不同维度反映全球入海口城市的空间形态和发展特色，分析比较入海口城市的自然地理基础与社会经济特征，为总结提炼入海口城市的可持续发展模式提供直观可视化方案和技术方法支撑。

本图集所使用的日间多光谱影像来自美国 Landsat 系列卫星和 MAXAR 公司高分辨率光学卫星，土地利用信息来自欧洲航天局提供的 WorldCover 数据集，建筑轮廓信息来自国际开源项目 OpenStreetMap。彩色夜间灯光影像来自可持续发展大数据国际研究中心 SDGSAT-1 卫星，SDGSAT-1 是全球首颗专门服务《2030 年可持续发展议程》的科学卫星，也是中国科学院首颗地球科学卫星，旨在实现“人类活动痕迹”的精细刻画，满足全球可持续发展目标（SDGs）监测、评估和科学研究的相关需求。卫星首席科学家中国科学院院士郭华东研究员带领论证并设计了微光、热红外和多谱段协同探测人－地作用信息的卫星工程体系。其中，微光成像仪具备全球首创的同时获取 10m 全色与 40m 彩色微光影像的能力，能够以更加丰富的波段信息和空间细节展示全球主要入海口城市的夜间灯光图景，反映不同资源环境背景下的城市人居格局与经济发展状况，为研究入海口城市可持续发展提供了宝贵的数据支持。在此一并表示诚挚的感谢。

本图集的制作和出版工作得到国家自然科学基金项目“新型城镇化与人口流动新格局下就近城镇化的模式及机制”（42171204）、中国科学院战略性先导科技专项（A 类）“美丽中国生态文明建设科技工程”子课题“优化开发区地理图景重构与空间开发强度管控”（XDA23100301）和中国科学院基础前沿科学研究计划“从 0 到 1”原始创新项目“全球城镇化对气候变化影响的检测归因与地理分异机制”（ZDBS-LY-DQC005）共同资助。图集的总体设计由陈明星完成，方案编制由陈明星、黄耀欢、蒋会平共同完成，陈良侃、熊标、程嘉梵、先乐、宋文明和马菁等参与了数据处理和图像制作。

全球入海口城市数量众多，选取 20 个城市难窥全貌。由于本图集编制时间较紧、编者水平所限，书中难免存在不足和疏漏之处，敬请读者批评指正。

陈明星

目 录 / Contents

World

世界
入海口城市概况

入海口是部分封闭的沿海半咸水，有一条或多条河流或溪流流入其中，并与海洋相连通，是河流环境和海洋环境之间的过渡带，具有明显的海陆交错带特征。入海口地区既受到潮汐、海浪和咸水流入等海洋影响，也受到淡水和沉积物等河流影响，往往具有丰富的生物资源、矿产资源和水资源。该地区同时具有优良的水运航道，可为区域物质运输提供重要渠道，进而促进工业、农业、交通运输等人类社会经济活动的发展。入海口城市指河流与海洋交汇处的海岸带上发育的城市，是具有河流海洋交汇、陆地海洋统筹融合等特色，将入海口区域内的河流、陆地以及海洋多样化生态系统与人类社会经济活动紧密联系的特殊类型城市。

入海口城市是城市的一种具体类型或者一种特定的表现形式，是兼顾入海口自然属性和城市社会经济属性的城市类型。入海口城市作为河流和陆地物质汇入海洋的多相界面过程的节点，受到物质与水动力累积效应与水陆生态系统交织影响，往往又是局部生态环境尤为脆弱与复杂的区域，城市经济社会发展的同时又需充分考虑区域内陆河流水系与海洋水体及区域生态环境的保护与安全。随着经济全球化、全球可持续发展目标和城市持续发展，入海口城市已经成为落实生态文明建设、可持续发展、以人为本宜居城市等新发展理念的重要载体。入海口城市内涵特征主要体现在四个方面：①河流海洋水系交汇。入海口城市位于河流和海洋水系环境频繁作用的过渡带区域，河流近河口段以河流特性为主，河口外海滨以海洋特性为主，河流和海洋则强弱交替地相互作用，有独特的泥沙运动、淡水咸水交互等性质。②陆地海洋统筹发展。入海口城市地理位置特殊，位于陆地系统和海洋系统相互交接、相互作用的地带，兼具海域和陆域不同属性的环境特征，是地球上水圈、岩石圈、大气圈和生物圈相互作用最频繁、最活跃的地带，统筹陆地与海洋的开发与保护的系统治理。③通江达海区位优势。入海口城市具有通江达海地理区位的综合优势，是联结河流上游、中游和下游沿线城市的龙头城市，也是通过海洋与全球其他地区城市建立国际化联系的重要枢纽，形成其他城市难以比拟的区位特色。④生态环境重要脆弱。由于入海口城市区域海陆气相互作用的复杂过程和机理，形成融淡水、海水、咸淡水混合、潮滩湿地、河口岛屿和沙洲湿地等复杂生态系统，是不同圈层交汇、能流和物流的重要聚散地带，受人类活动扰动程度大，受气候变化影响敏感性强。

本图集选取的 20 个全球案例城市，生动展现了入海口城市依托其资源环境禀赋、历史脉络与功能定位形成的多元化发展路径。上海、伦敦、鹿特丹、汉堡、釜山凭借深水良港与广阔腹地，崛起成为融合航运、金融与高端服务的全球综合枢纽；广州、曼谷、胡志明市、卡拉奇、布宜诺斯艾利斯依托大河三角洲的人口与区位优势，发展成为驱动区域经济增长的门户与引擎；新奥尔良、阿巴丹、圣彼得堡、魁北克依赖能源、大宗货物或传统工业形成特色产业；开罗、布鲁塞尔、毛淡棉、马卡帕彰显了历史水道型城市与河流生态、文化遗产共生的特点；东营、泰勒姆本德代表了在生态敏感区探索保护与发展平衡的特色模式。通过综合运用多源数据与 GIS、RS 等技术，本图集旨在多视角对比展示这些城市在基础设施及自然人文景观上的分布特征，揭示其适应环境、融入全球与区域经济体系的独特发展逻辑与挑战，可为促进入海口城市的可持续发展提供一定参考。

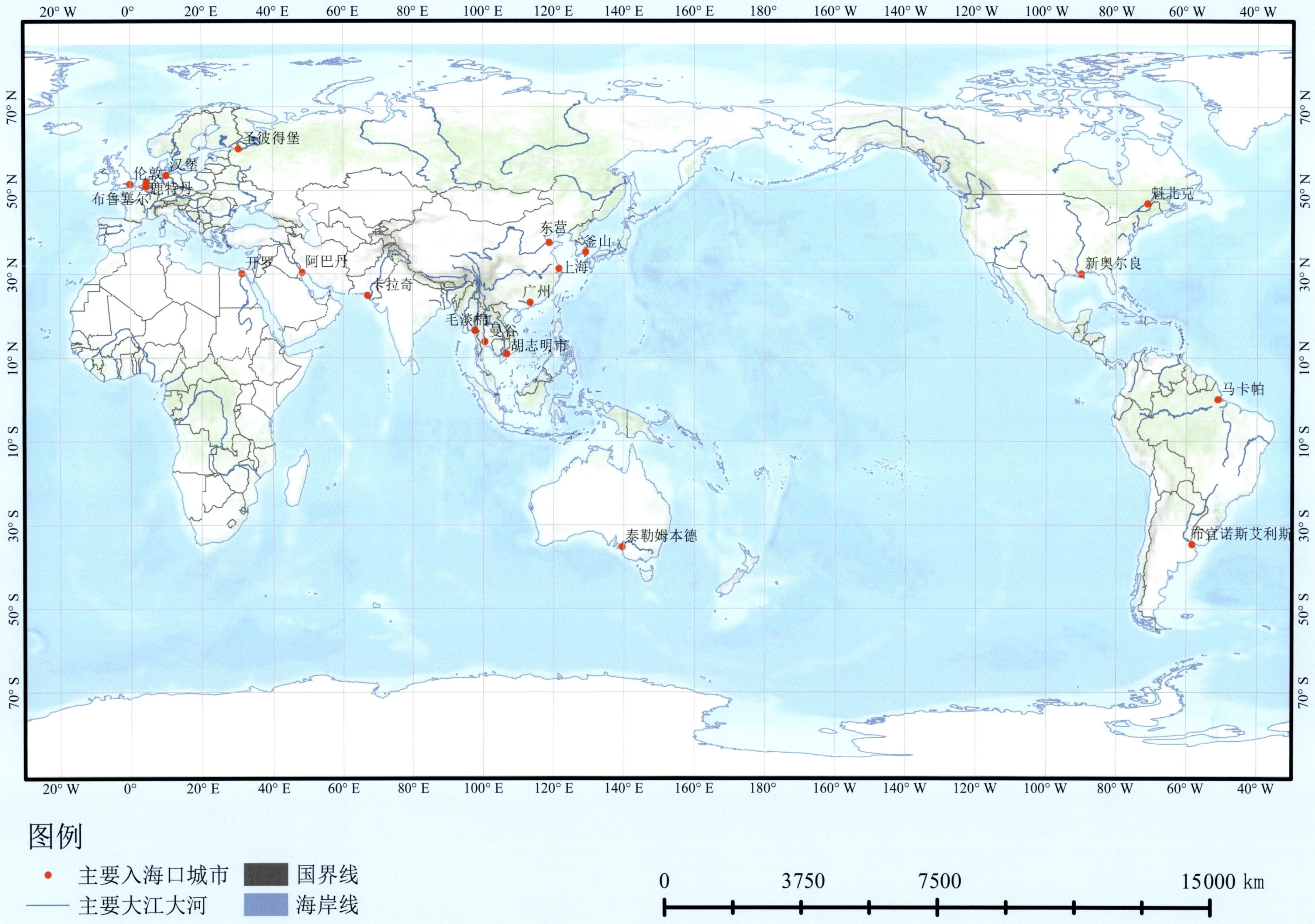

主要入海口城市地理分布

序号	洲	河流名称	入海口城市	流入大洋 / 海	序号	洲	河流名称	入海口城市	流入大洋 / 海
1	北美洲	密西西比河	新奥尔良	大西洋	11	亚洲	幼发拉底河	阿巴丹	印度洋
2	北美洲	圣劳伦斯河	魁北克	大西洋	12	亚洲	萨尔温江 – 怒江	毛淡棉	印度洋
3	大洋洲	墨累河	泰勒姆本德	印度洋	13	亚洲	珠江	广州	太平洋
4	南美洲	亚马孙河	马卡帕	大西洋	14	亚洲	昭披耶河（湄南河）	曼谷	太平洋
5	南美洲	巴拉那河	布宜诺斯艾利斯	大西洋	15	亚洲	洛东江	釜山	太平洋
6	非洲	尼罗河	开罗	地中海	16	欧洲	莱茵河	鹿特丹	大西洋
7	亚洲	长江	上海	太平洋	17	欧洲	塞纳河	布鲁塞尔	地中海
8	亚洲	黄河	东营	太平洋	18	欧洲	易北河	汉堡	大西洋
9	亚洲	湄公河 – 澜沧江	胡志明市	太平洋	19	欧洲	泰晤士河	伦敦	大西洋
10	亚洲	印度河	卡拉奇	印度洋	20	欧洲	涅瓦河	圣彼得堡	大西洋

主要大江大河入海口城市概况

Asia

亚洲

主要入海口城市

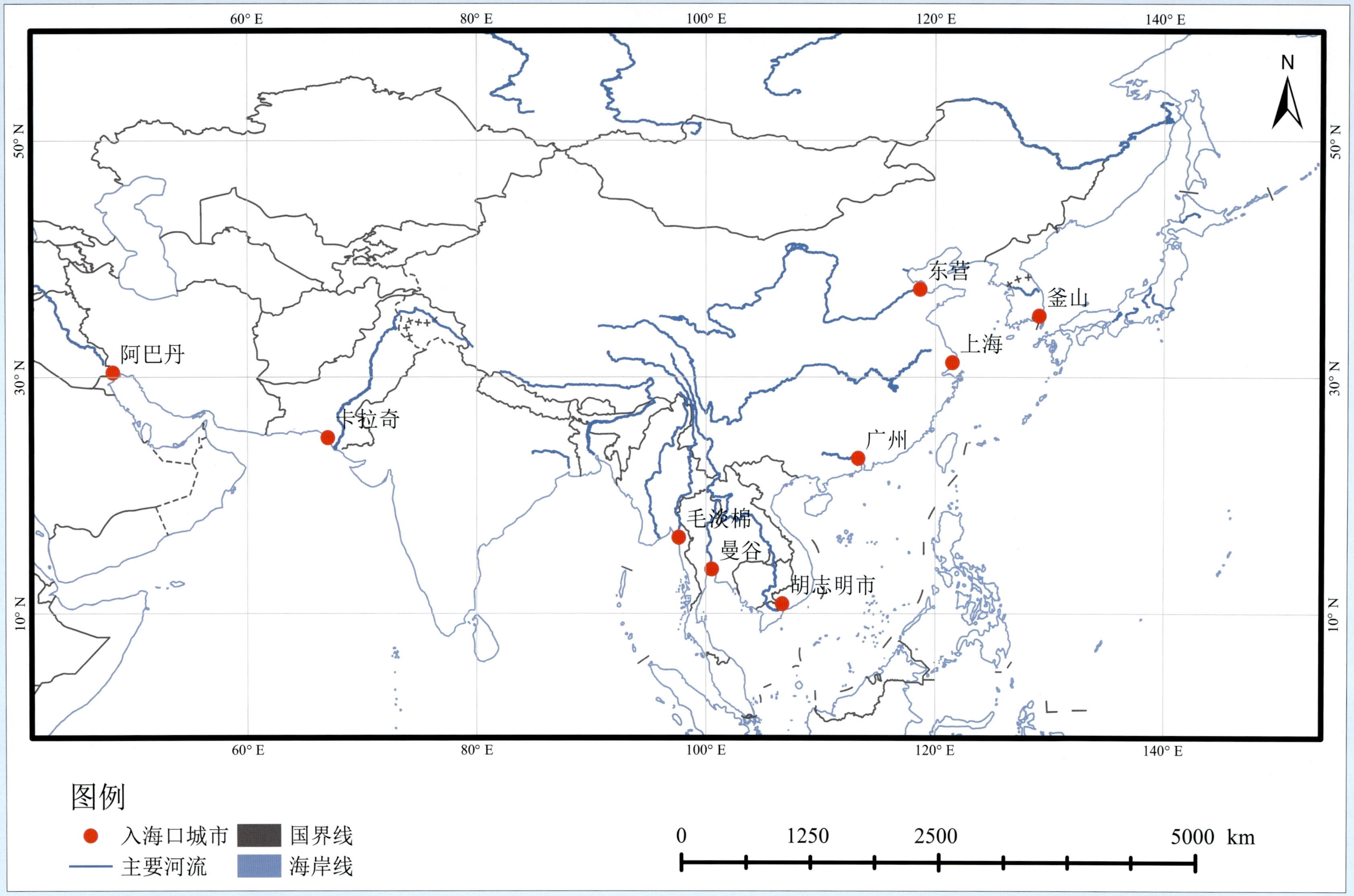

亚洲主要入海口城市地理分布

上海 / Shanghai

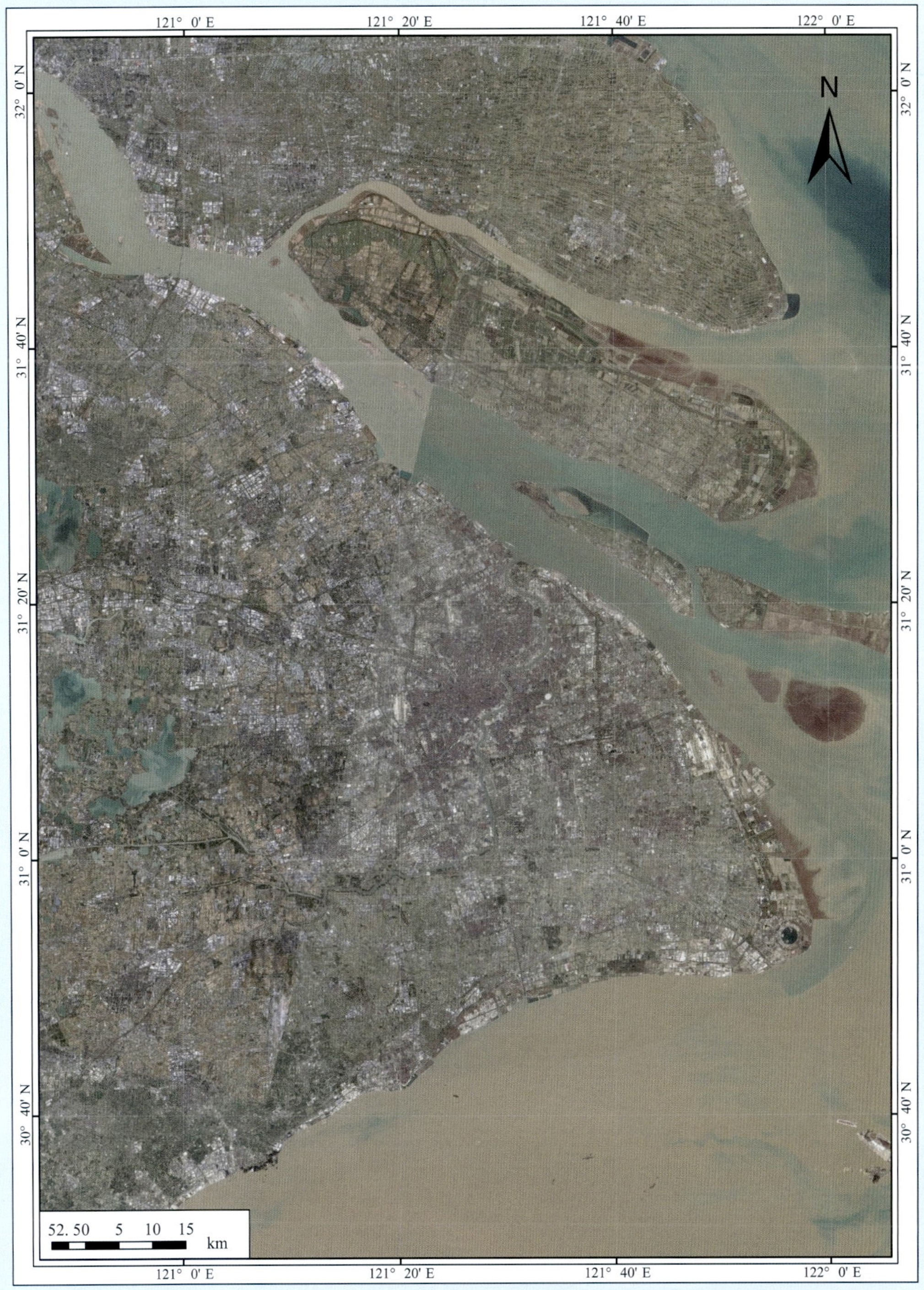

遥感产品：Landsat8
分 辨 率：30m
影像时间：2022年12月19日

上海城市鸟瞰遥感图

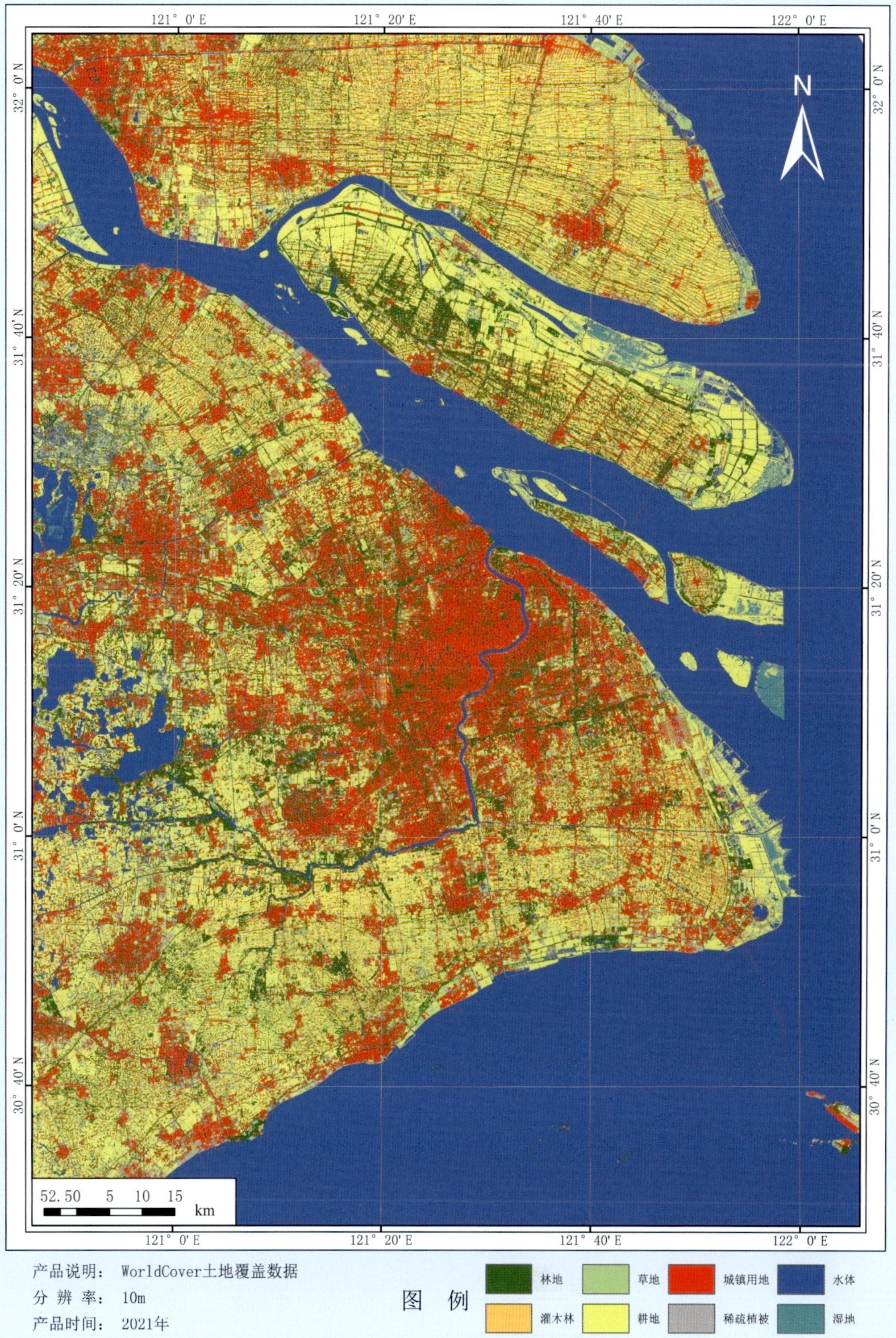

产品说明：WorldCover土地覆盖数据
分 辨 率：10m
产品时间：2021年

上海城市土地利用图

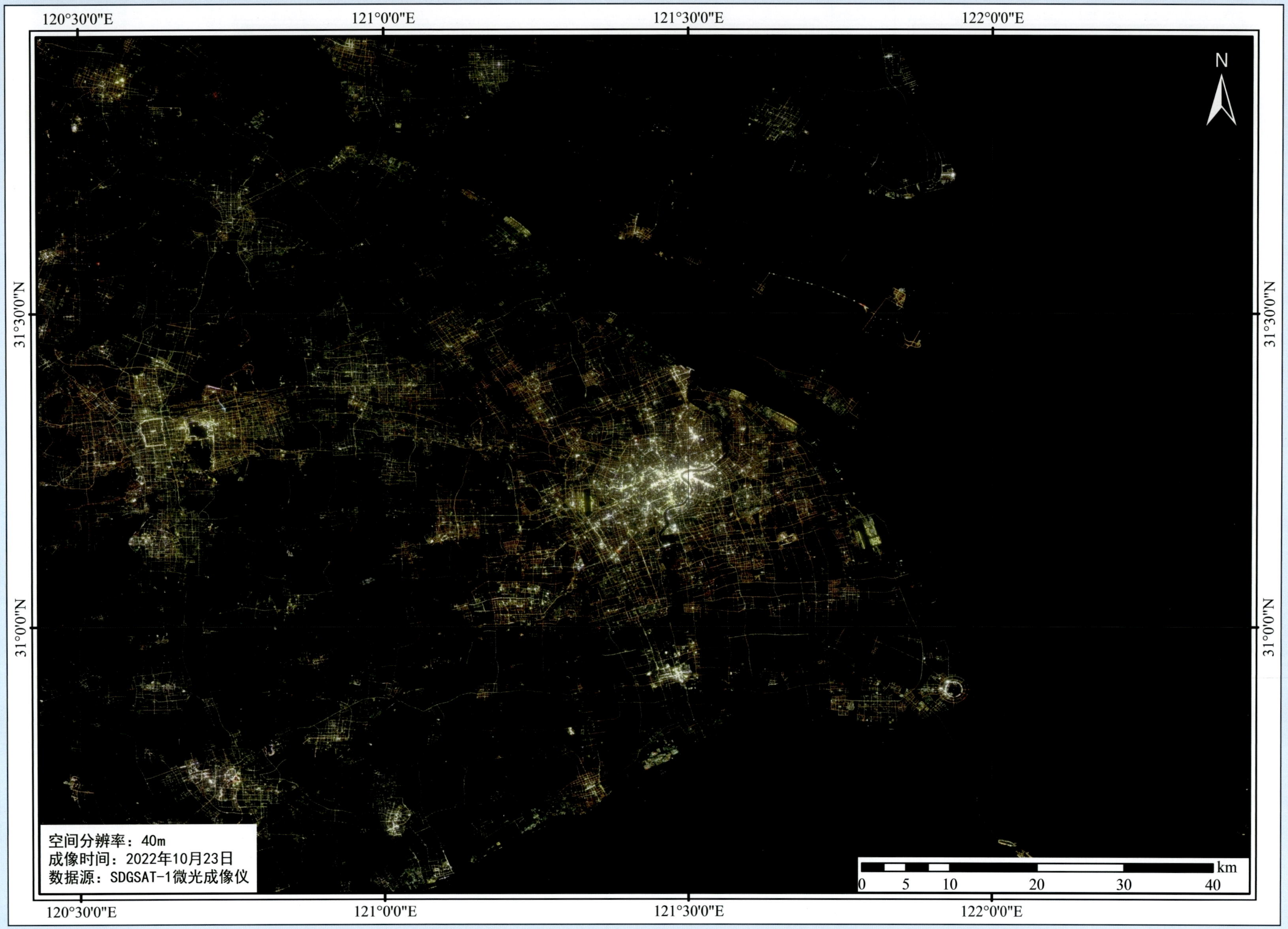
120°30'0"E
121°0'0"E
121°30'0"E
122°0'0"E
N
31°30'0"N
31°0'0"N
空间分辨率：40m
成像时间：2022年10月23日
数据源：SDGSAT-1微光成像仪
0 5 10 20 30 40 km

上海夜间灯光遥感图

上海城市建筑轮廓图

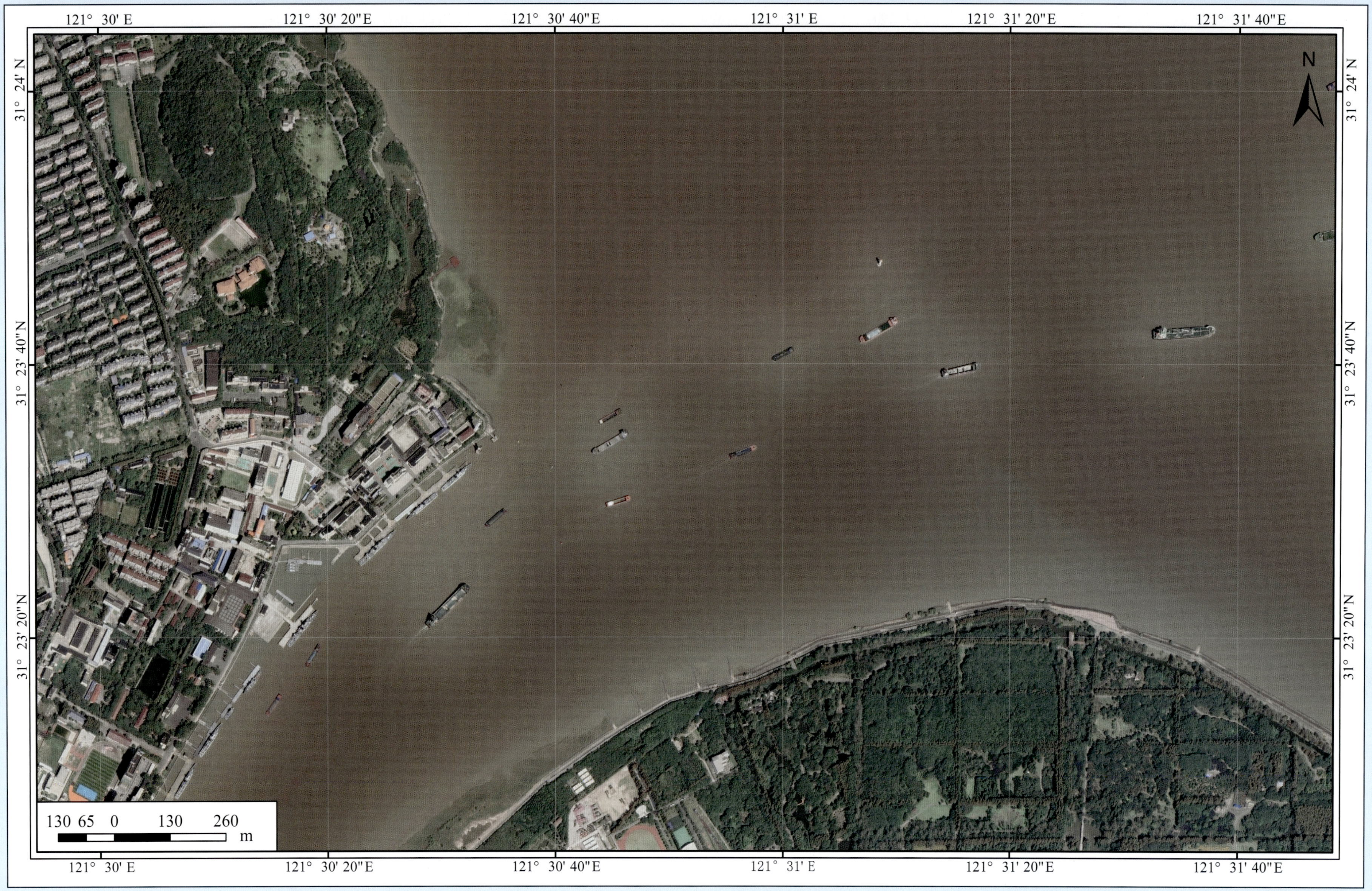

遥感产品：Maxar 分辨率：1m 影像时间：2021 年 10 月 5 日

上海城市入海口遥感图

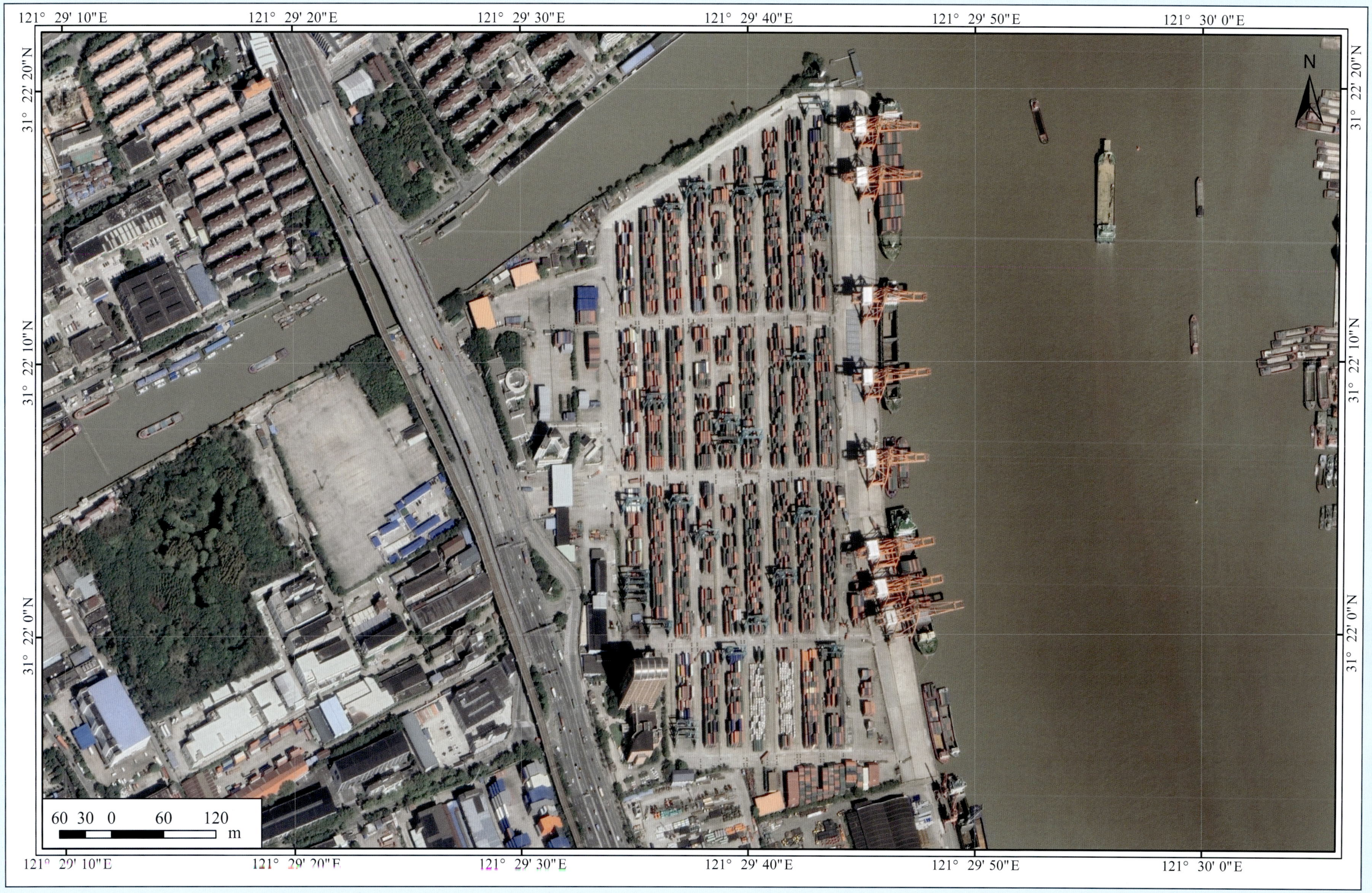

遥感产品：Maxar　分辨率：1m　影像时间：2021 年 10 月 5 日

上海城市港口遥感图

遥感产品：Maxar 分辨率：1m 影像时间：2021年11月

上海外滩

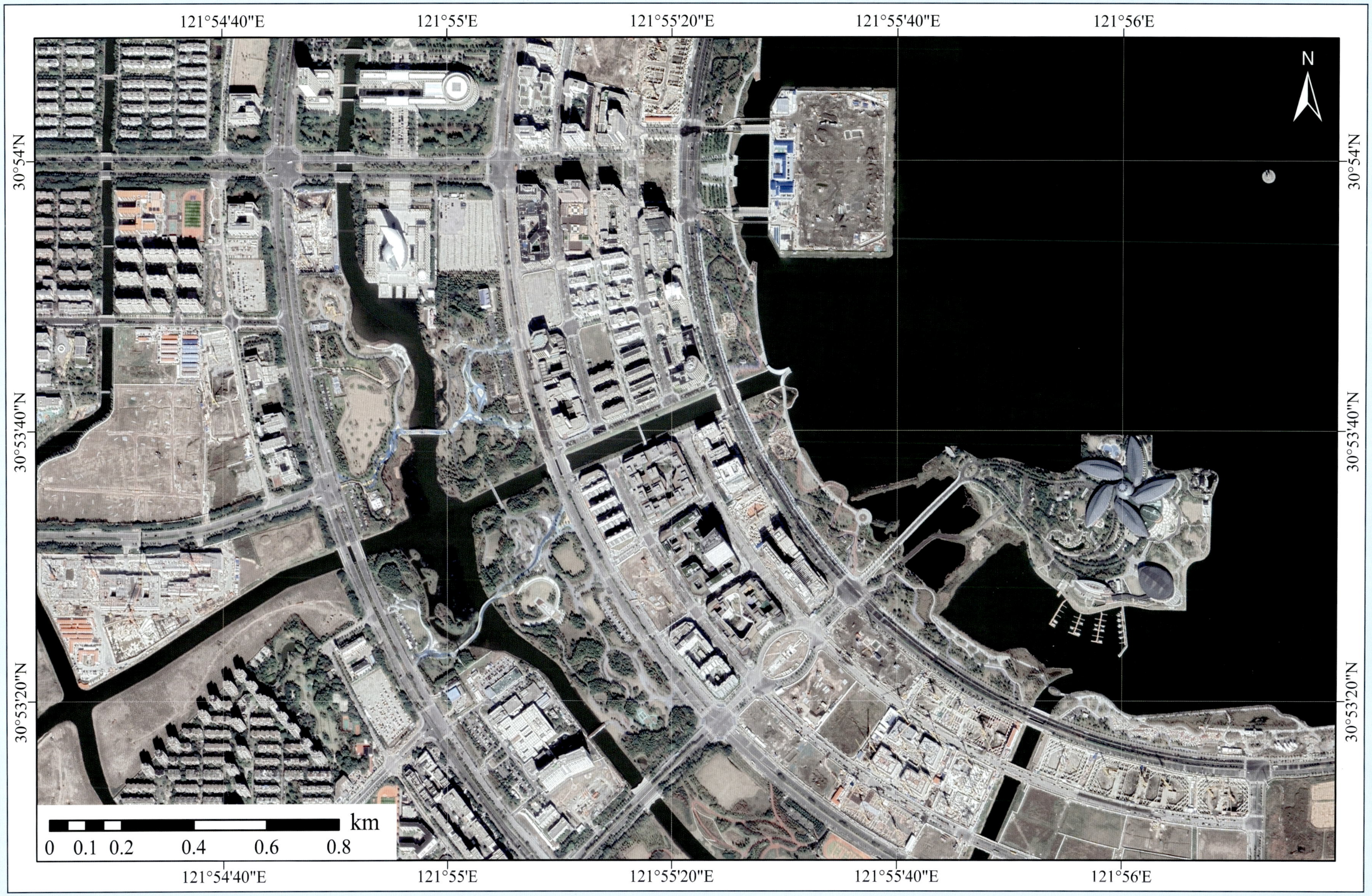

遥感产品：Maxar 分辨率：1m 影像时间：2021 年 11 月

临港滴水湖

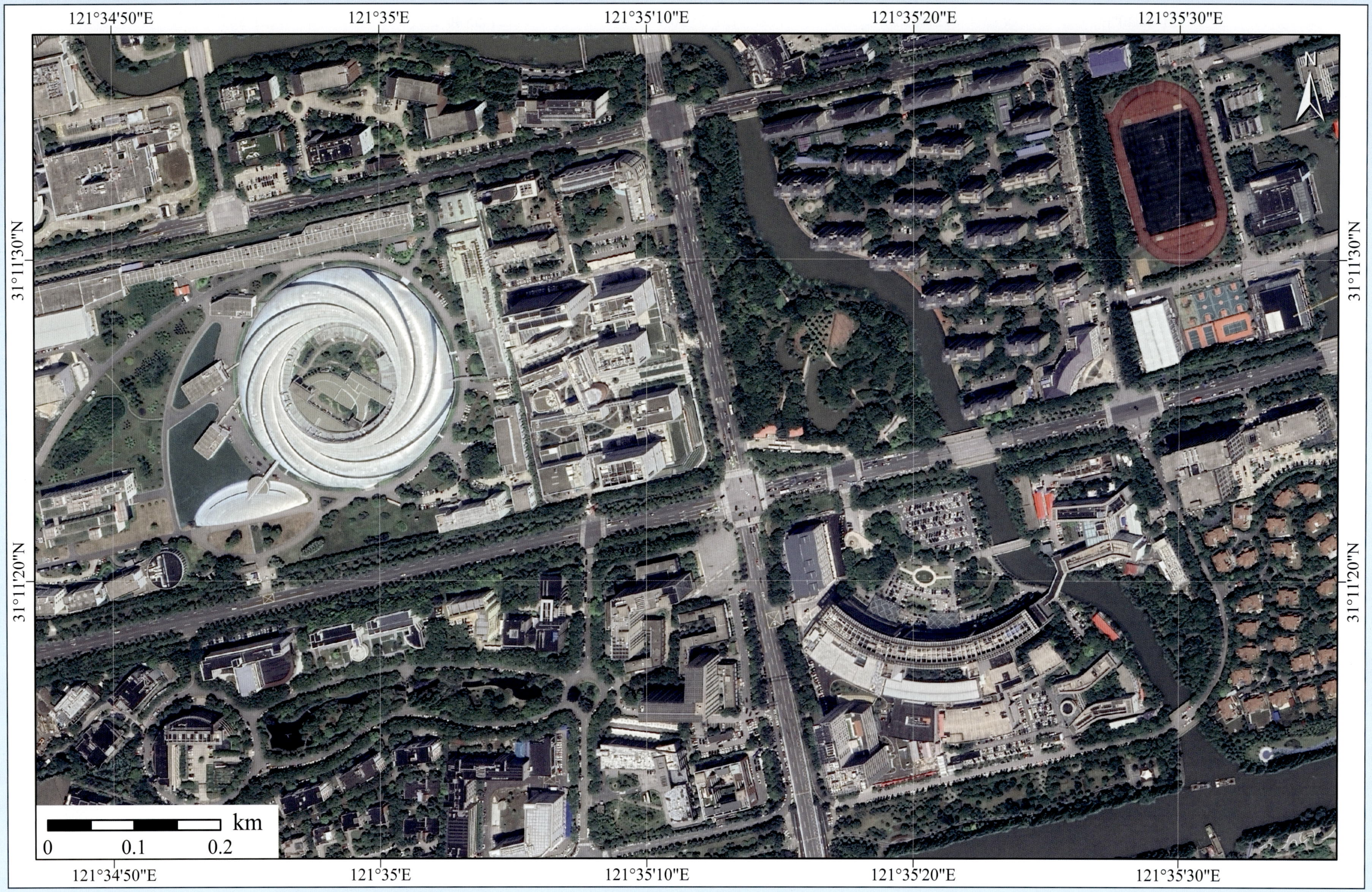

遥感产品：Airbus　分辨率：1m　影像时间：2022 年 6 月

张江科学城

广州 / Guangzhou

遥感产品：Landsat8
分 辨 率：30m
影像时间：2022年10月21日

广州城市鸟瞰遥感图

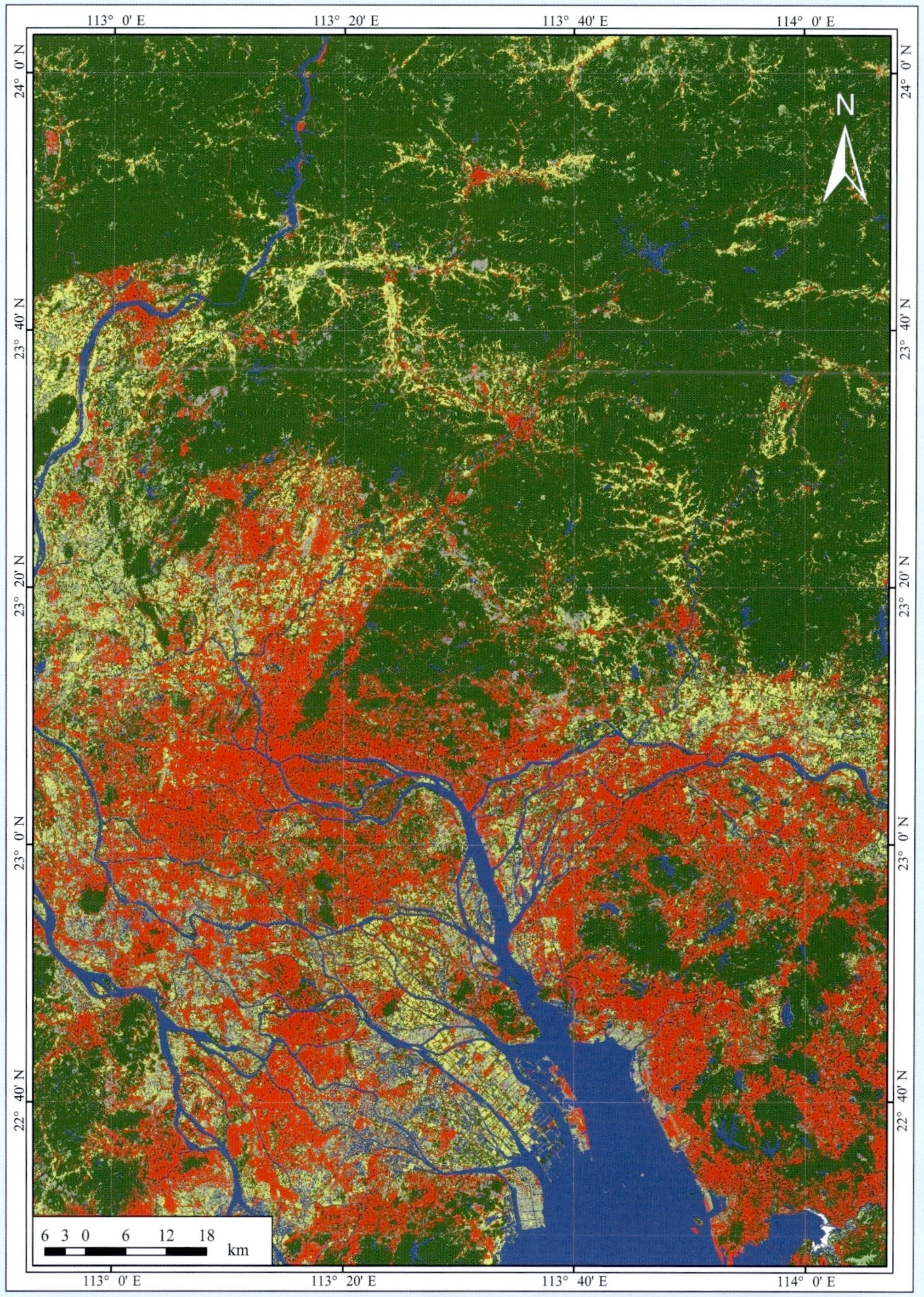

产品说明：WorldCover土地覆盖数据
分 辨 率：10m
产品时间：2021年

图例：林地　草地　城镇用地　水体　红树林　灌木林　耕地　稀疏植被　湿地

广州城市土地利用图

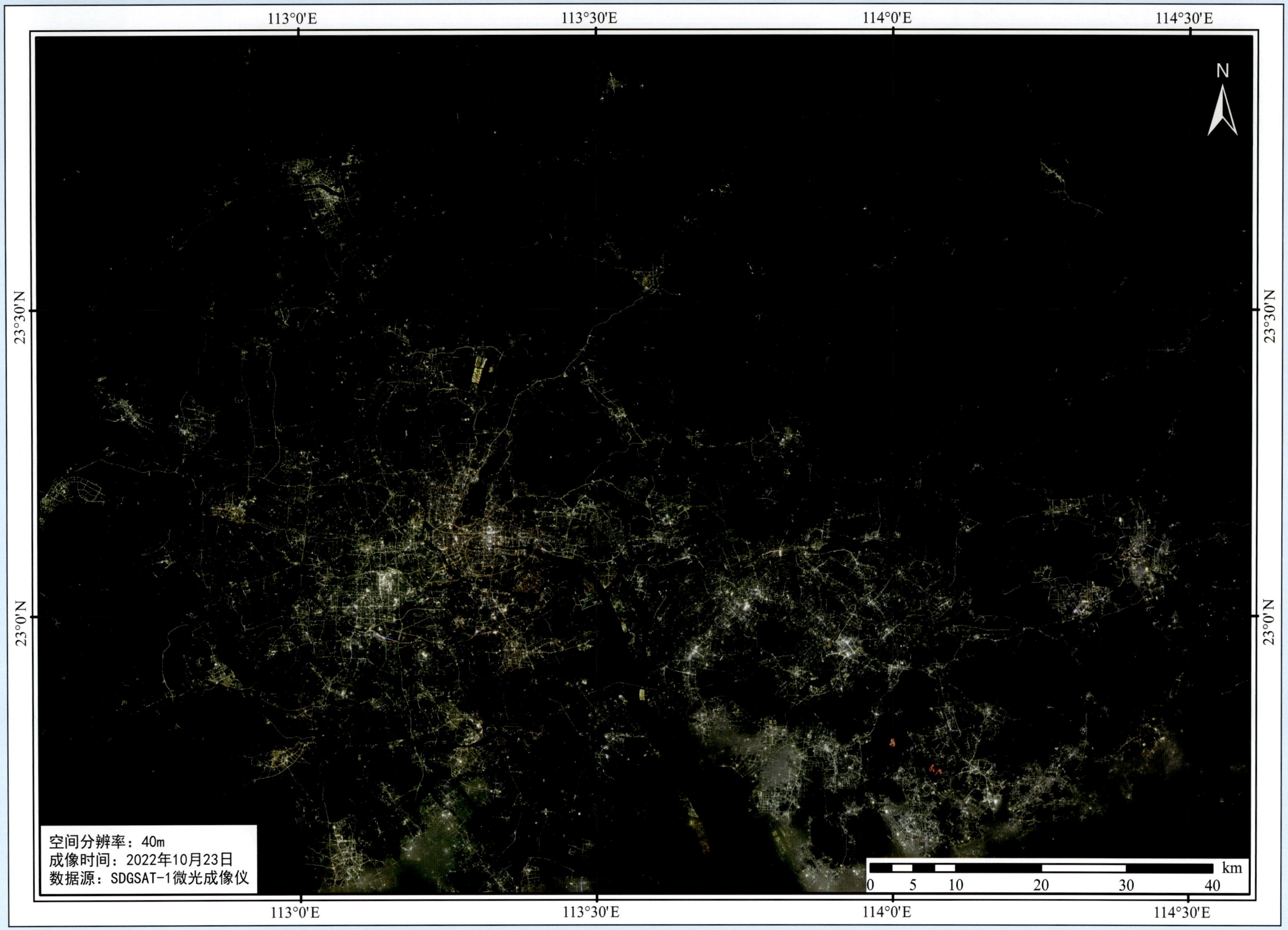
113°0'E
113°30'E
114°0'E
114°30'E
23°30'N
23°0'N
N
空间分辨率：40m
成像时间：2022年10月23日
数据源：SDGSAT-1微光成像仪
0 5 10 20 30 40
km

广州夜间灯光遥感图

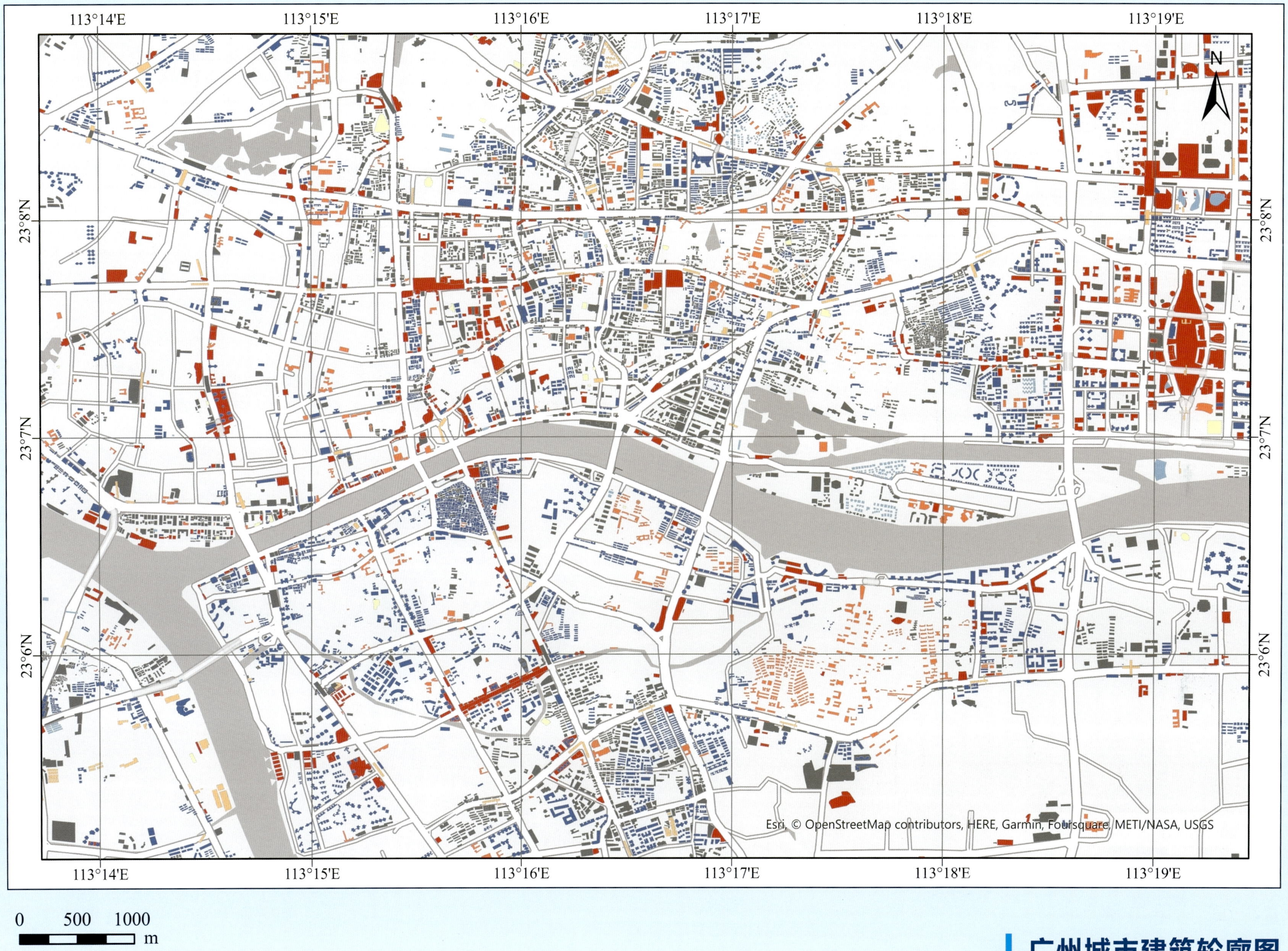
113°14'E
113°15'E
113°16'E
113°17'E
113°18'E
113°19'E
N
23°8'N
23°7'N
23°6'N
Esri, © OpenStreetMap contributors, HERE, Garmin, Foursquare, METI/NASA, USGS
0
500
1000
m

广州城市建筑轮廓图

遥感产品：Maxar 分辨率：1m 影像时间：2022 年 10 月 21 日

广州城市入海口遥感图

遥感产品：Maxar　分辨率：1m　影像时间：2022 年 9 月 25 日

广州城市港口遥感图

遥感产品：Maxar 分辨率：1m 影像时间：2022 年 10 月

白云机场

遥感产品：Maxar　分辨率：1m　影像时间：2022 年 10 月

火车站

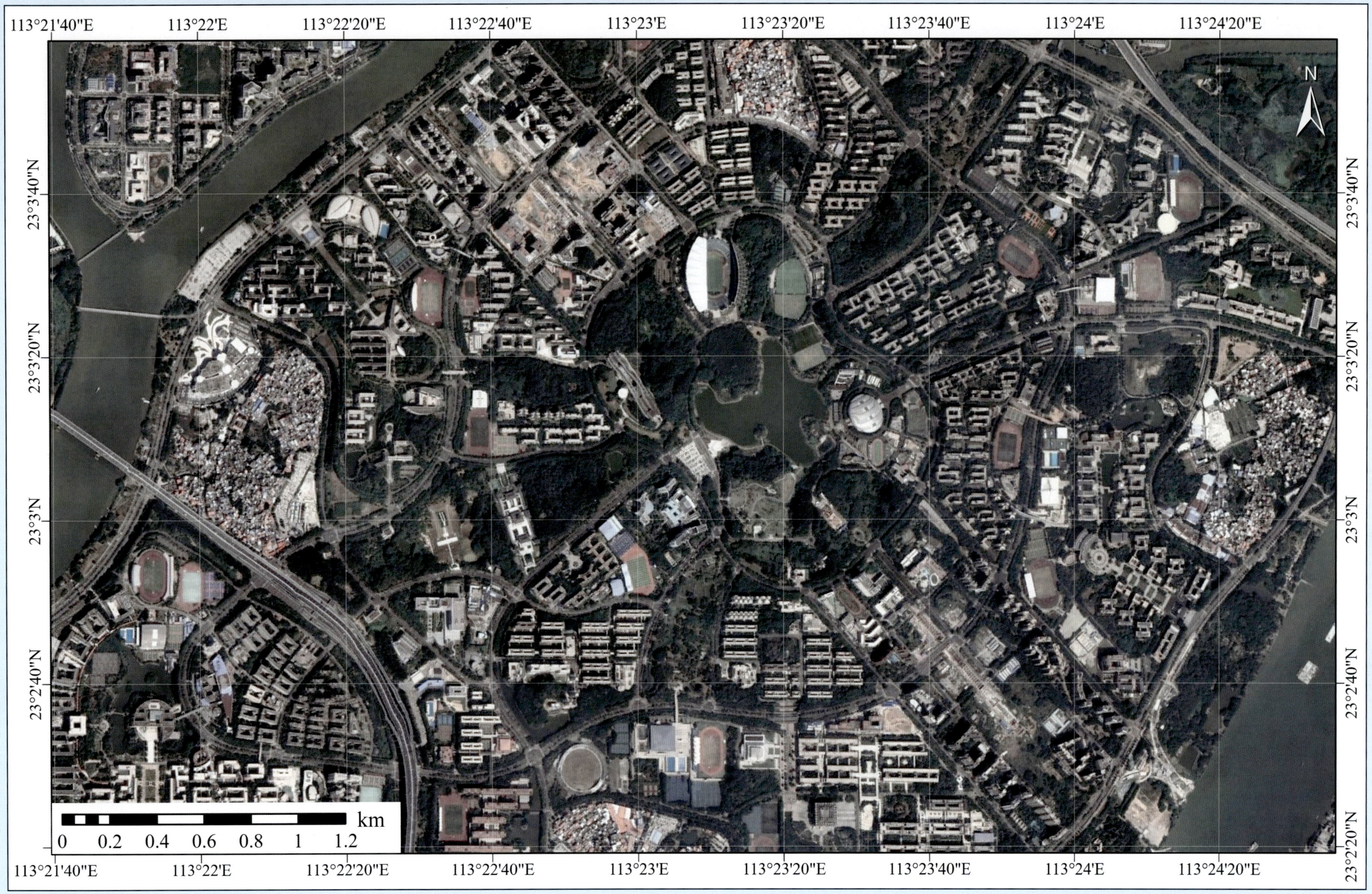

遥感产品：Maxar　分辨率：1m　影像时间：2021 年 8 月

大学城

遥感产品：Maxar　分辨率：1m　影像时间：2022 年 10 月

白云山风景区

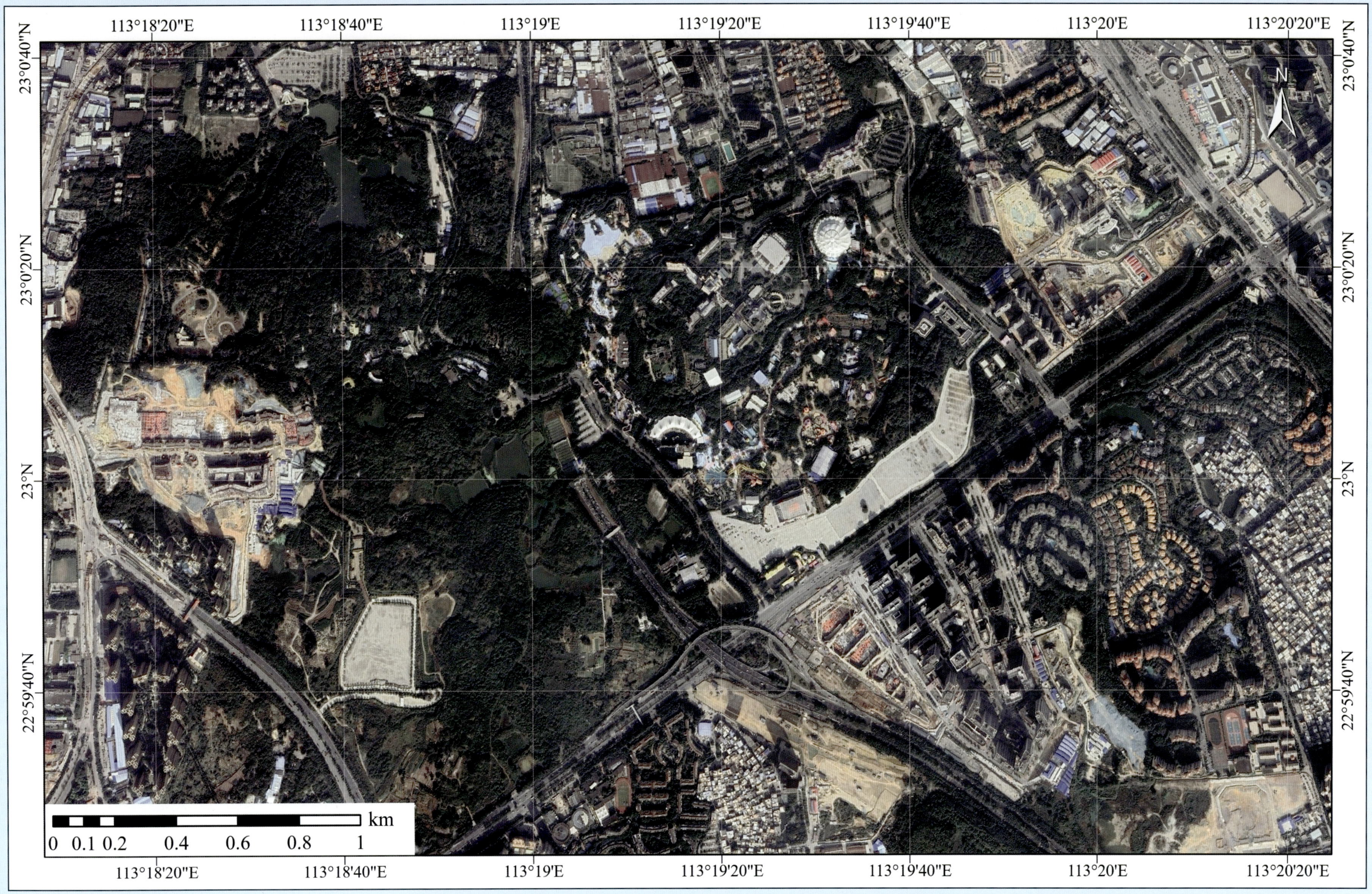

遥感产品：Maxar　分辨率：1m　影像时间：2021 年 8 月

长隆动物园

东营 / Dongying

遥感产品：Landsat8
分 辨 率：30m
影像时间：2022年5月31日

东营城市鸟瞰遥感图

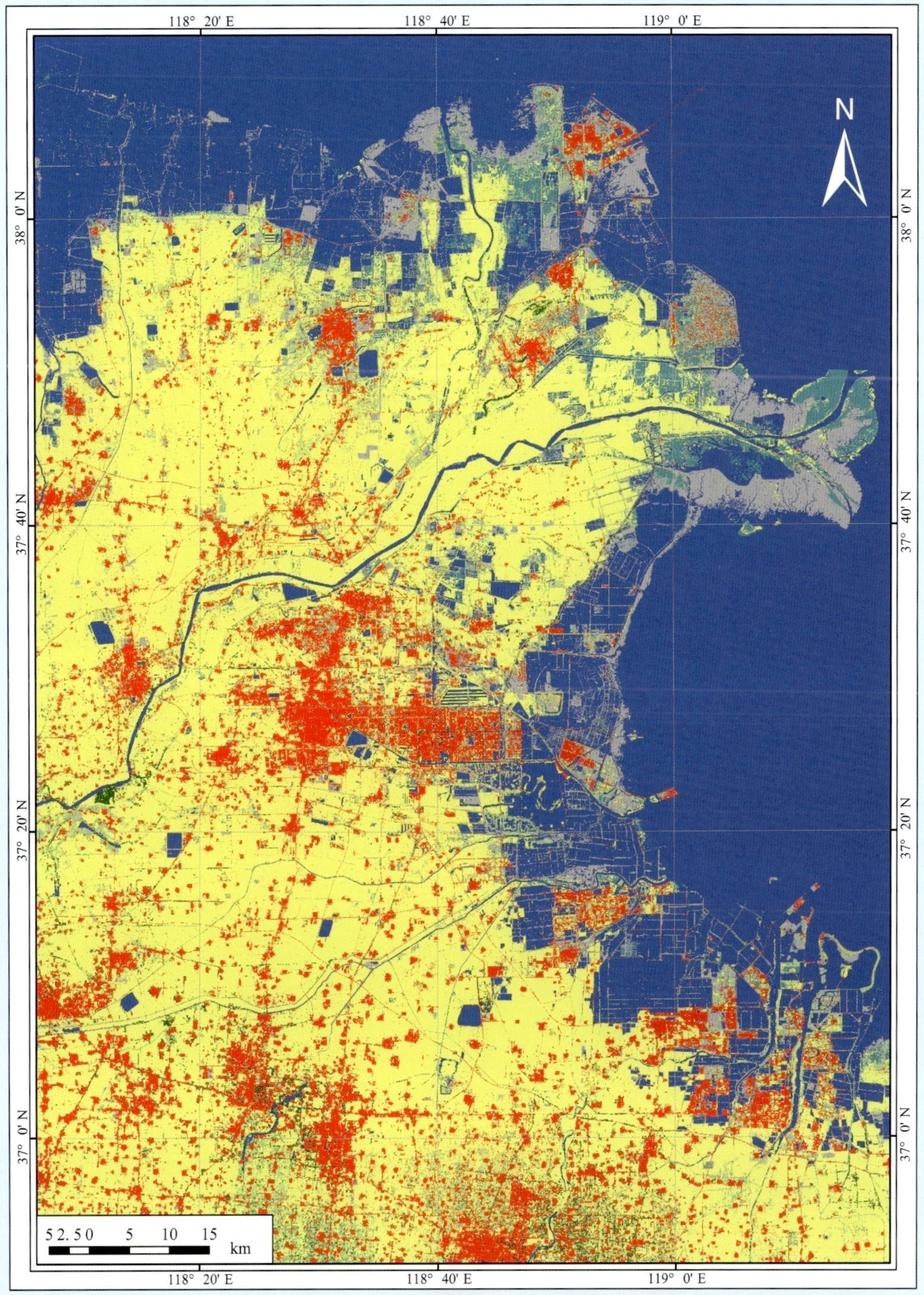

产品说明：WorldCover土地覆盖数据
分 辨 率：10m
产品时间：2021年

图 例　林地　草地　城镇用地　雪地　湿地　灌木林　耕地　稀疏植被　水体

东营城市土地利用图

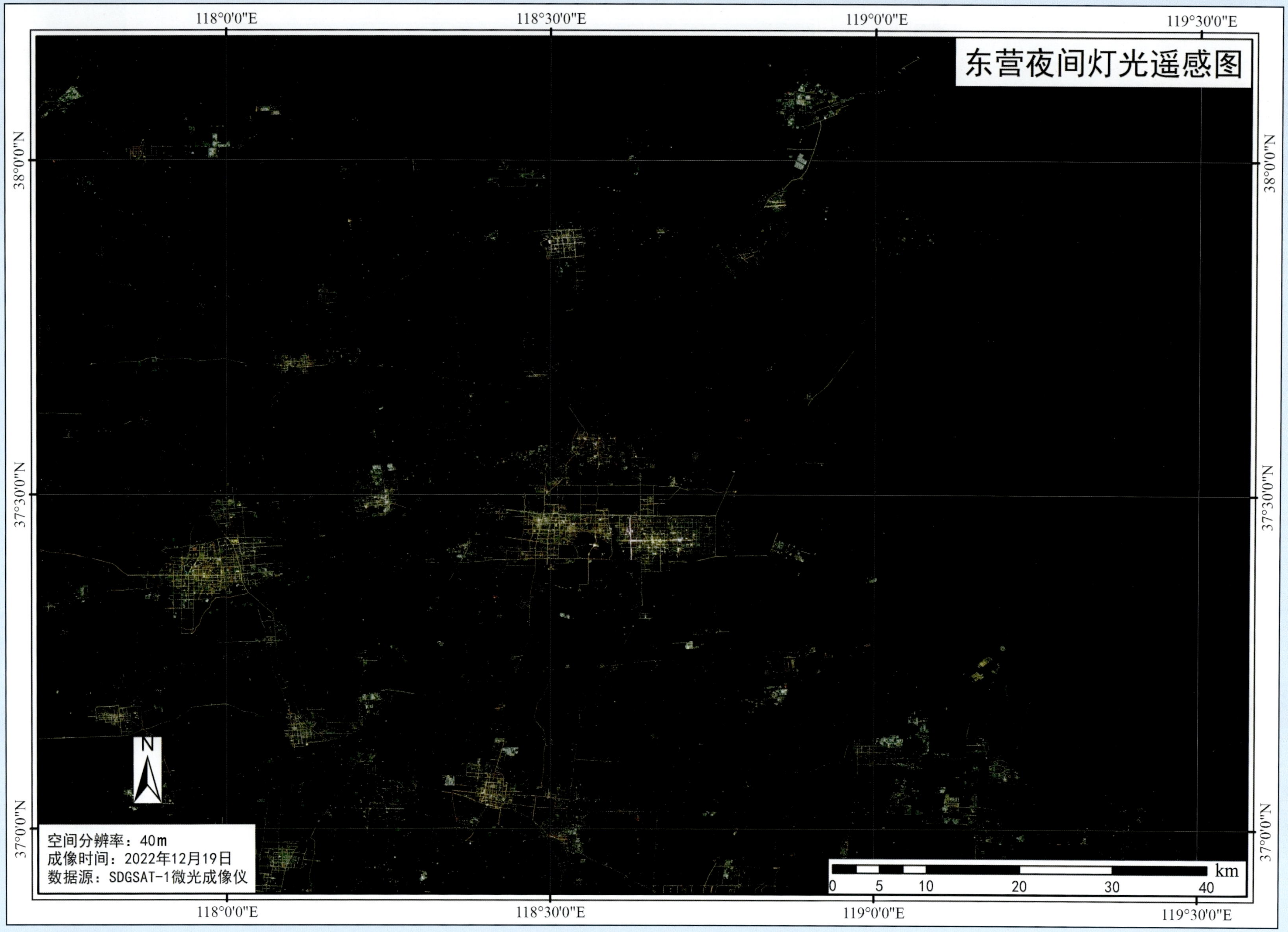
东营夜间灯光遥感图
118°0'0"E
118°30'0"E
119°0'0"E
119°30'0"E
38°0'0"N
37°30'0"N
37°0'0"N
N
空间分辨率：40m
成像时间：2022年12月19日
数据源：SDGSAT-1微光成像仪
km
0 5 10 20 30 40

东营夜间灯光遥感图

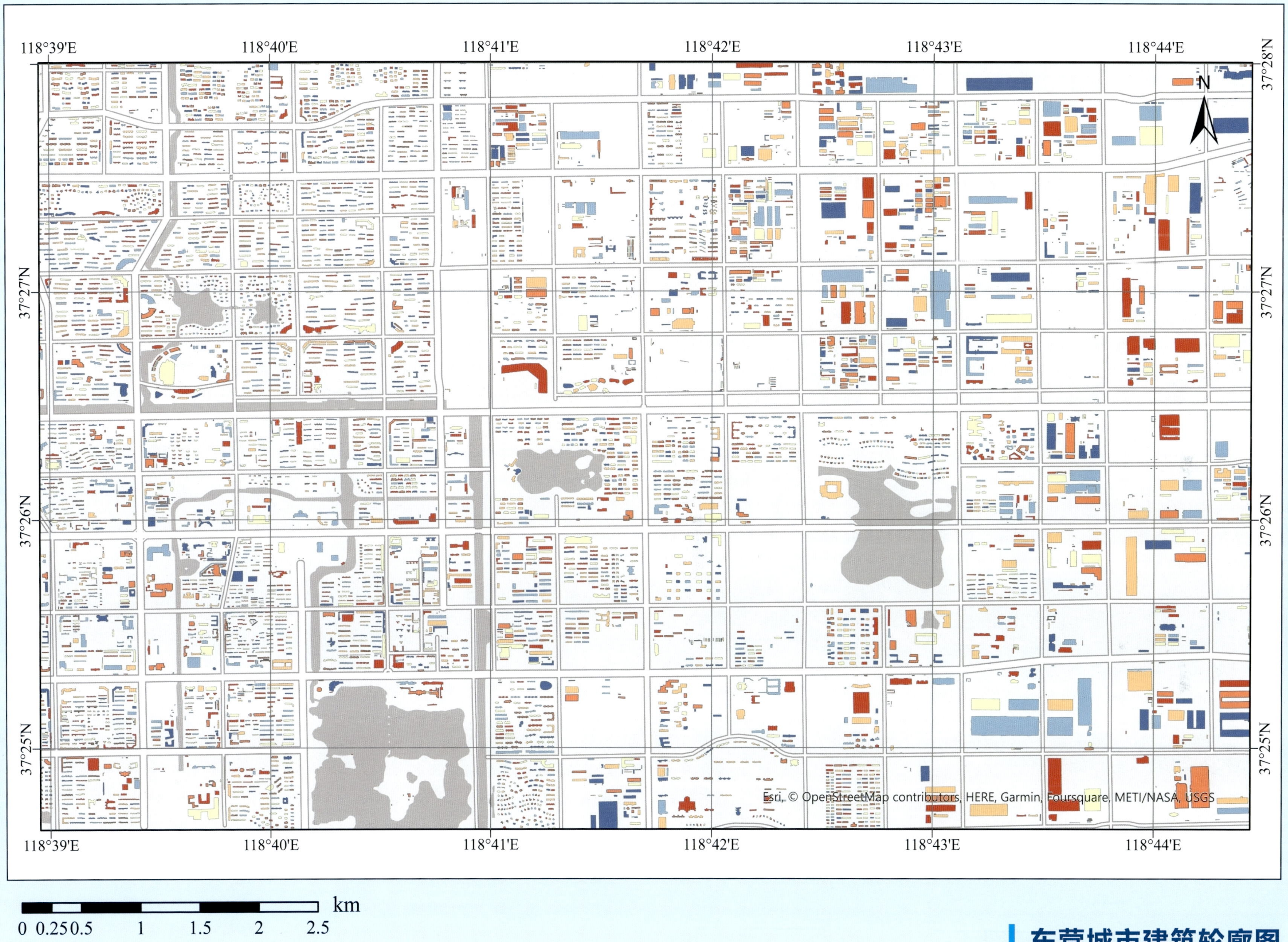
118°39'E
118°40'E
118°41'E
118°42'E
118°43'E
118°44'E
37°28'N
37°27'N
37°26'N
37°25'N
N
Esri, © OpenStreetMap contributors, HERE, Garmin, Foursquare, METI/NASA, USGS
km
0 0.250.5 1 1.5 2 2.5

东营城市建筑轮廓图

遥感产品：Maxar 分辨率：8m 影像时间：2022 年 4 月 1 日

东营城市入海口遥感图

遥感产品：Maxar　分辨率：2m　影像时间：2022 年 4 月 1 日

东营城市港口遥感图

遥感产品：Maxar 分辨率：1m 影像时间：2021 年 6 月

黄河三角洲生态保护区

遥感产品：Maxar　分辨率：1m　影像时间：2018 年 5 月

国际会展中心

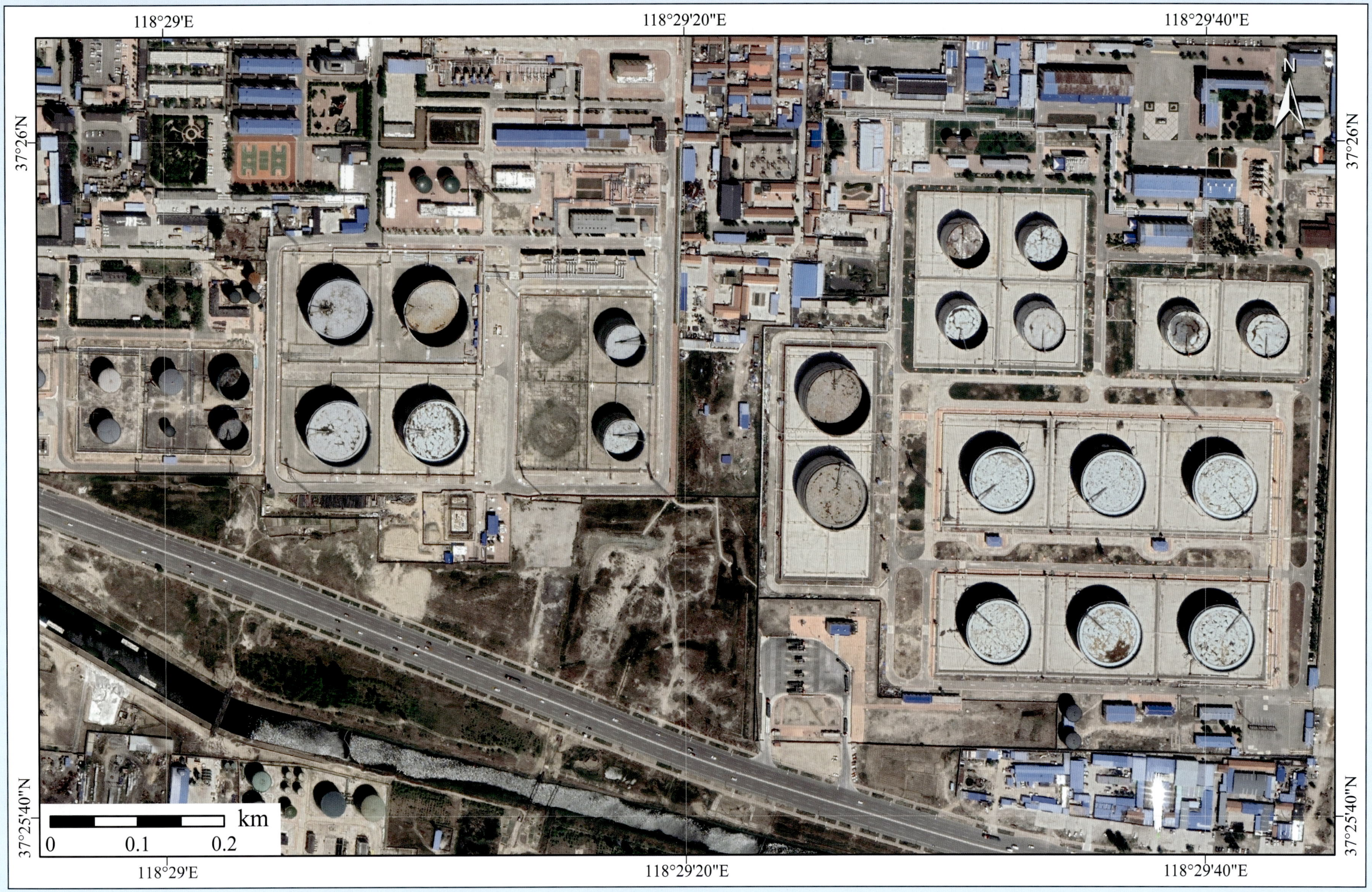

遥感产品：Maxar　分辨率：1m　影像时间：2018 年 5 月

原油库

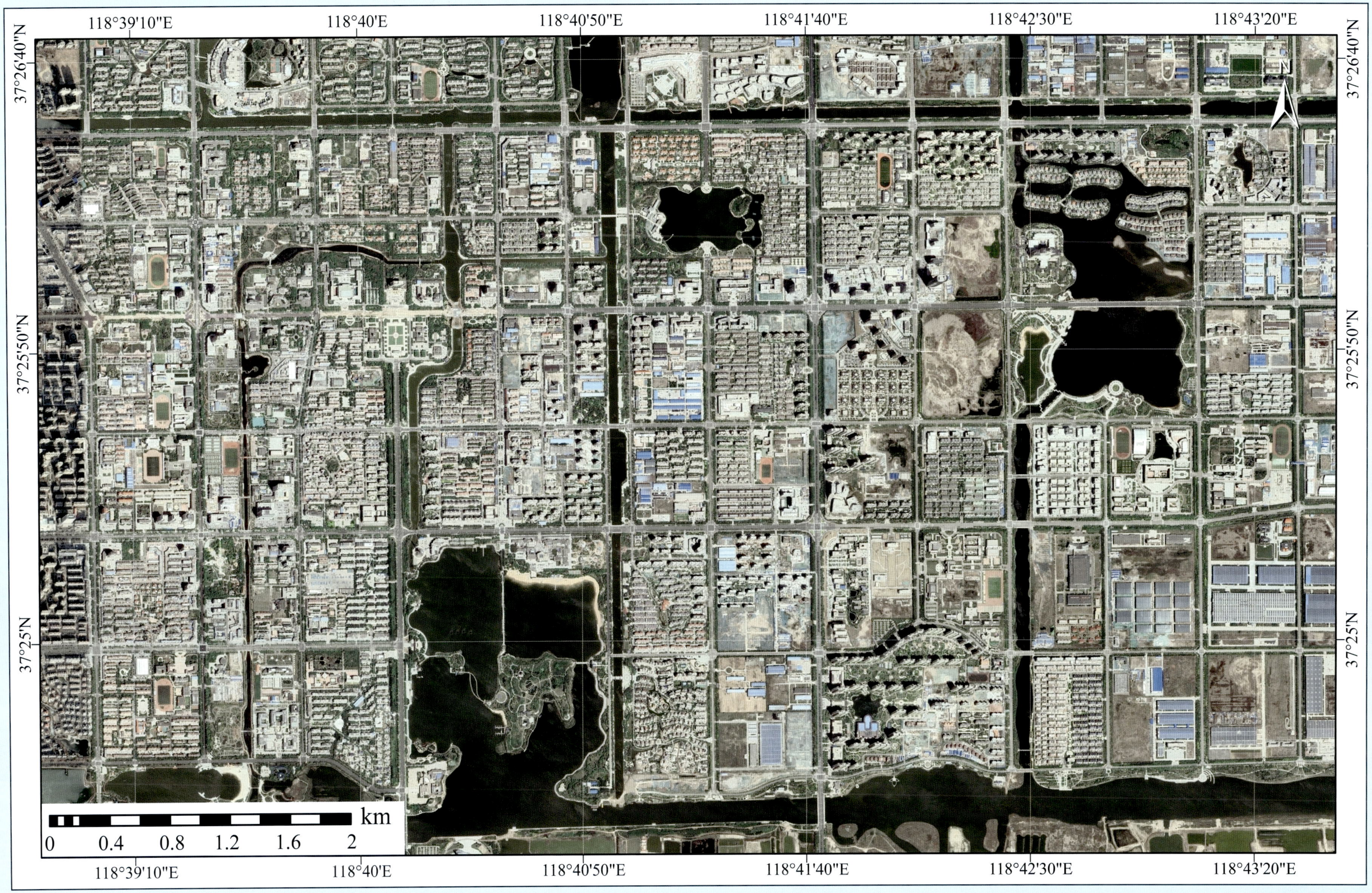

遥感产品：Maxar　分辨率：1m　影像时间：2018 年 5 月

湿地城市

釜山 / Busan

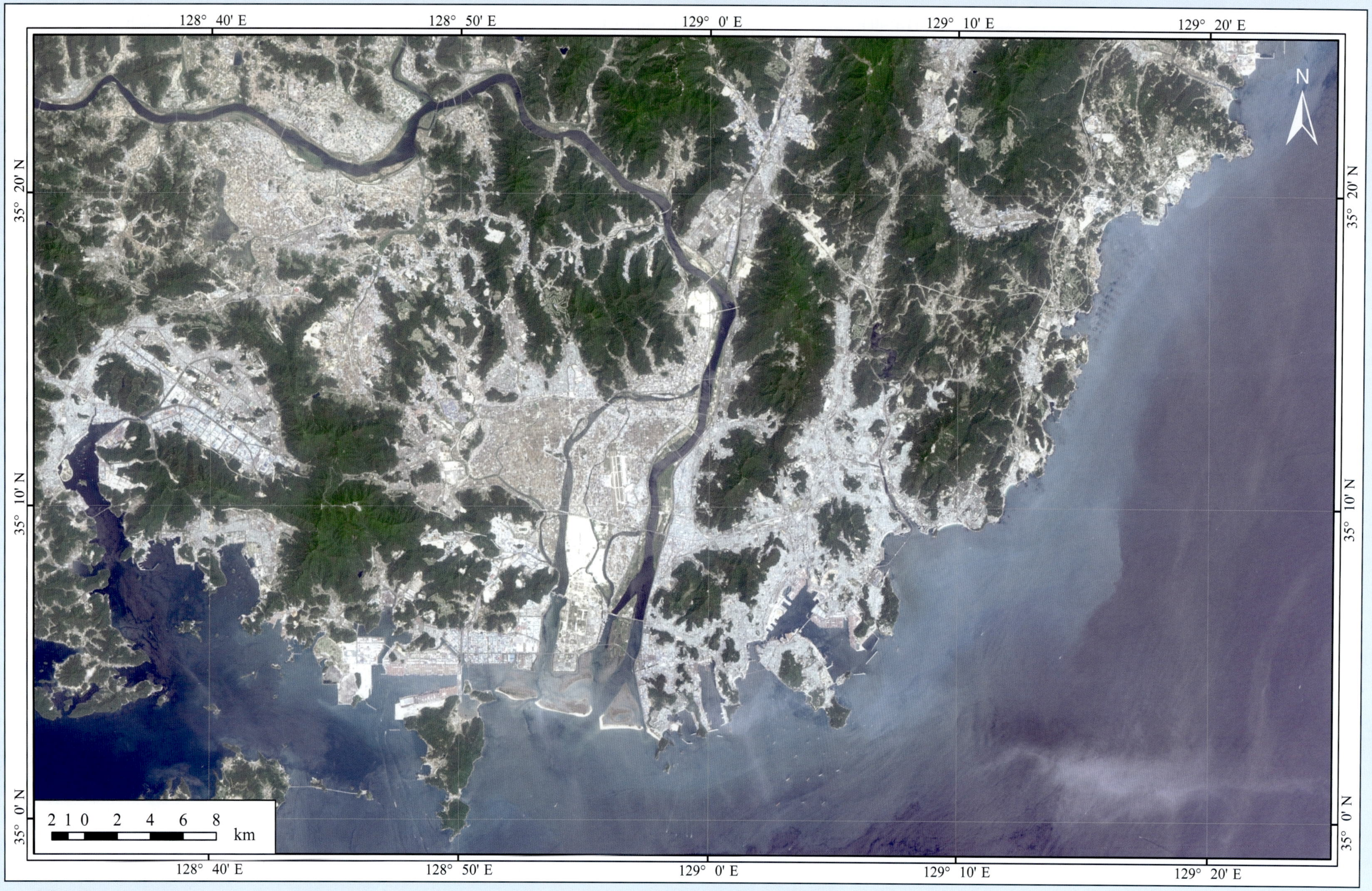

遥感产品： Landsat8
分 辨 率： 30m
影像时间： 2022年5月25日

釜山城市鸟瞰遥感图

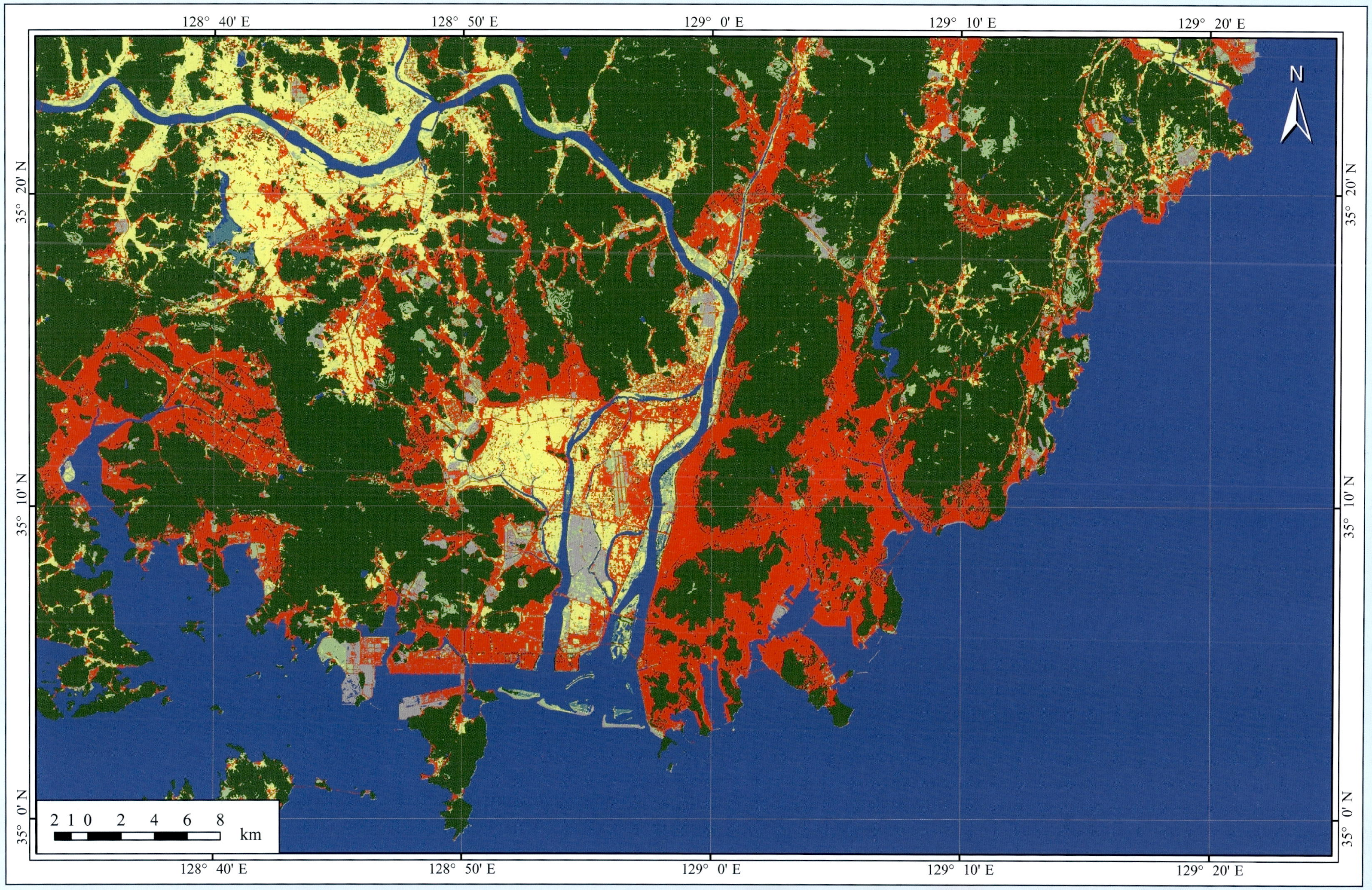

产品说明： WorldCover土地覆盖数据

分 辨 率： 10m

产品时间： 2021年

图 例

林地	草地	城镇用地	雪地	湿地
灌木林	耕地	稀疏植被	水体	苔藓地衣

釜山城市土地利用图

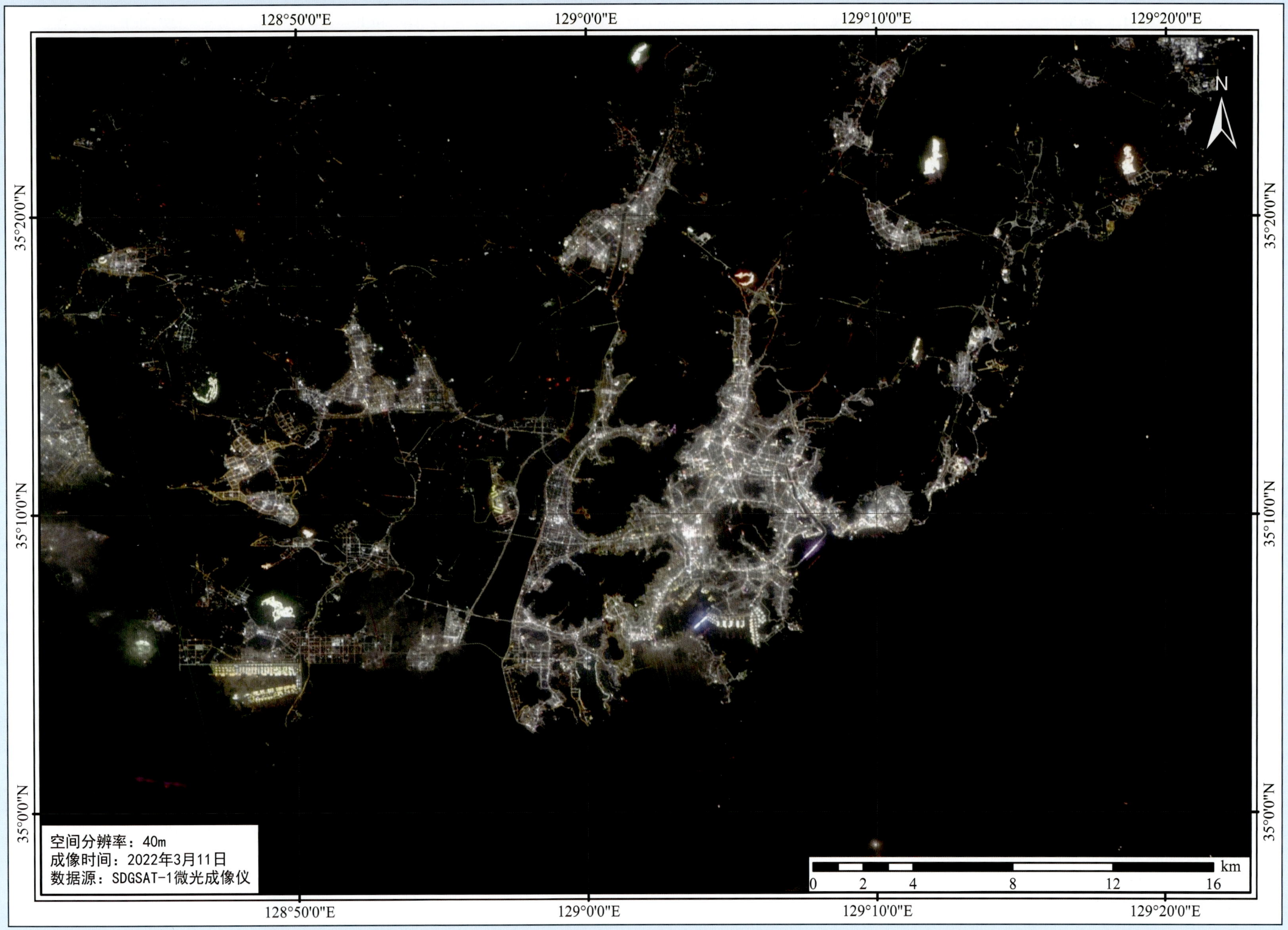
128°50'0"E
129°0'0"E
129°10'0"E
129°20'0"E
35°20'0"N
35°10'0"N
35°0'0"N
N
空间分辨率：40m
成像时间：2022年3月11日
数据源：SDGSAT-1微光成像仪
km
0 2 4 8 12 16

釜山夜间灯光遥感图

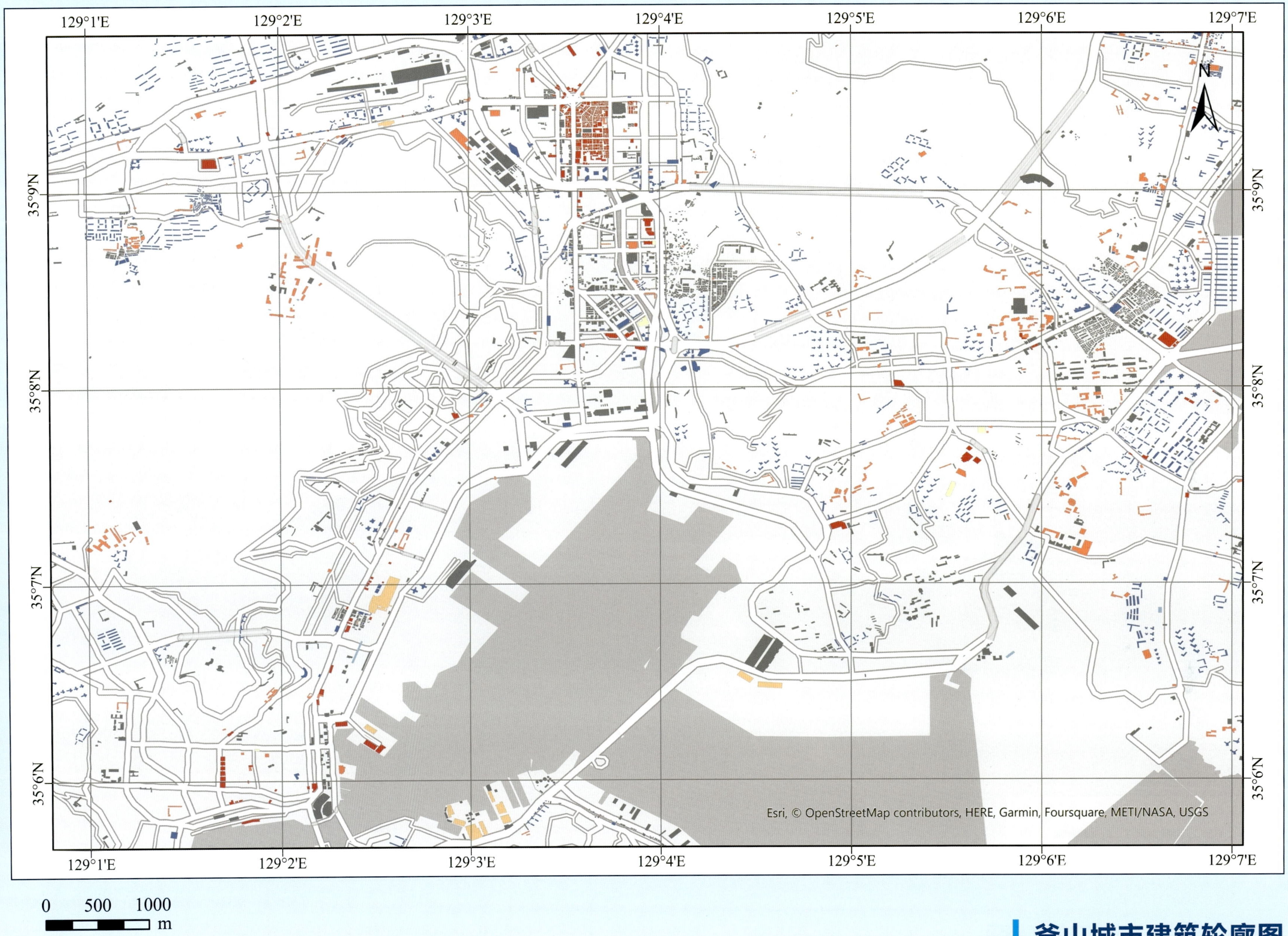
129°1'E
129°2'E
129°3'E
129°4'E
129°5'E
129°6'E
129°7'E
35°9'N
35°8'N
35°7'N
35°6'N
N
Esri, © OpenStreetMap contributors, HERE, Garmin, Foursquare, METI/NASA, USGS
0 500 1000
m

釜山城市建筑轮廓图

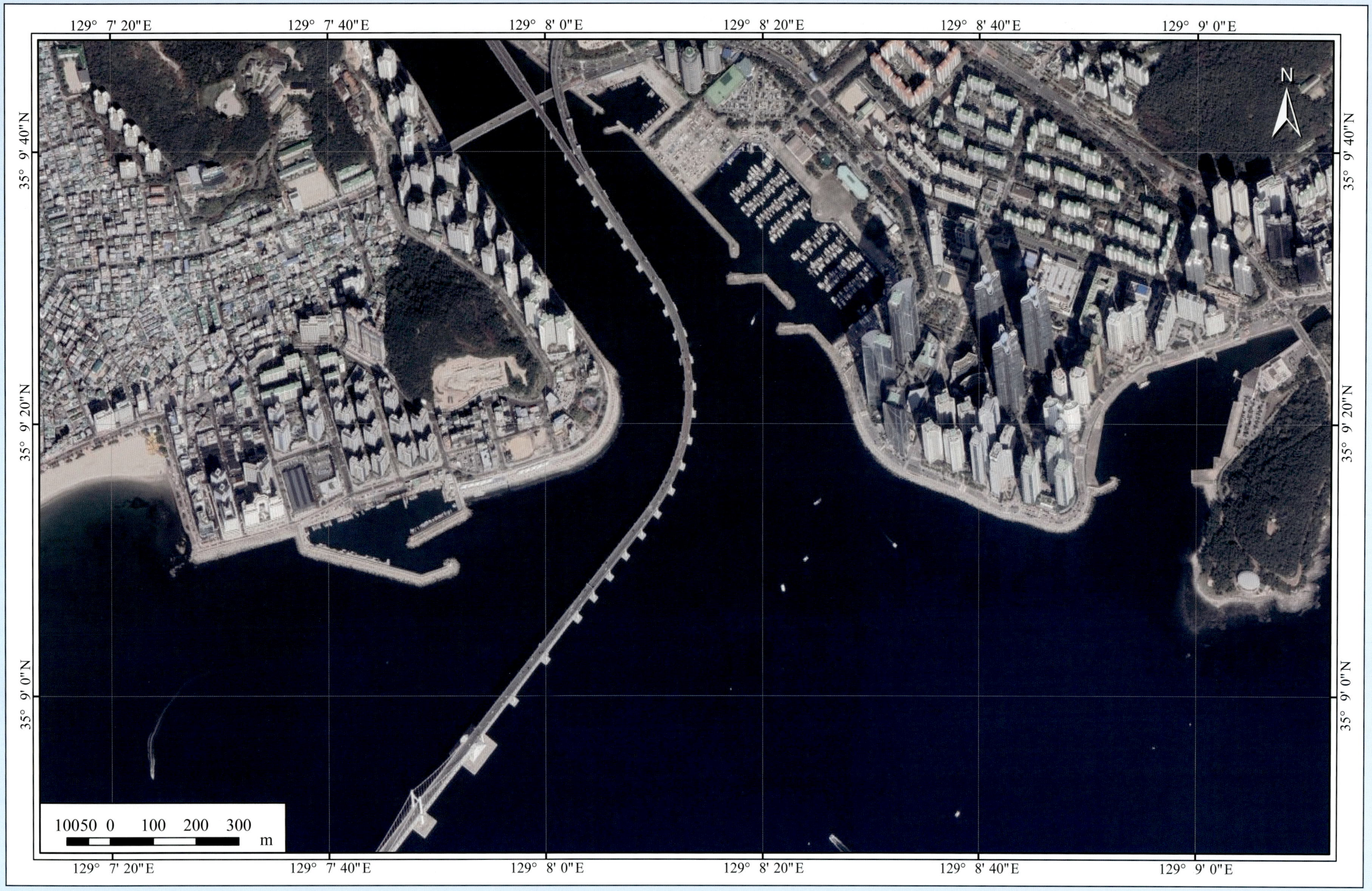

遥感产品：Maxar　分辨率：2m　影像时间：2022 年 10 月 23 日

釜山城市入海口遥感图

遥感产品：Maxar　分辨率：1m　影像时间：2022 年 6 月 10 日

釜山城市港口遥感图

遥感产品：Maxar 分辨率：1m 影像时间：2022 年 10 月

韩国交易所

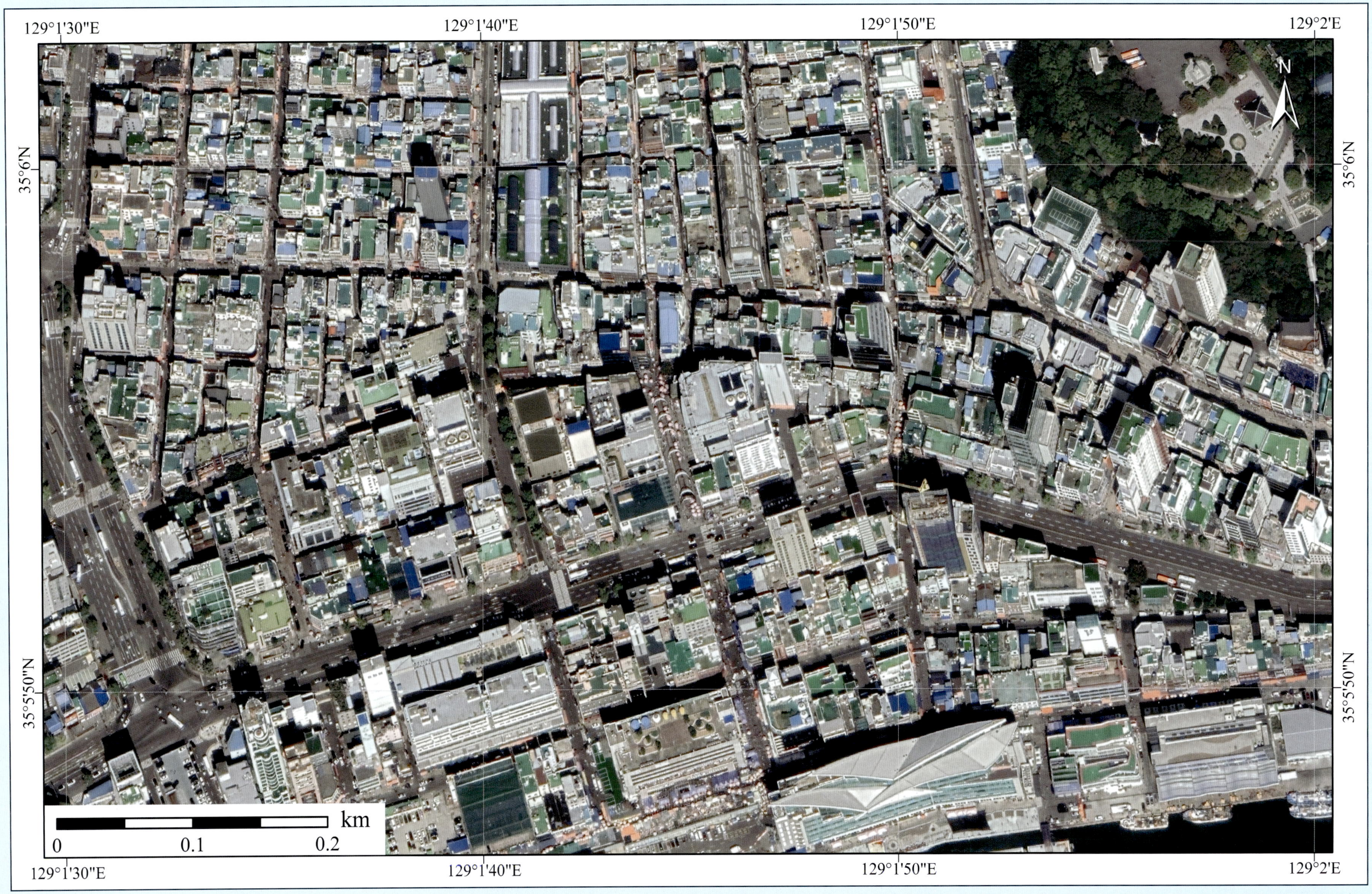

遥感产品：Maxar　分辨率：1m　影像时间：2019 年 10 月

南浦洞 BIFF 广场（影院街）

遥感产品：Maxar　分辨率：1m　影像时间：2022 年 6 月

新世界 Centum City

遥感产品：Maxar　分辨率：1m　影像时间：2019 年 4 月

金海国际机场

胡志明市 / Ho Chi Minh City

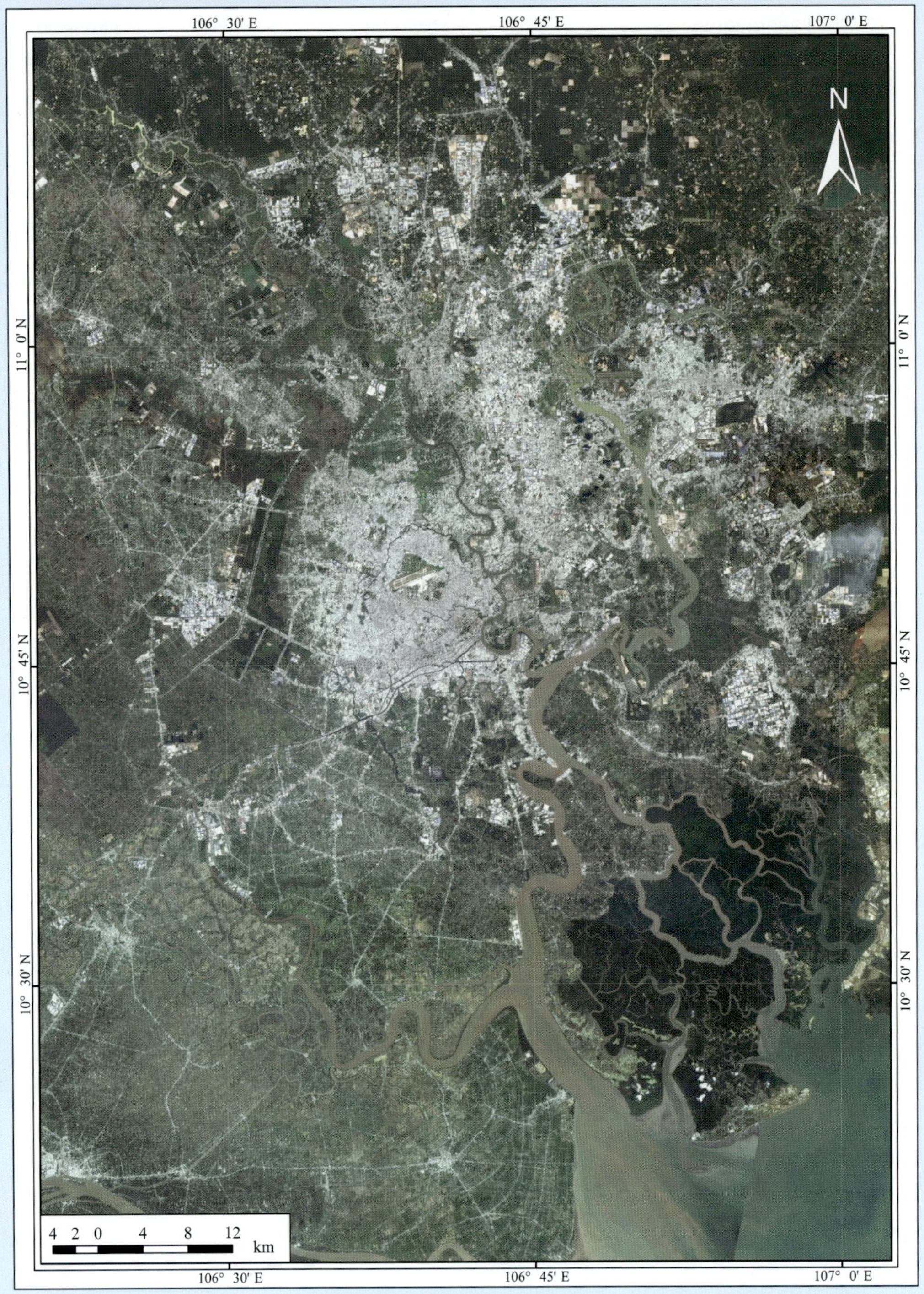

遥感产品：Landsat8
分 辨 率：30m
影像时间：2022年12月13日

胡志明市城市鸟瞰遥感图

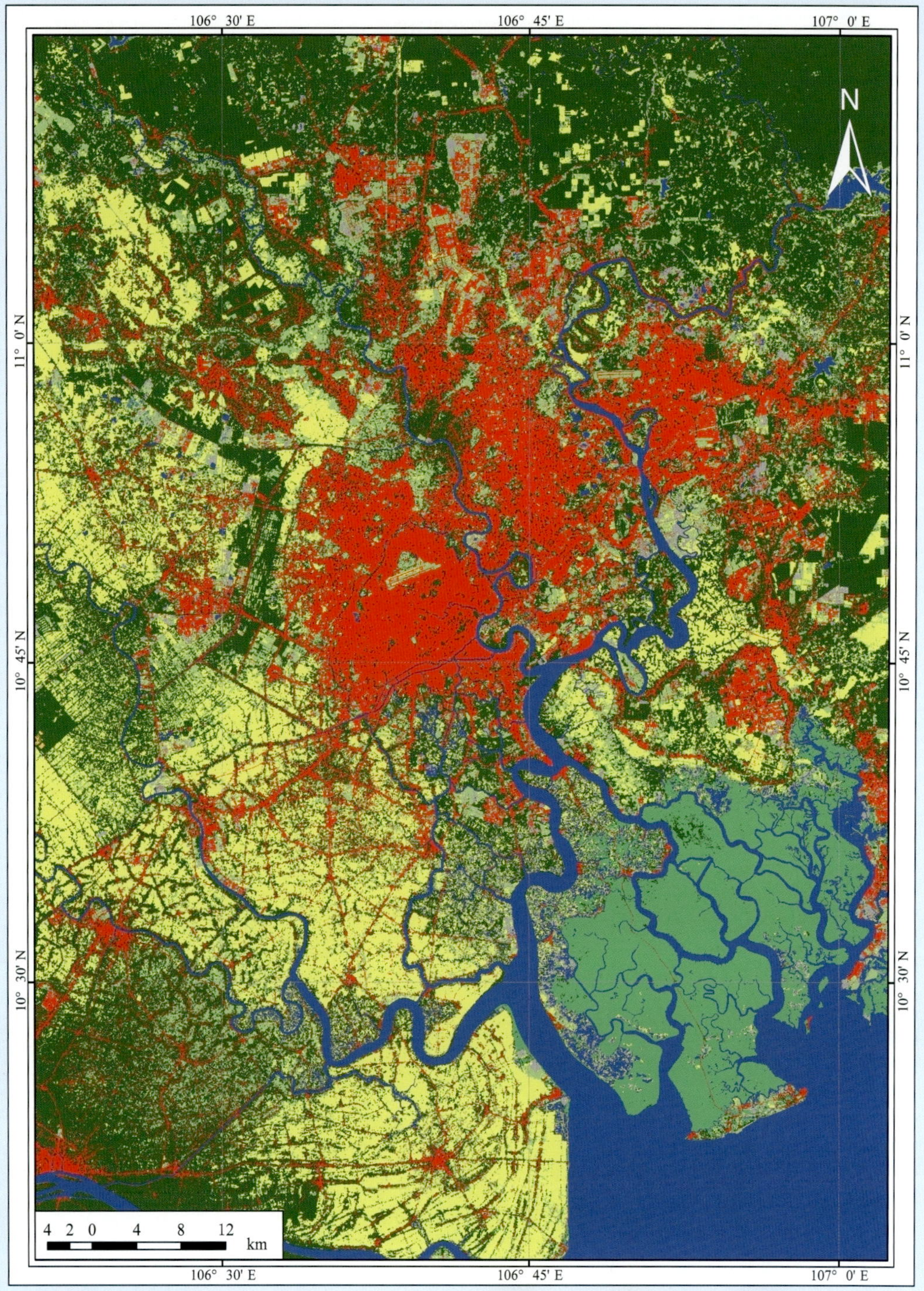

产品说明：WorldCover土地覆盖数据
分 辨 率：10m
产品时间：2021年

图 例

林地　耕地　水体
灌木林　城镇用地　湿地
草地　稀疏植被　红树林

胡志明市城市土地利用图

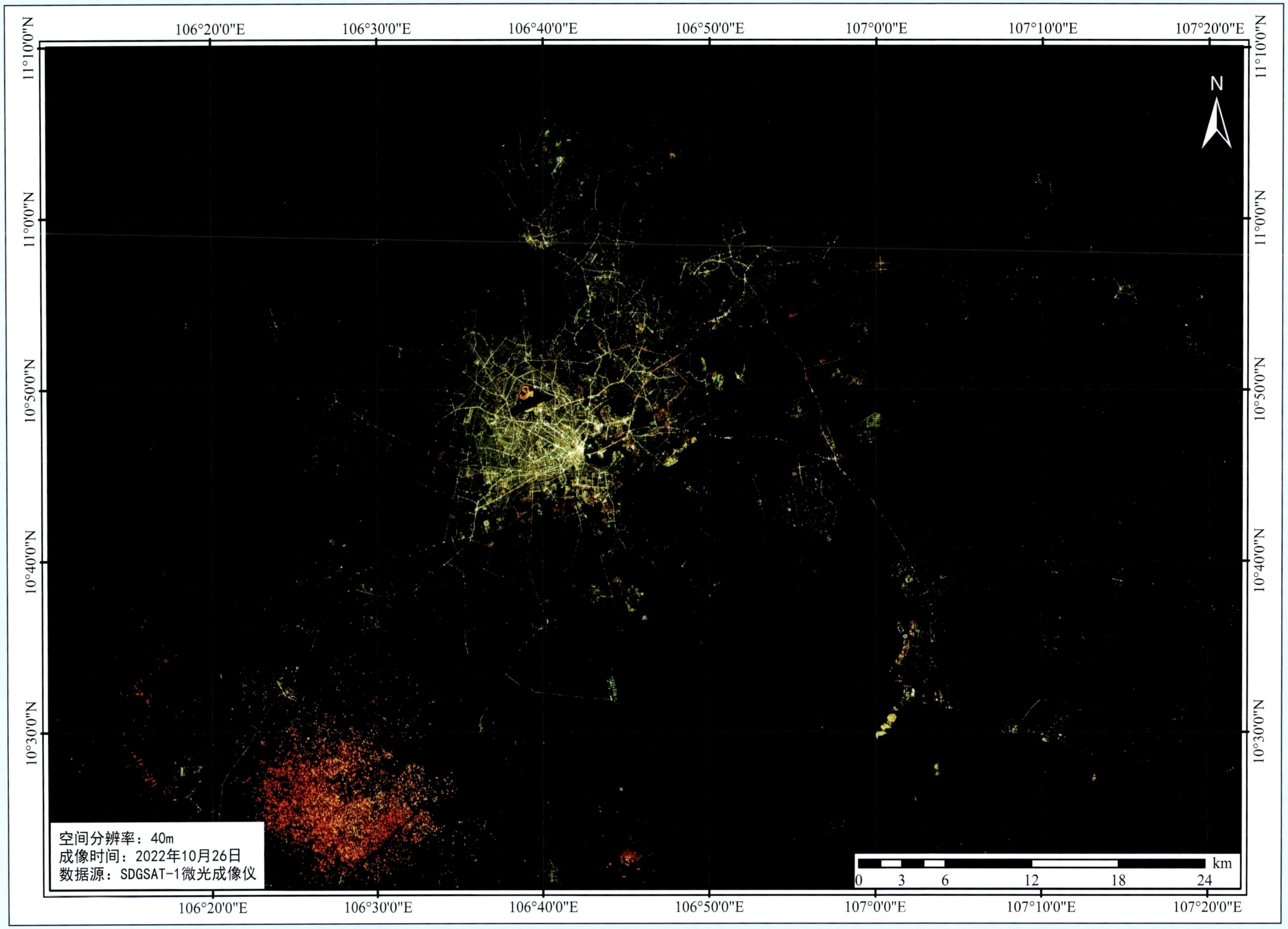

胡志明市夜间灯光遥感图

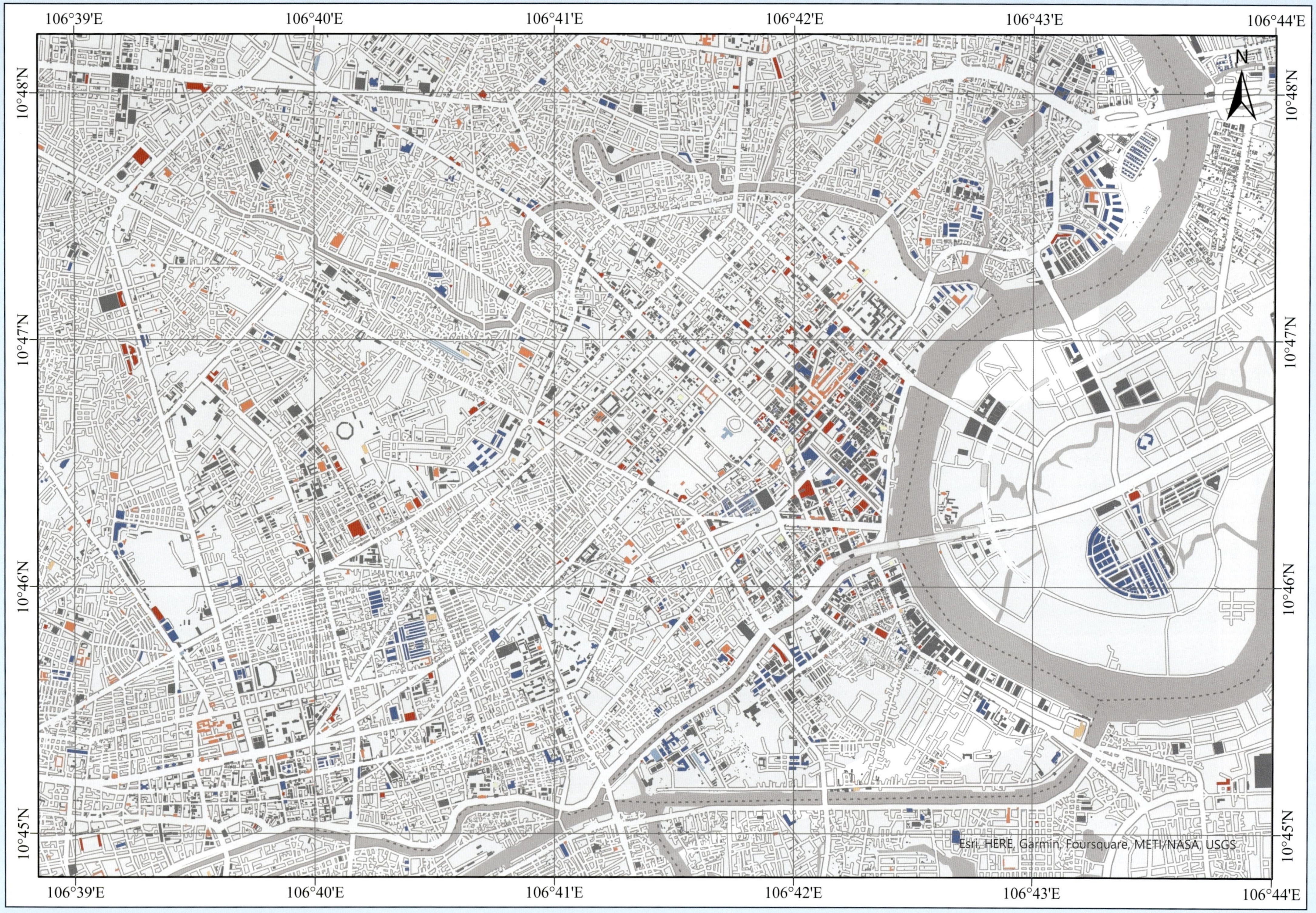

0 500 1000
m

胡志明市城市建筑轮廓图

遥感产品：Landsat8　分辨率：15m　影像时间：2021 年 4 月 7 日

胡志明城市入海口遥感图

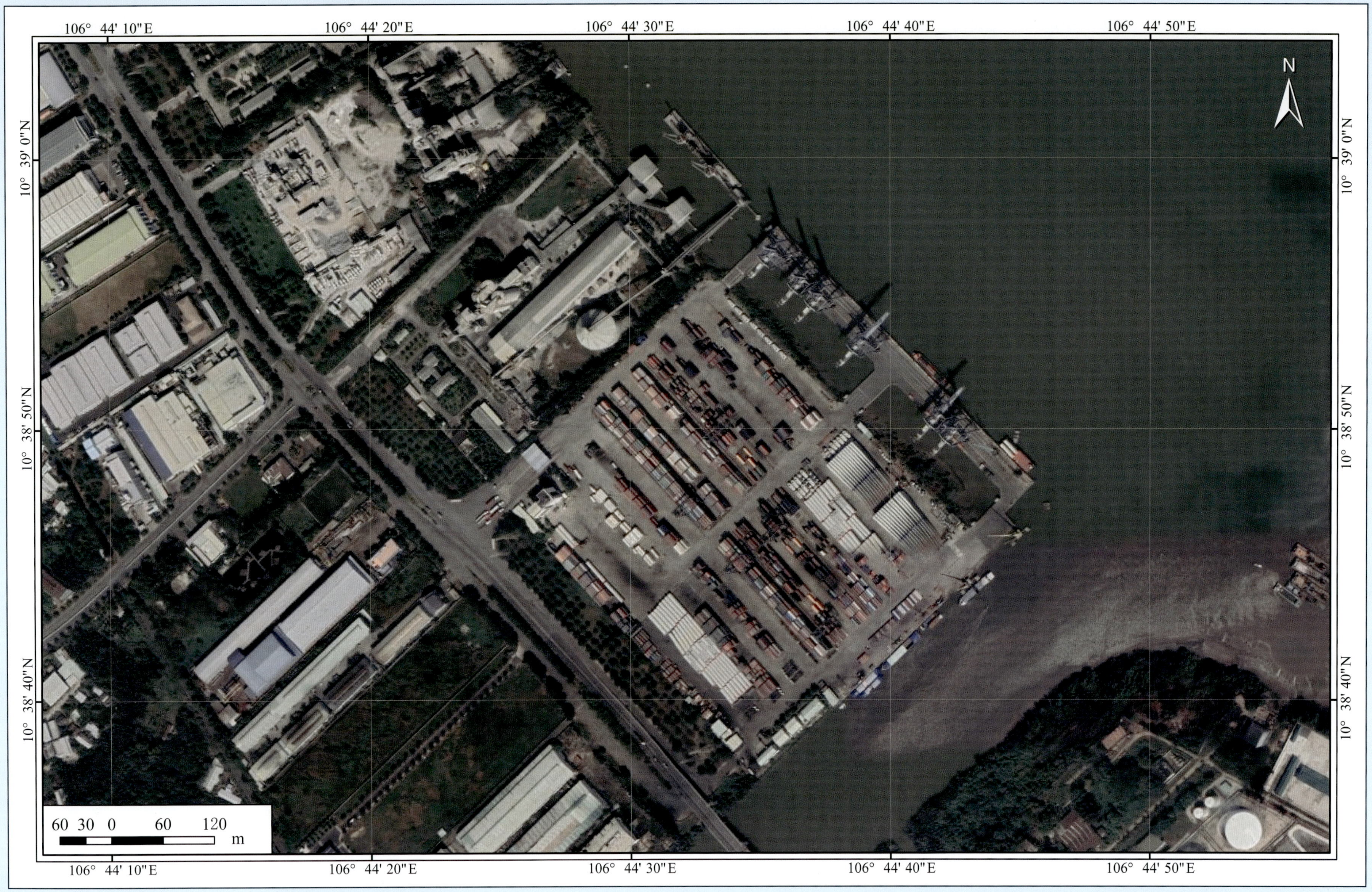

遥感产品：Maxar　分辨率：1.5m　影像时间：2021 年 3 月 13 日

胡志明城市港口遥感图

遥感产品：Maxar　分辨率：1m　影像时间：2021 年 12 月

胡志明新山国际机场

遥感产品：Maxar　分辨率：1m　影像时间：2021 年 5 月

胡志明西贡高科技园

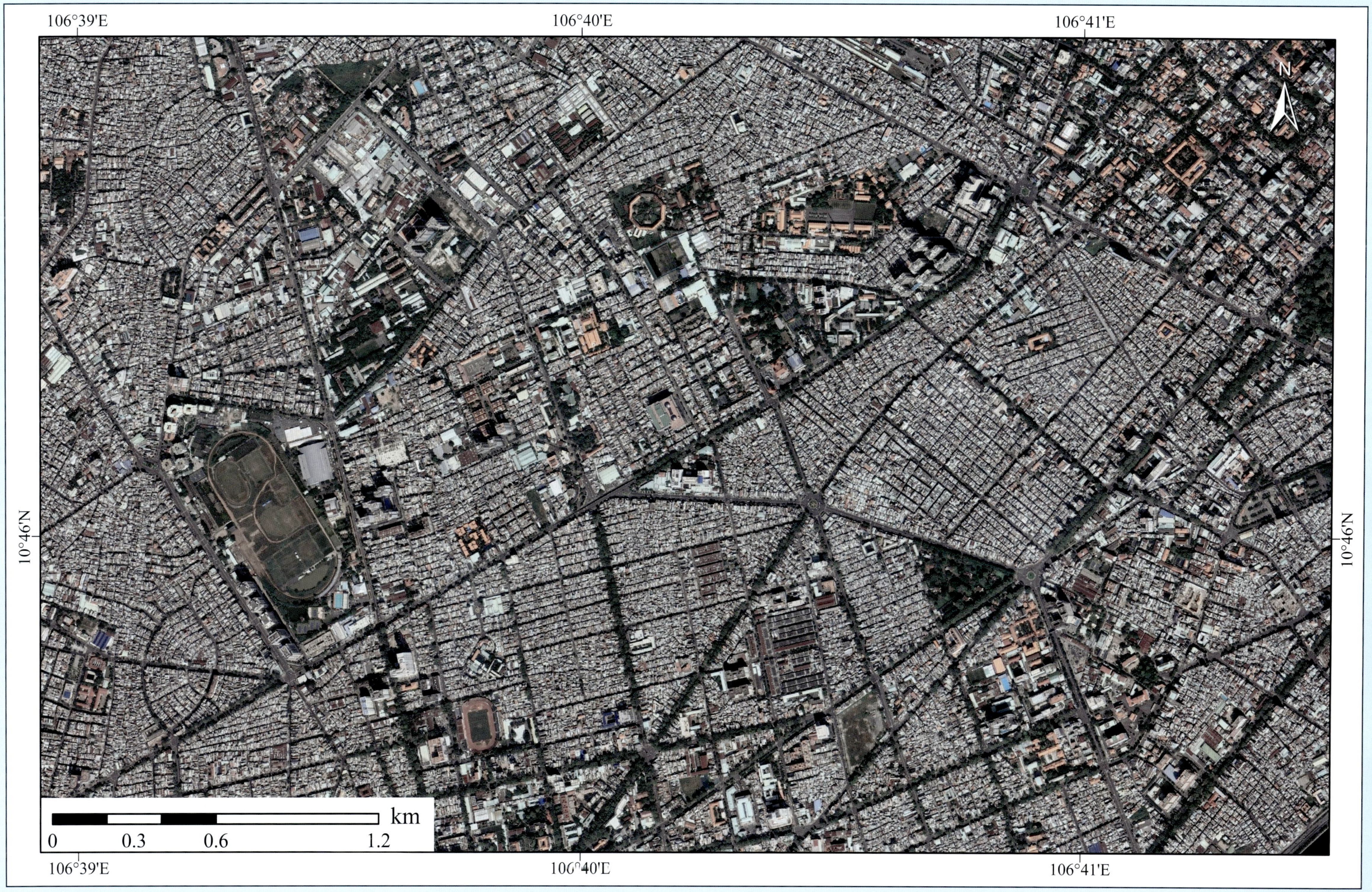

遥感产品：Maxar　分辨率：1m　影像时间：2021 年 5 月

胡志明大学城

曼谷 / Bangkok

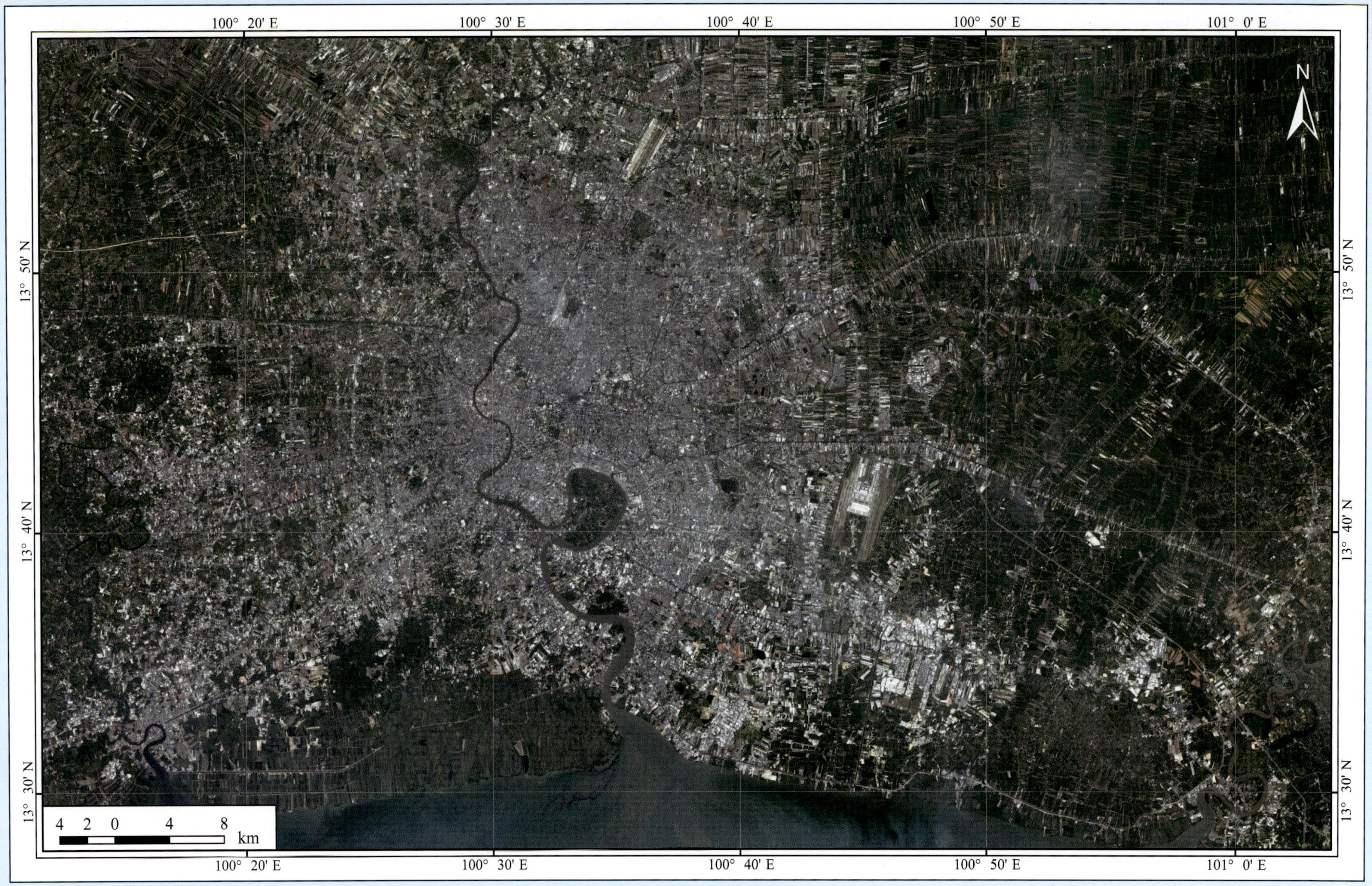

遥感产品： Landsat8

分 辨 率： 30m

影像时间： 2022年8月13日

曼谷城市鸟瞰遥感图

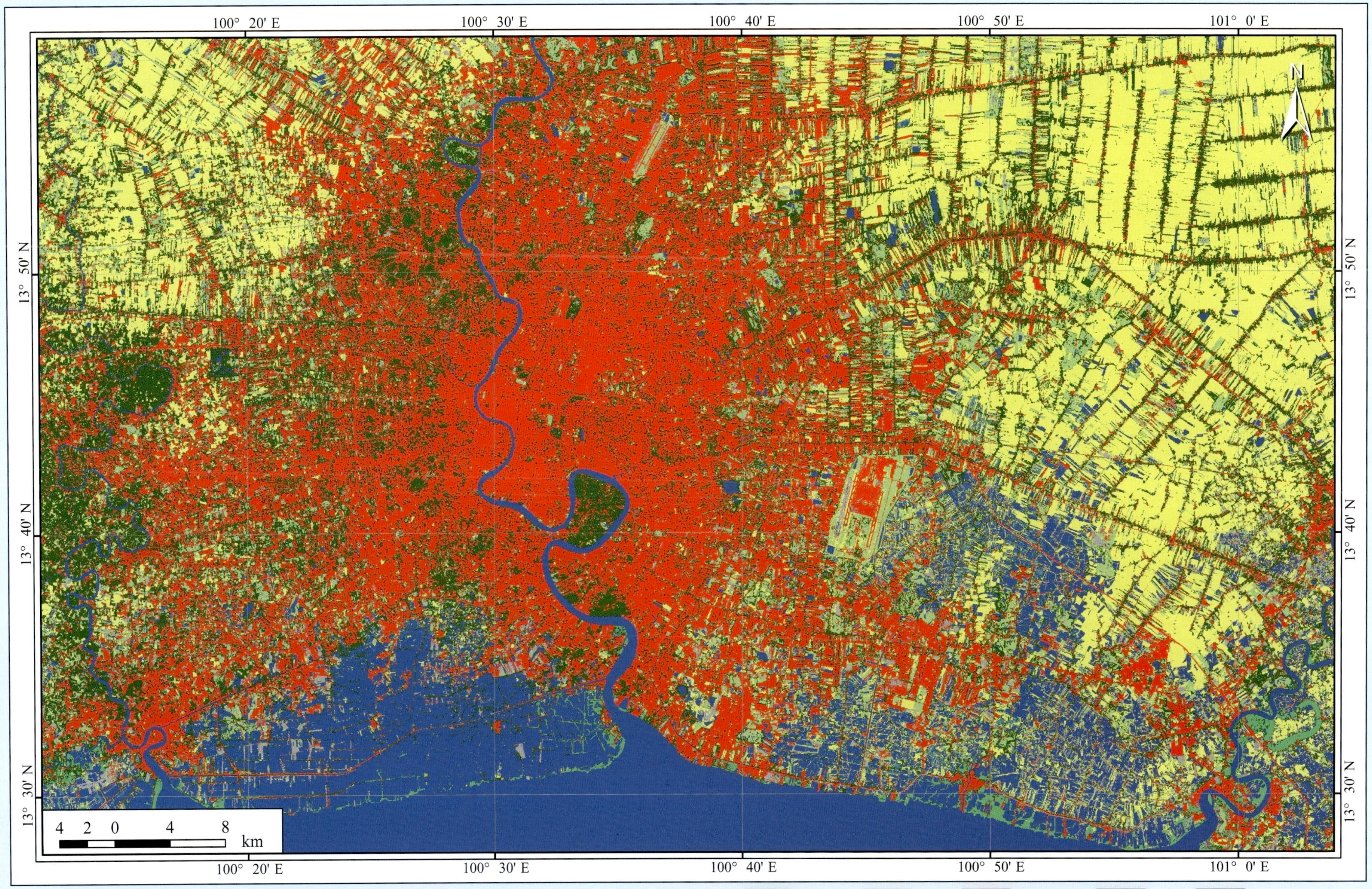

产品说明： WorldCover土地覆盖数据
分 辨 率： 10m
产品时间： 2021年

图 例

林地　草地　城镇用地　水体　红树林
灌木林　耕地　稀疏植被　湿地

曼谷城市土地利用图

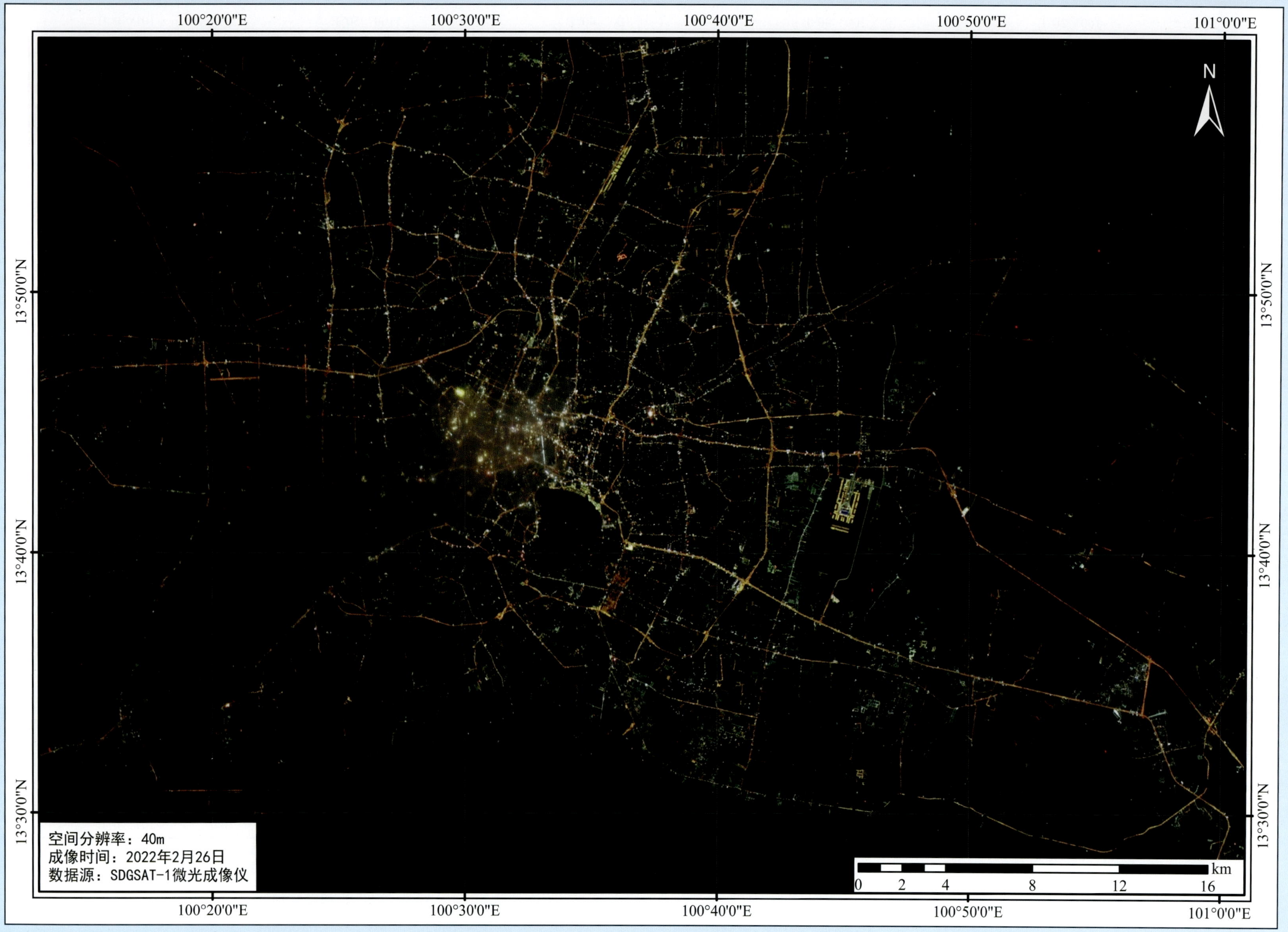
100°20'0"E
100°30'0"E
100°40'0"E
100°50'0"E
101°0'0"E
13°50'0"N
13°40'0"N
13°30'0"N
N
空间分辨率：40m
成像时间：2022年2月26日
数据源：SDGSAT-1微光成像仪
km
0 2 4 8 12 16

曼谷夜间灯光遥感图

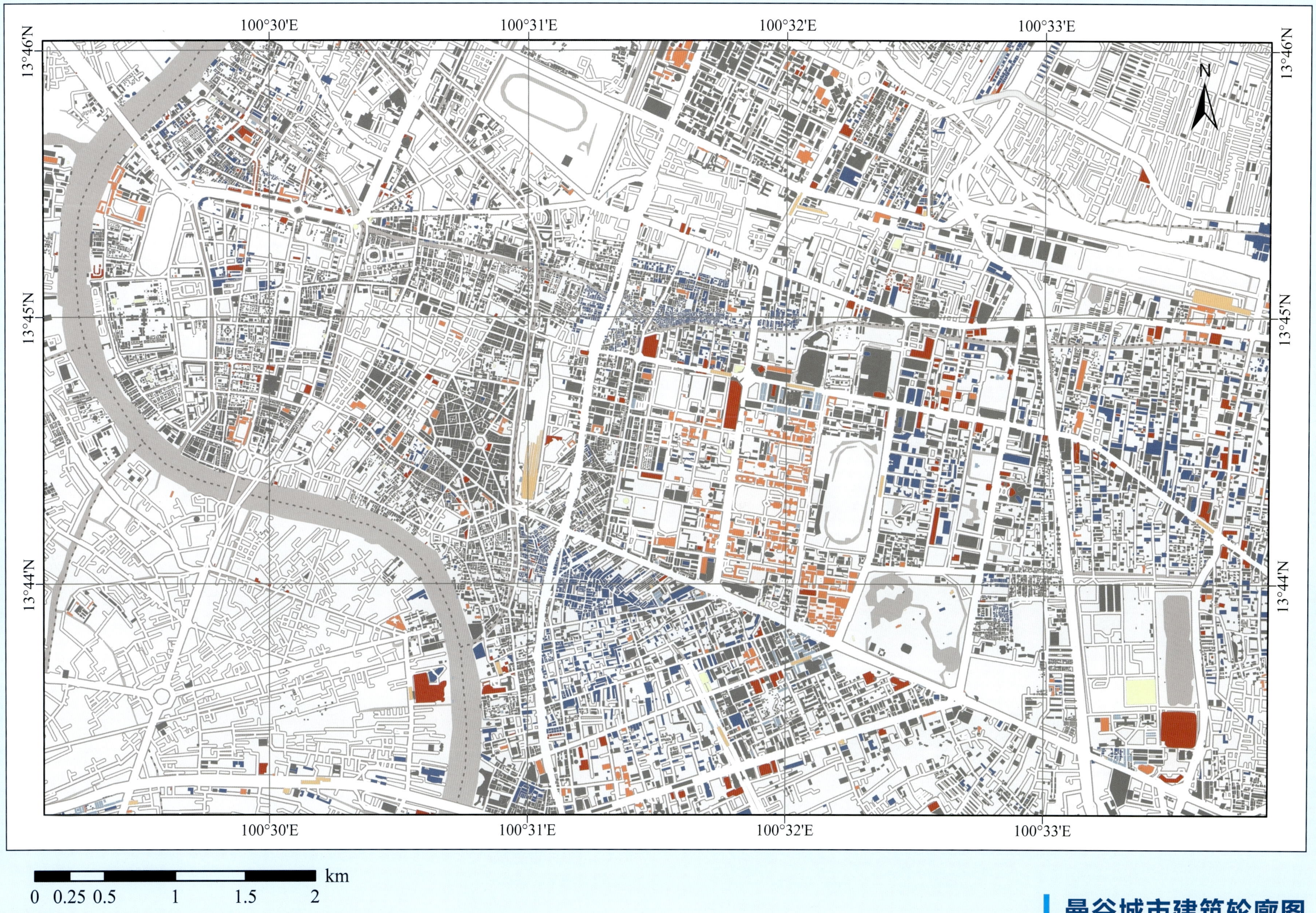
100°30'E
100°31'E
100°32'E
100°33'E
13°46'N
13°45'N
13°44'N
N
0 0.25 0.5 1 1.5 2
km

曼谷城市建筑轮廓图

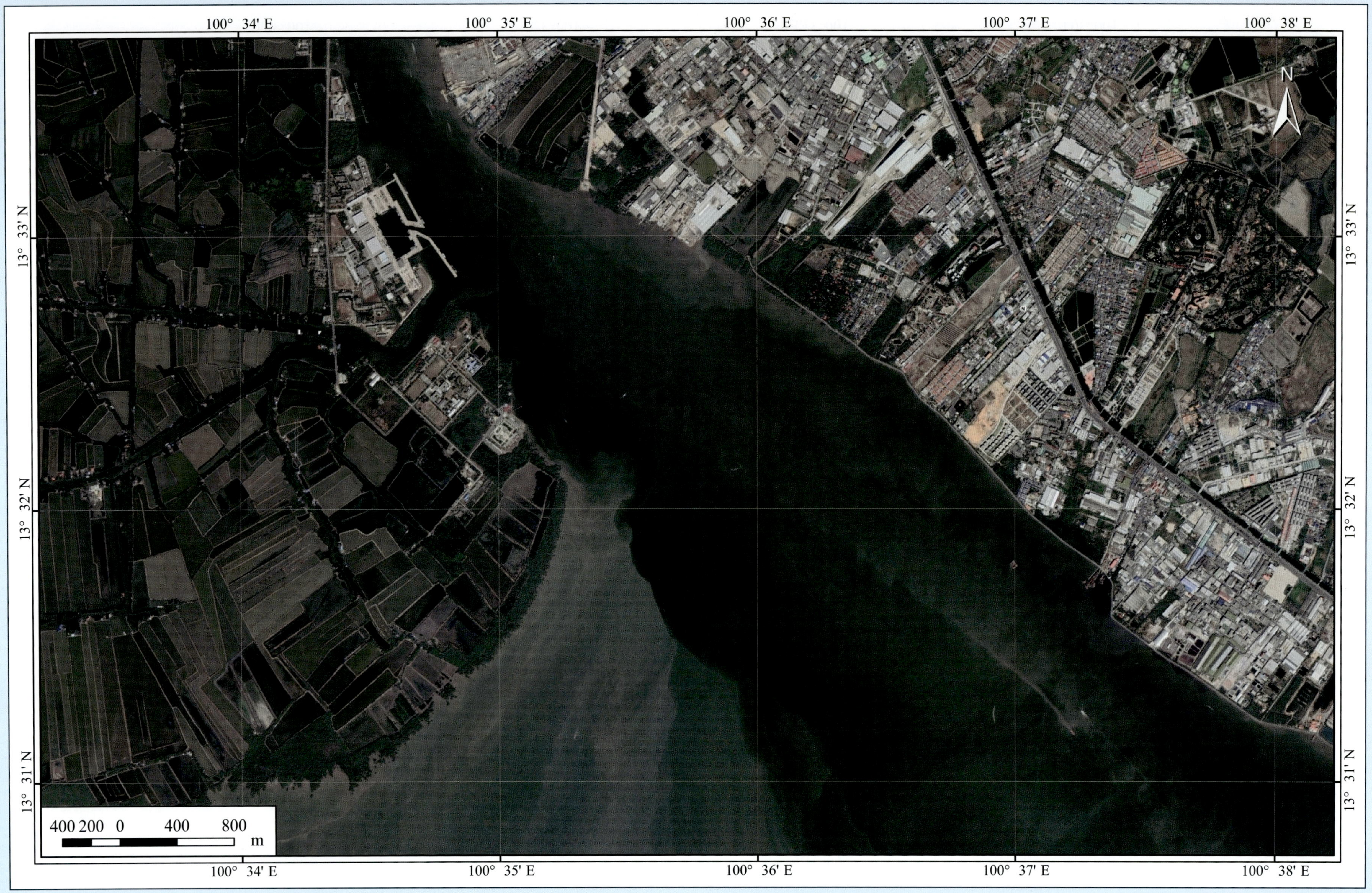

遥感产品：Maxar 分辨率：5m 影像时间：2021 年 12 月 9 日

曼谷城市入海口遥感图

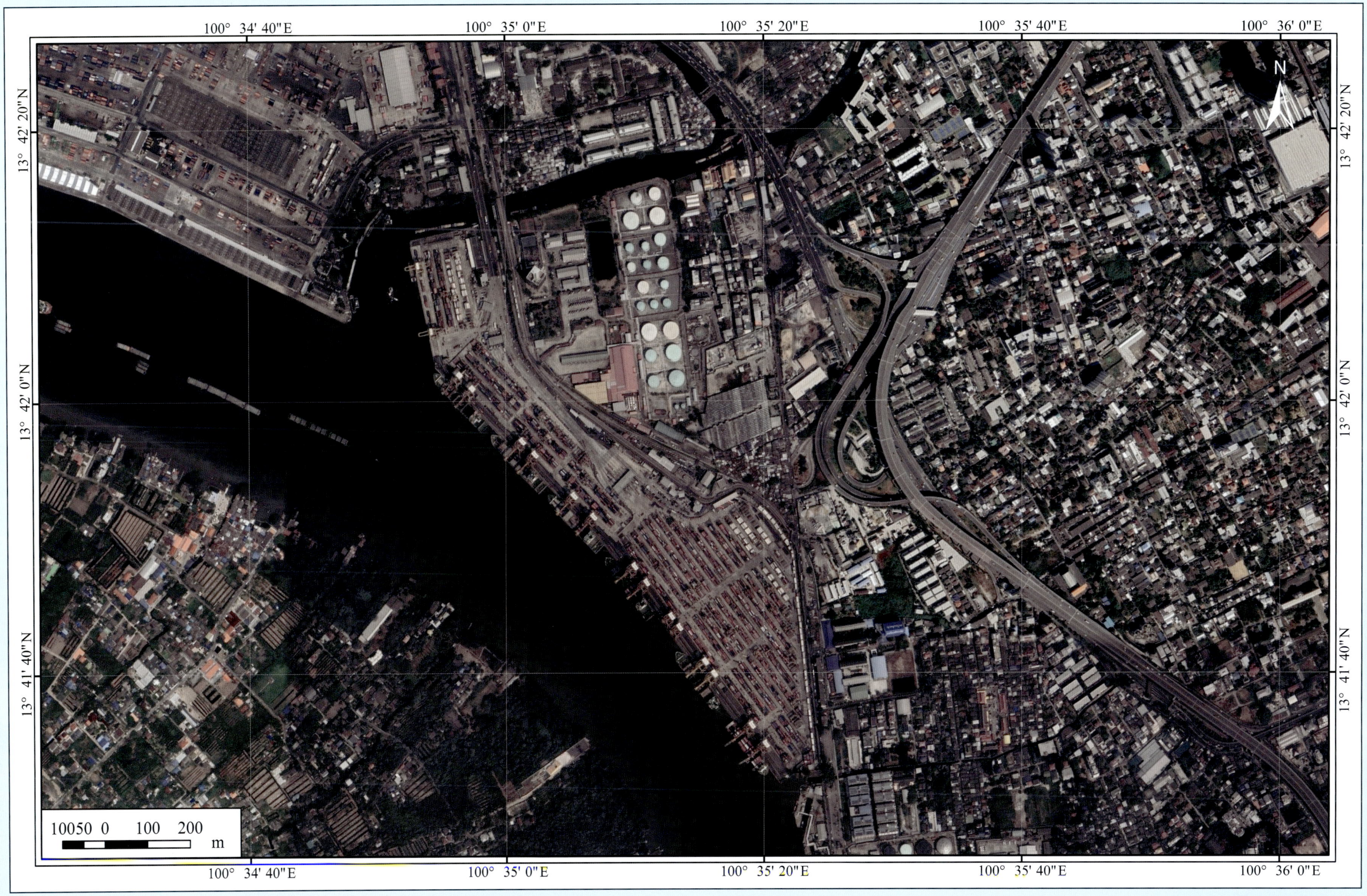

遥感产品：Maxar　分辨率：1.5m　影像时间：2021 年 2 月 29 日

曼谷城市港口遥感图

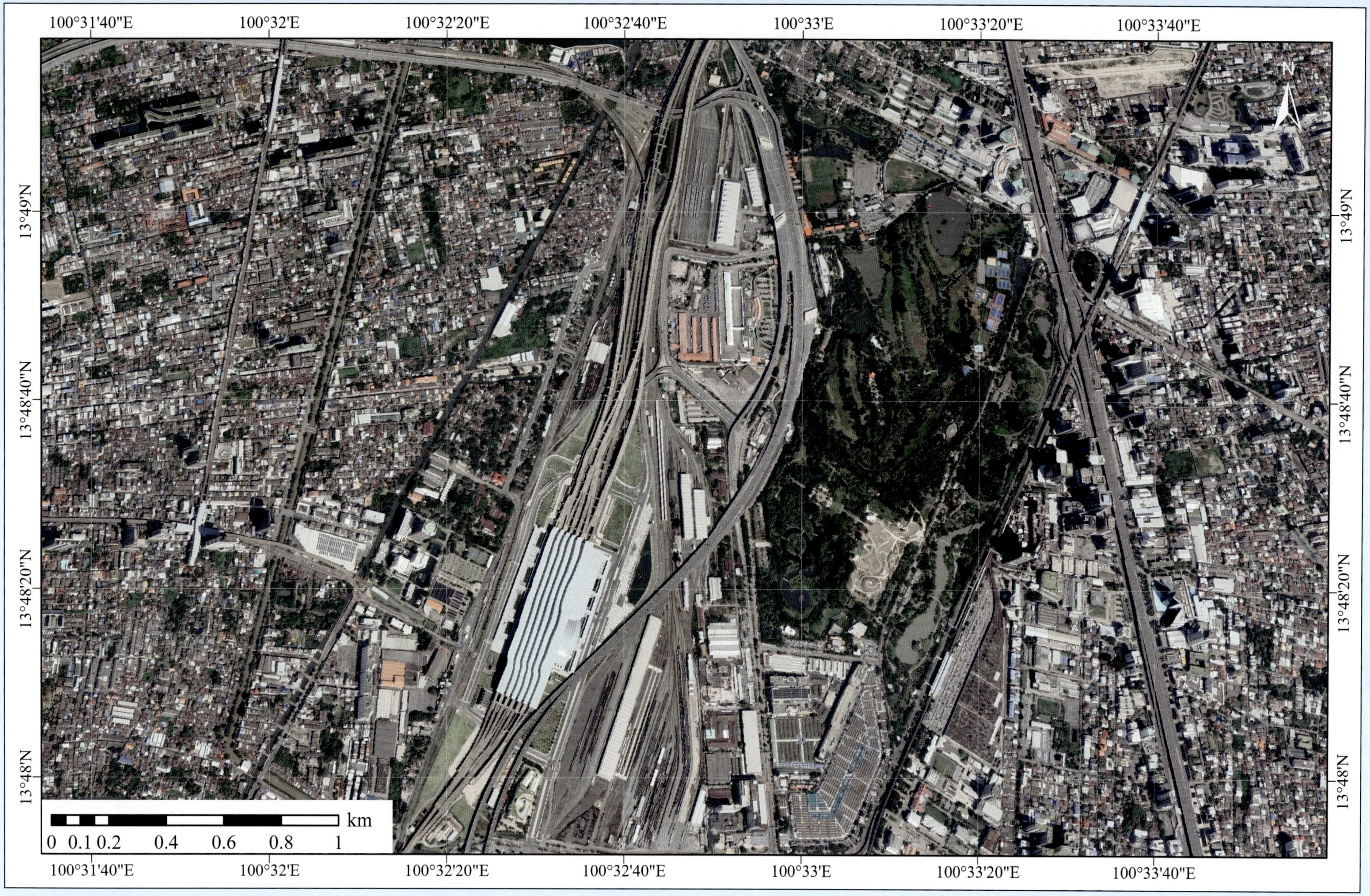

遥感产品：Maxar　分辨率：1m　影像时间：2022 年 8 月

火车站

遥感产品：Maxar　分辨率：1m　影像时间：2022 年 8 月

机场

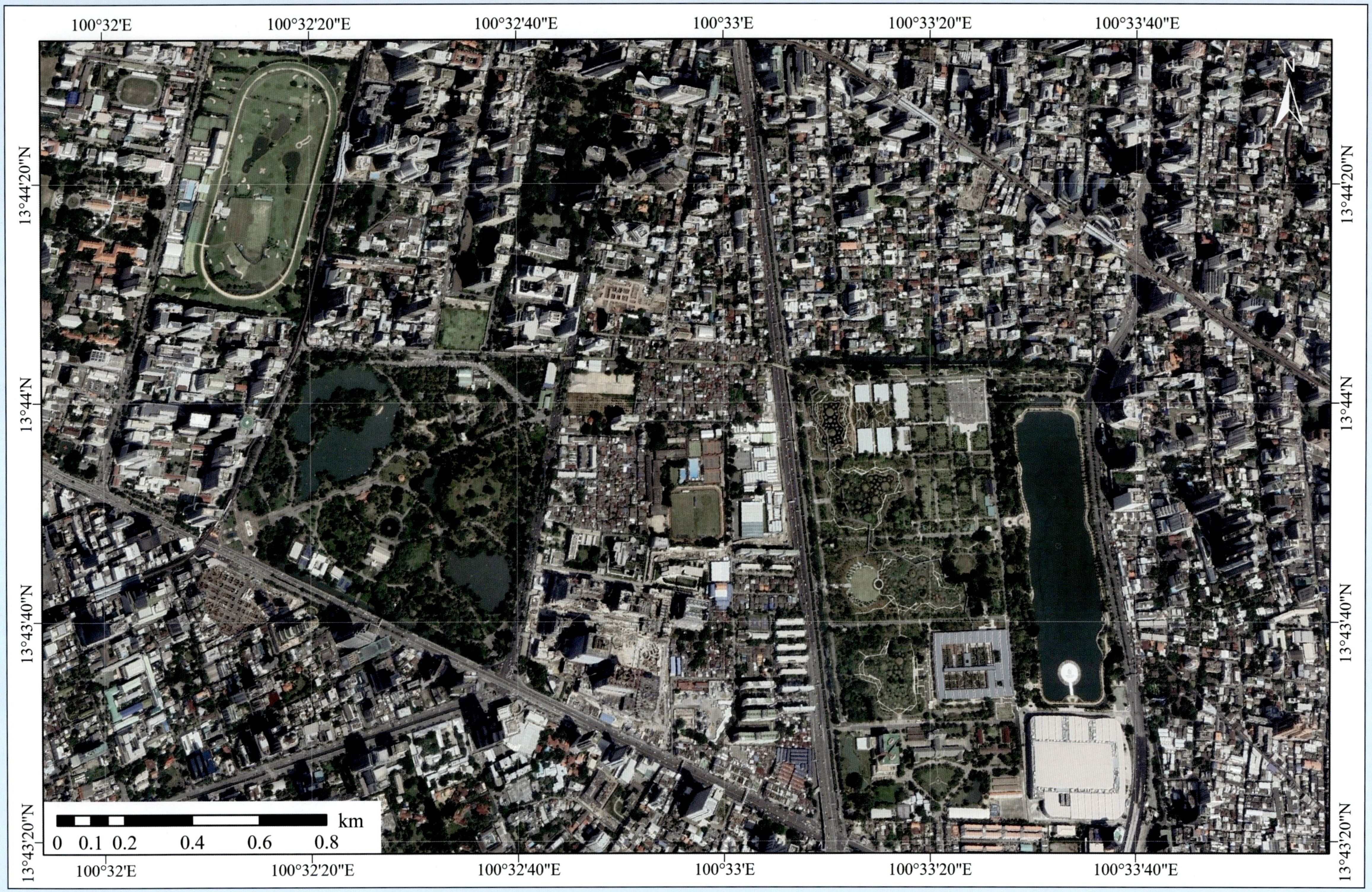

遥感产品：Maxar 分辨率：1m 影像时间：2022 年 10 月

城市公园

遥感产品：Maxar　分辨率：1m　影像时间：2018 年 6 月

城市湿地

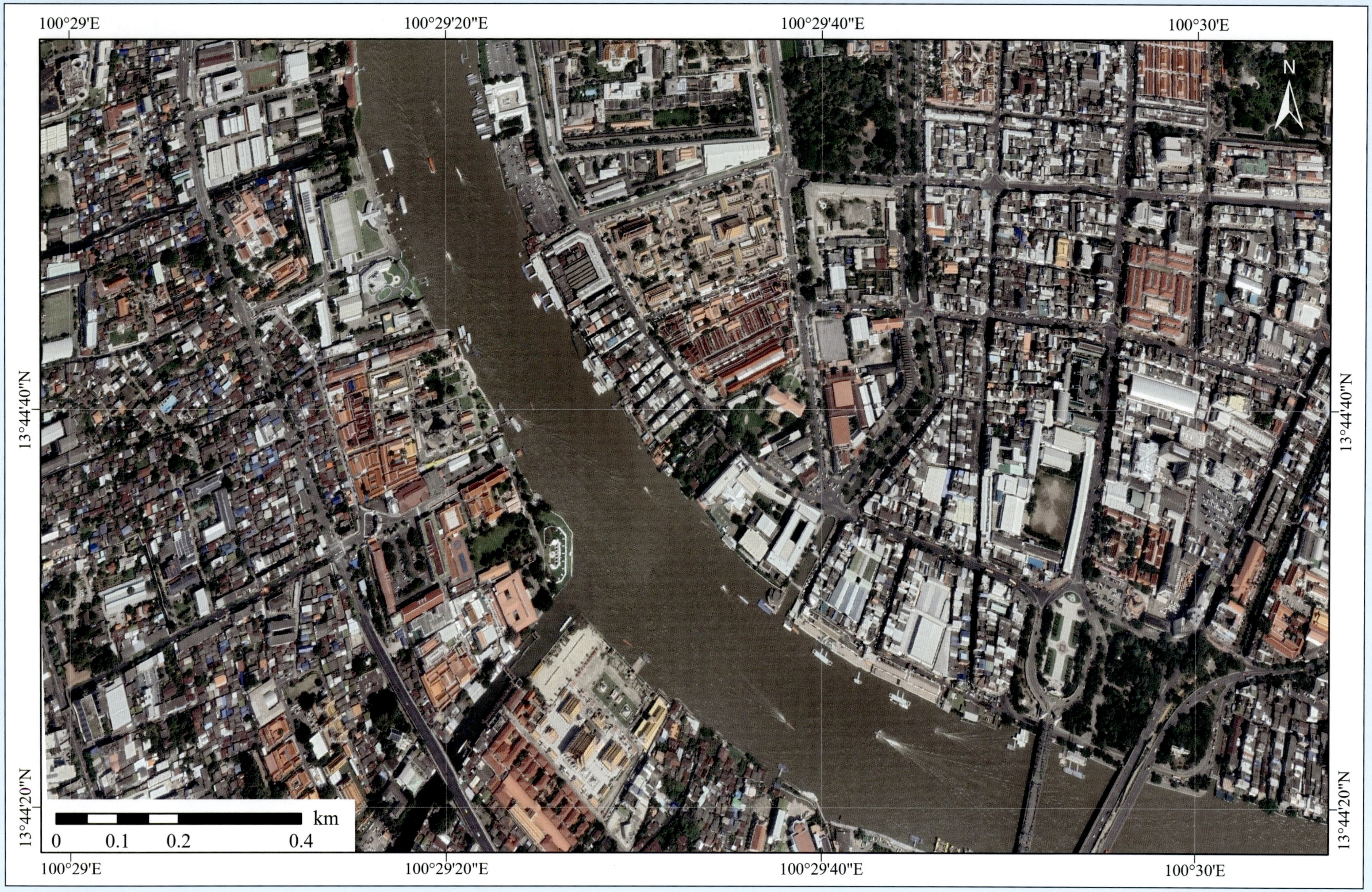

遥感产品：Maxar 分辨率：1m 影像时间：2022 年 8 月

大皇宫

毛淡棉 / Moulmein

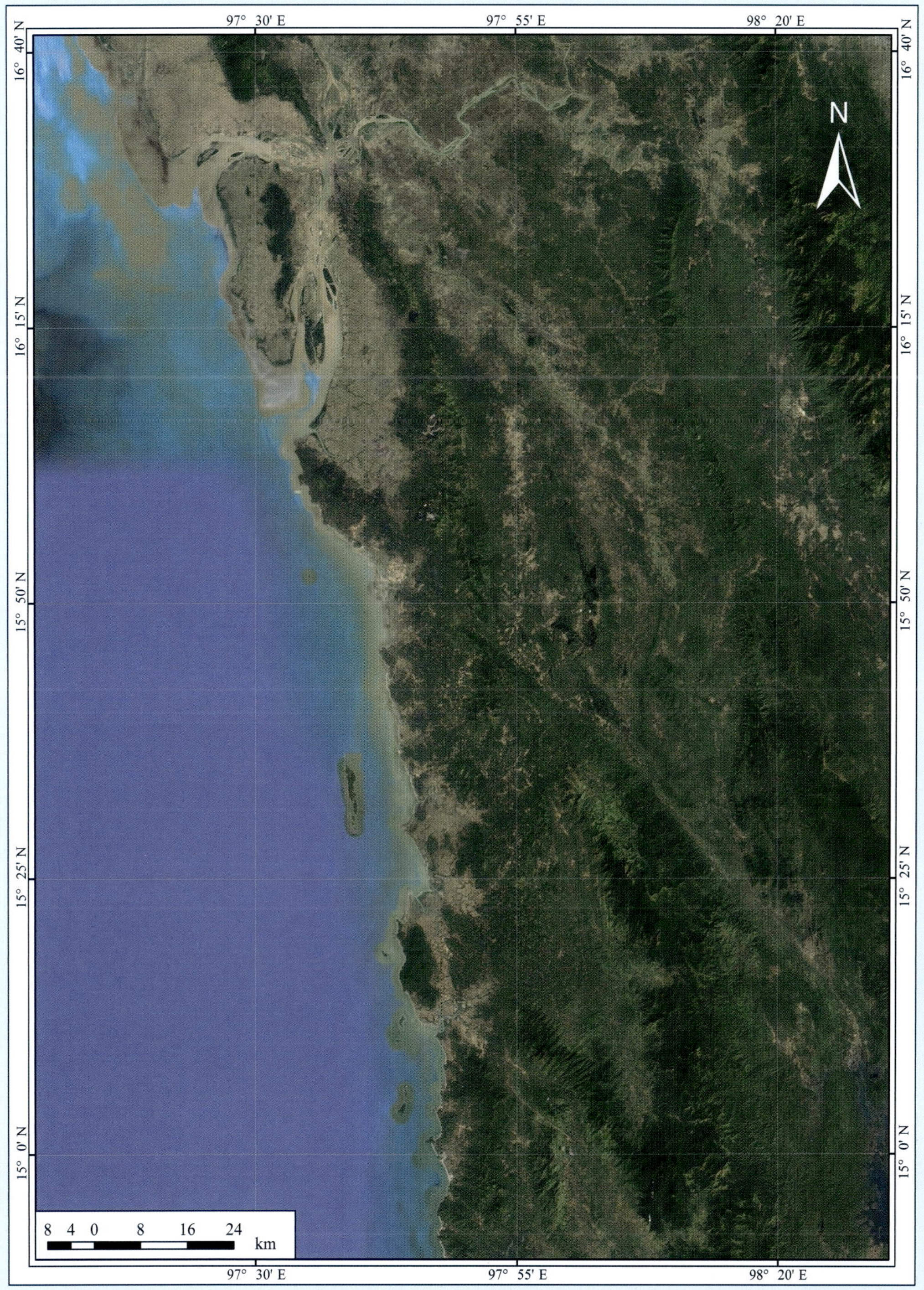

遥感产品：Landsat8
分 辨 率：30m
影像时间：2021年3月12日

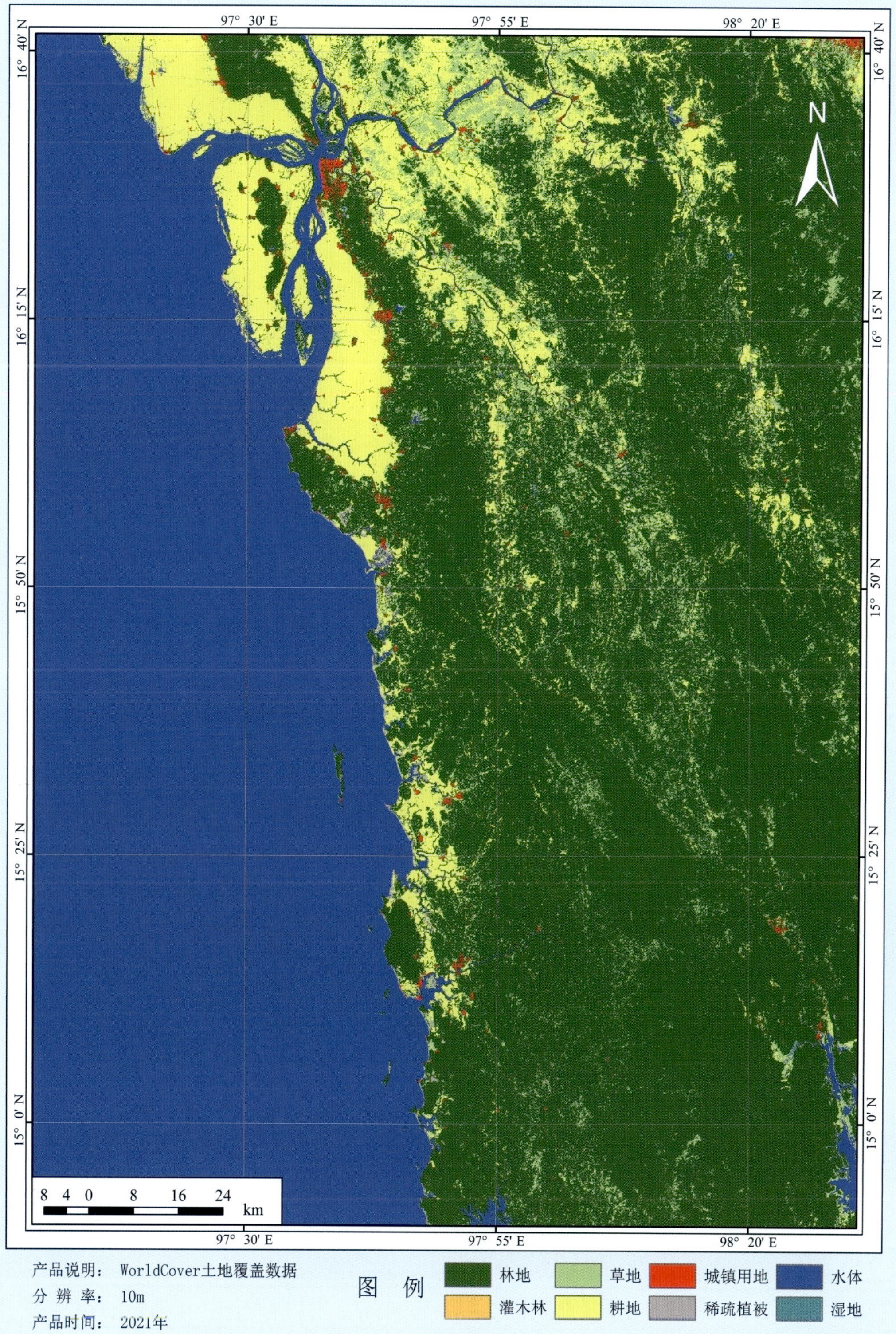

产品说明：WorldCover土地覆盖数据
分 辨 率：10m
产品时间：2021年

毛淡棉城市鸟瞰遥感图

毛淡棉城市土地利用图

毛淡棉夜间灯光遥感图
97°0'0"E
97°30'0"E
98°0'0"E
98°30'0"E
99°0'0"E
99°30'0"E
16°30'0"N
16°0'0"N
15°30'0"N
15°0'0"N
N
km
0 5 10 20 30 40
空间分辨率：40m
成像时间：2022年2月26日
数据源：SDGSAT-1微光成像仪

毛淡棉夜间灯光遥感图

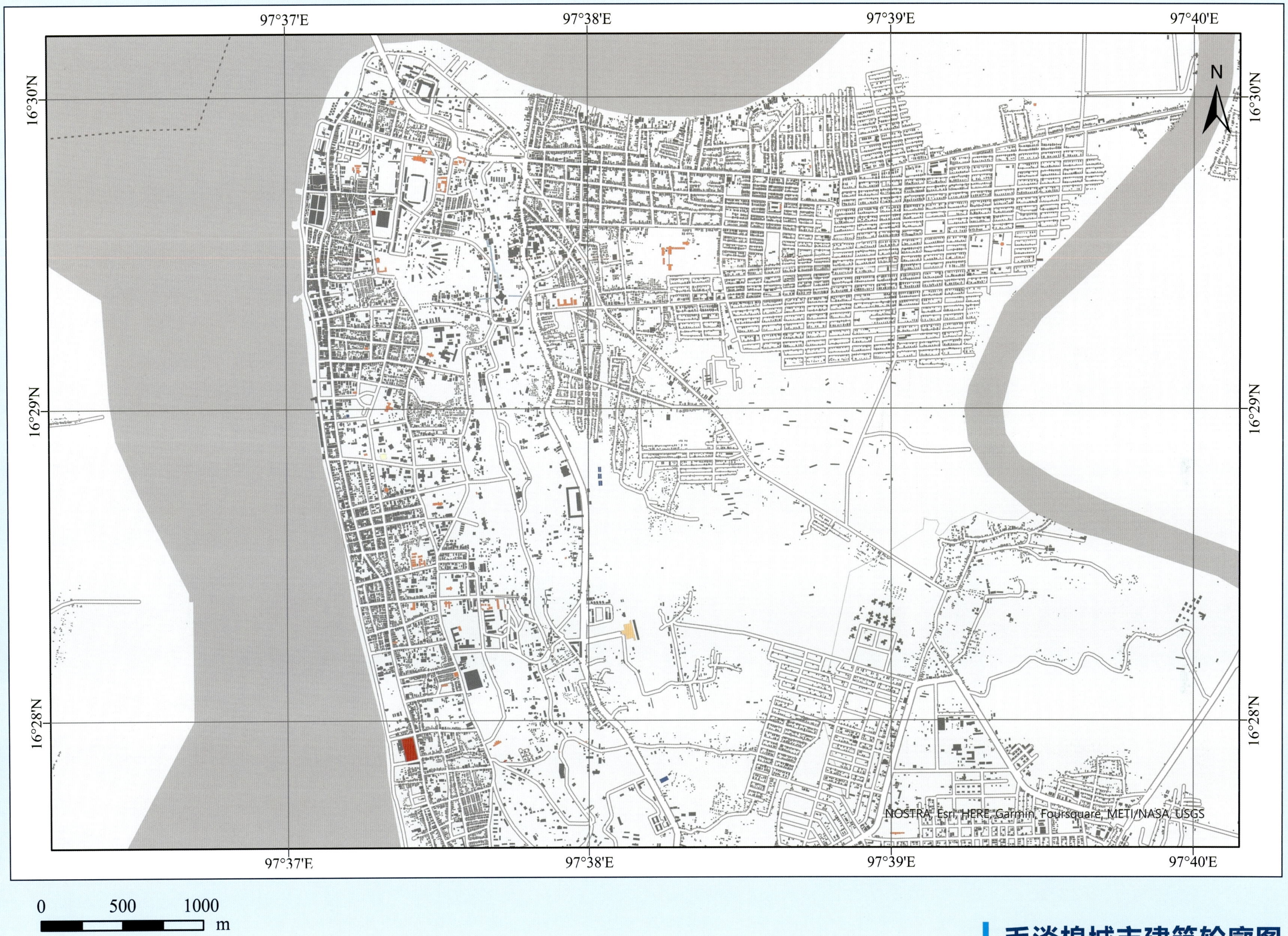
97°37'E
97°38'E
97°39'E
97°40'E
16°30'N
16°29'N
16°28'N
N
NOSTRA, Esri, HERE, Garmin, Foursquare, METI/NASA, USGS
0
500
1000
m

毛淡棉城市建筑轮廓图

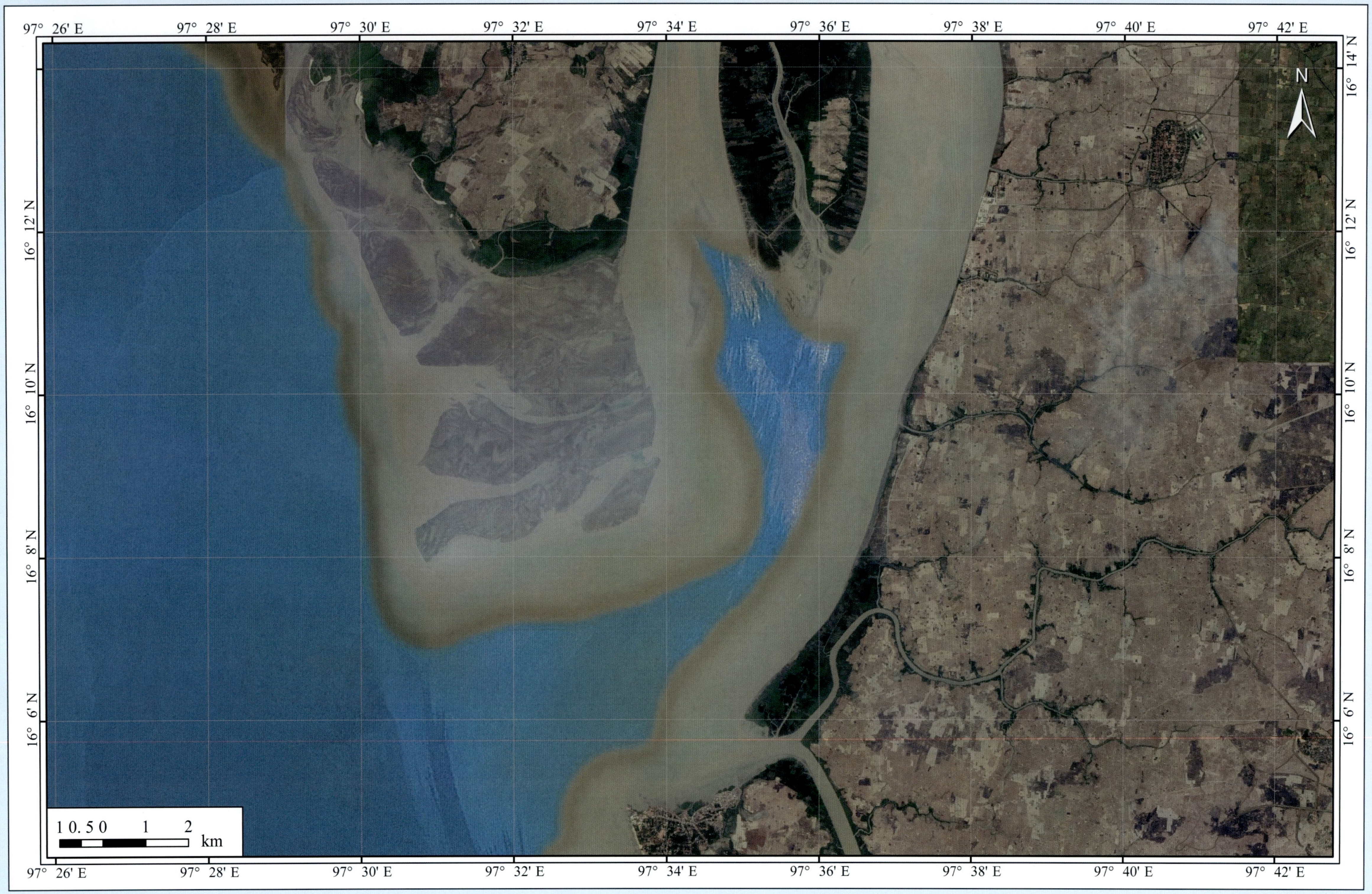

遥感产品：Maxar 分辨率：10m 影像时间：2018 年 3 月 17 日

毛淡棉城市入海口遥感图

遥感产品：Maxar　分辨率：1m　影像时间：2022 年 3 月

毛淡棉机场

遥感产品：Maxar　分辨率：1m　影像时间：2022 年 3 月

毛淡棉孟邦文化博物馆

遥感产品：Maxar　分辨率：1m　影像时间：2022 年 3 月

毛淡棉大学

卡拉奇 / Karachi

遥感产品： Landsat8
分 辨 率： 30m
影像时间： 2021年12月15日

卡拉奇城市鸟瞰遥感图

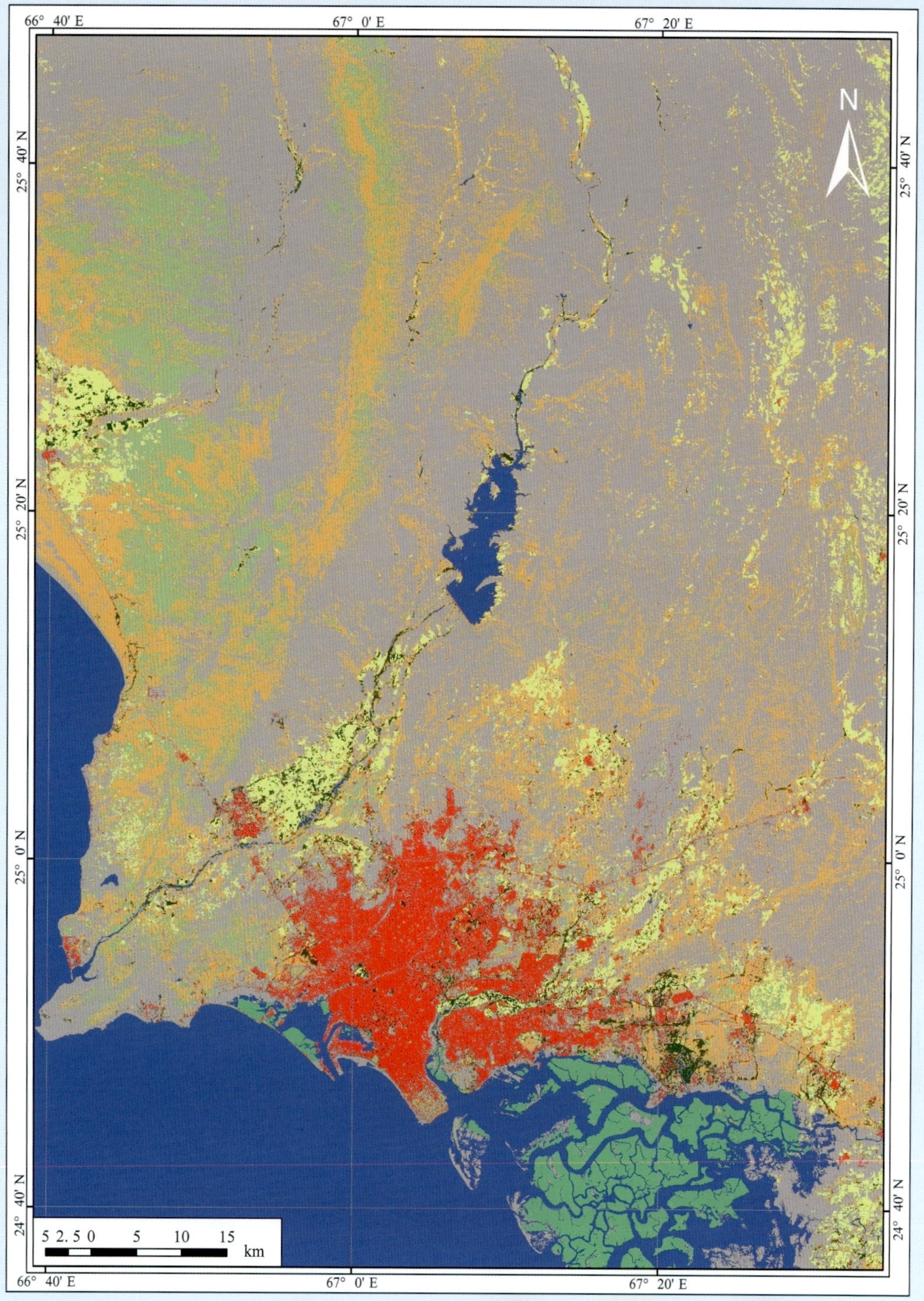

产品说明： WorldCover土地覆盖数据
分 辨 率： 10m
产品时间： 2021年

图 例

林地　耕地　水体
灌木林　城镇用地　湿地
草地　稀疏植被　红树林

卡拉奇城市土地利用图

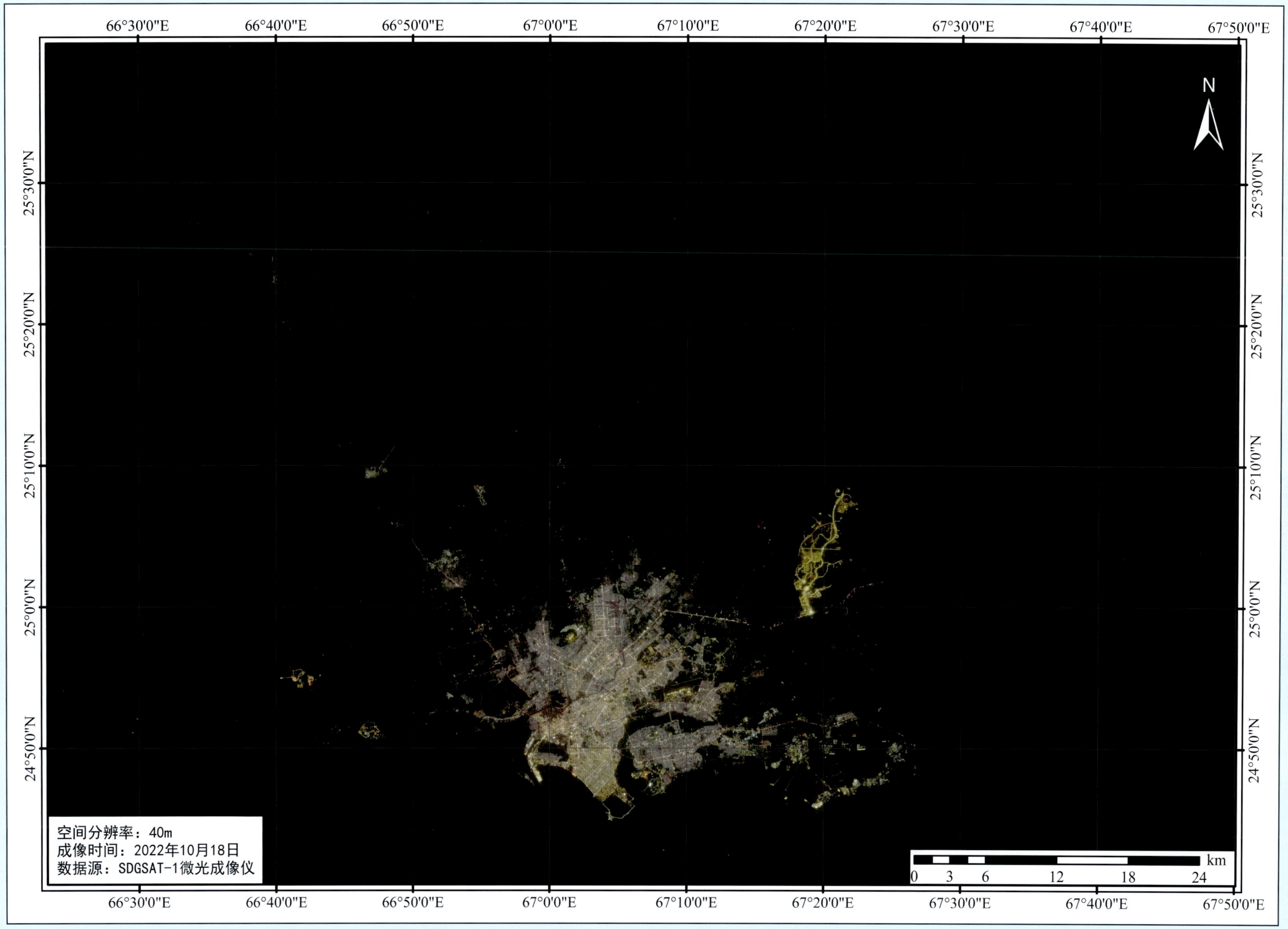
66°30'0"E
66°40'0"E
66°50'0"E
67°0'0"E
67°10'0"E
67°20'0"E
67°30'0"E
67°40'0"E
67°50'0"E
25°30'0"N
25°20'0"N
25°10'0"N
25°0'0"N
24°50'0"N
N
空间分辨率：40m
成像时间：2022年10月18日
数据源：SDGSAT-1微光成像仪
0 3 6 12 18 24 km

卡拉奇夜间灯光遥感图

卡拉奇城市建筑轮廓图

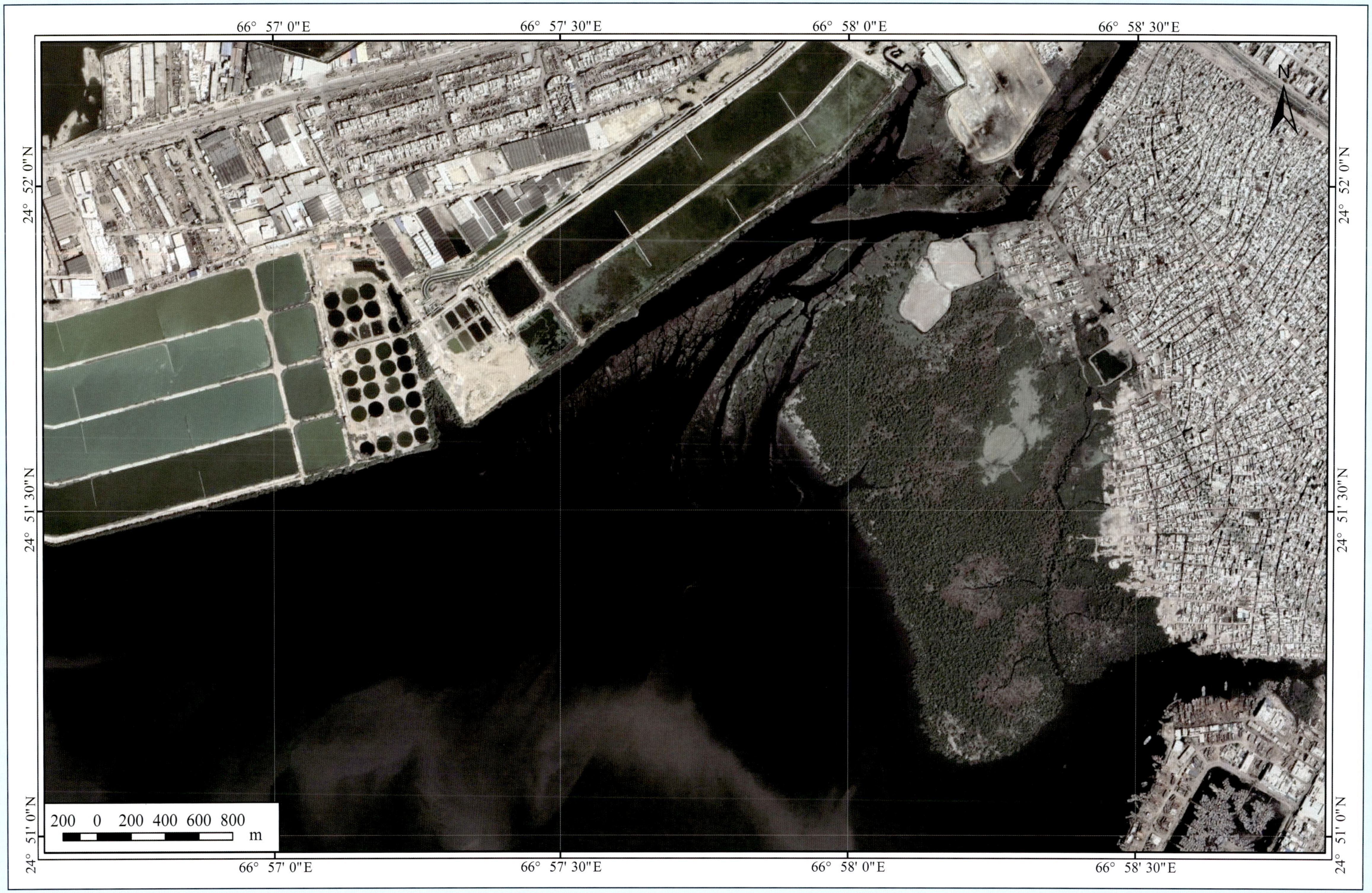

遥感产品：Maxar 分辨率：3m 影像时间：2022 年 10 月 14 日

卡拉奇城市入海口遥感图

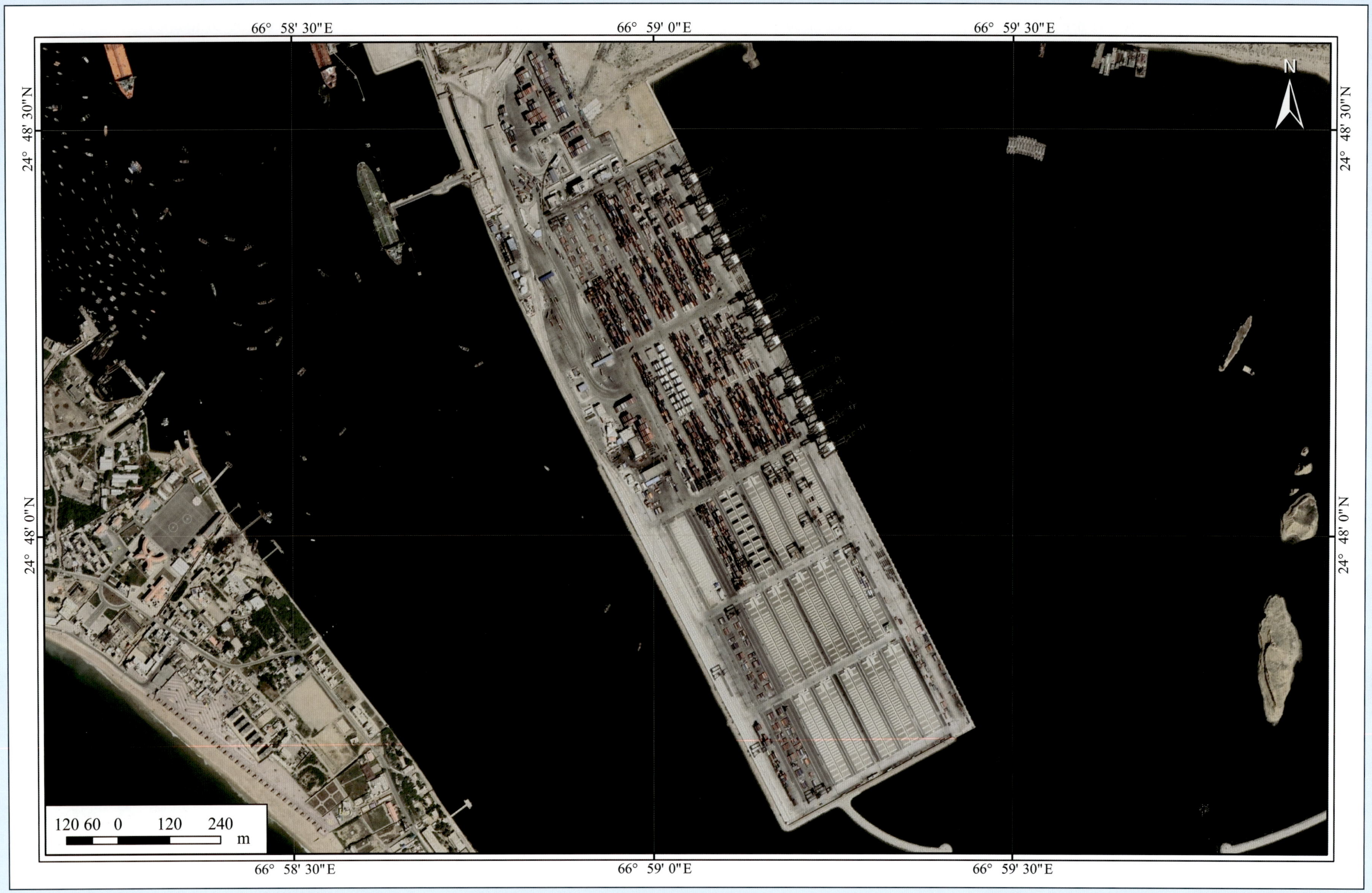

遥感产品：Maxar　分辨率：1m　影像时间：2022 年 10 月 14 日

卡拉奇城市港口遥感图

遥感产品：Maxar　分辨率：1m　影像时间：2021 年 2 月

卡拉奇真纳国际机场

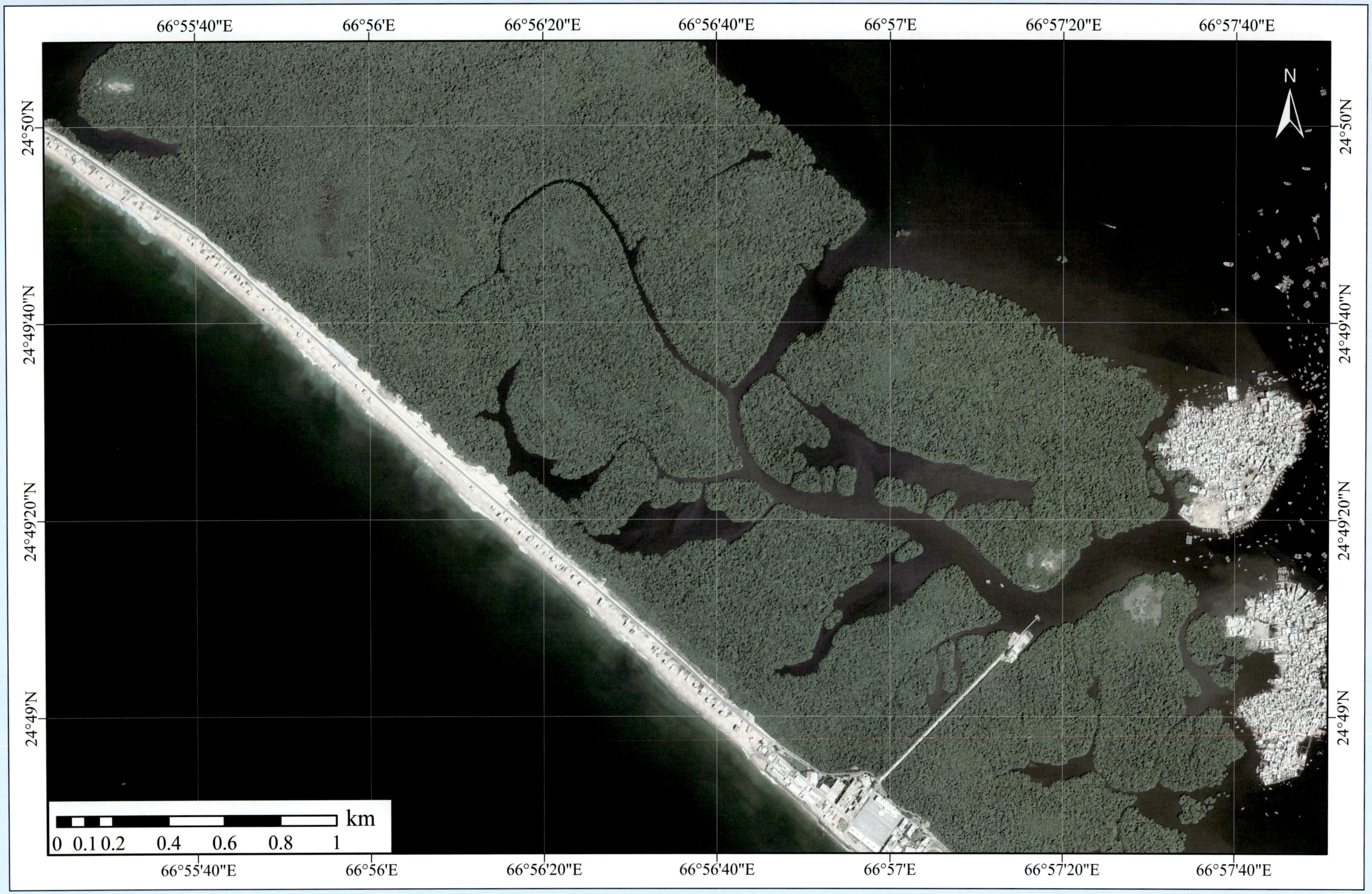

遥感产品：Maxar　分辨率：1m　影像时间：2022 年 10 月

红树林

遥感产品：Maxar 分辨率：1m 影像时间：2022 年 2 月

卡拉奇滨海住宅区

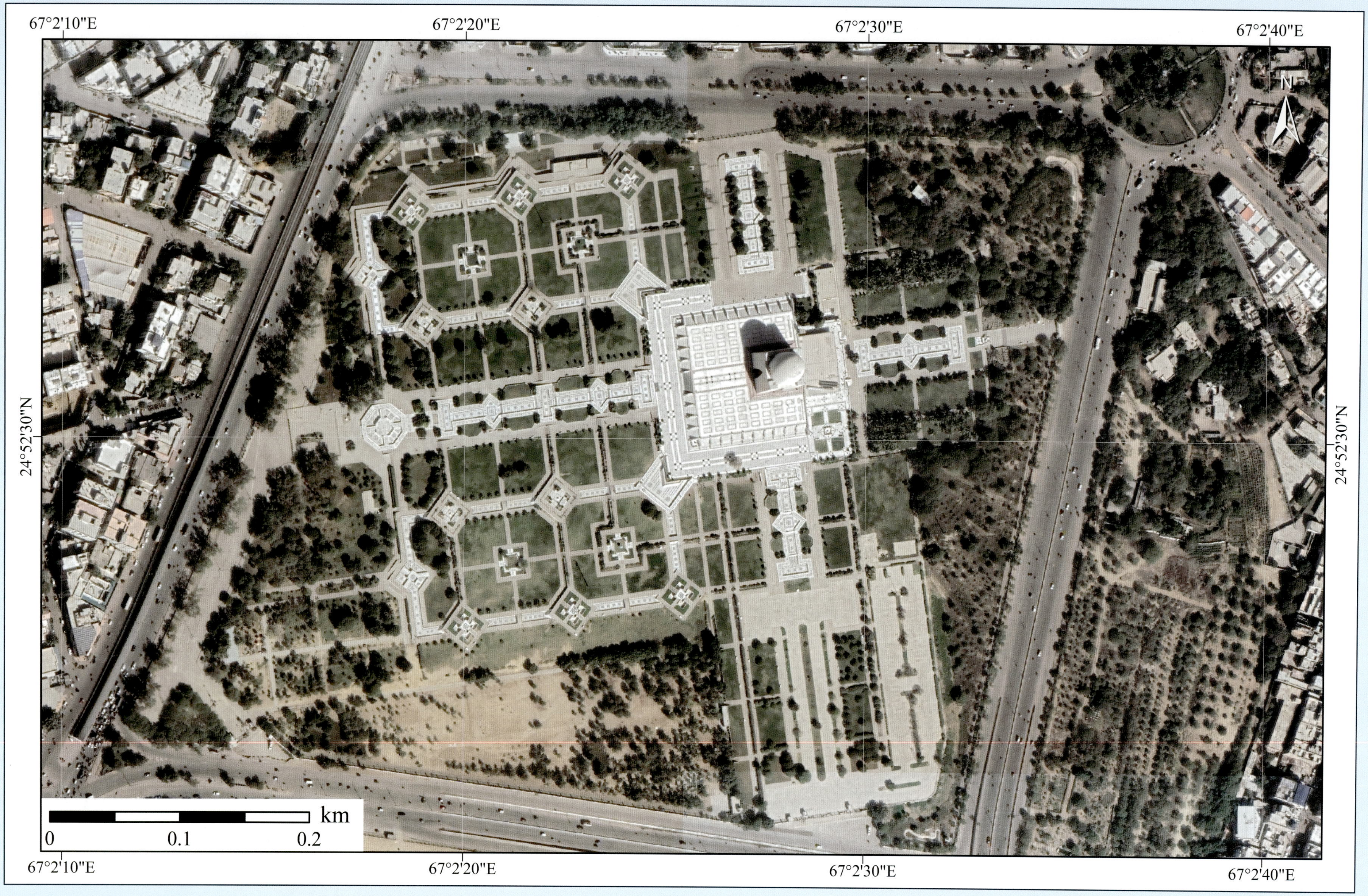

遥感产品：Maxar 分辨率：1m 影像时间：2022 年 2 月

卡拉奇真纳墓

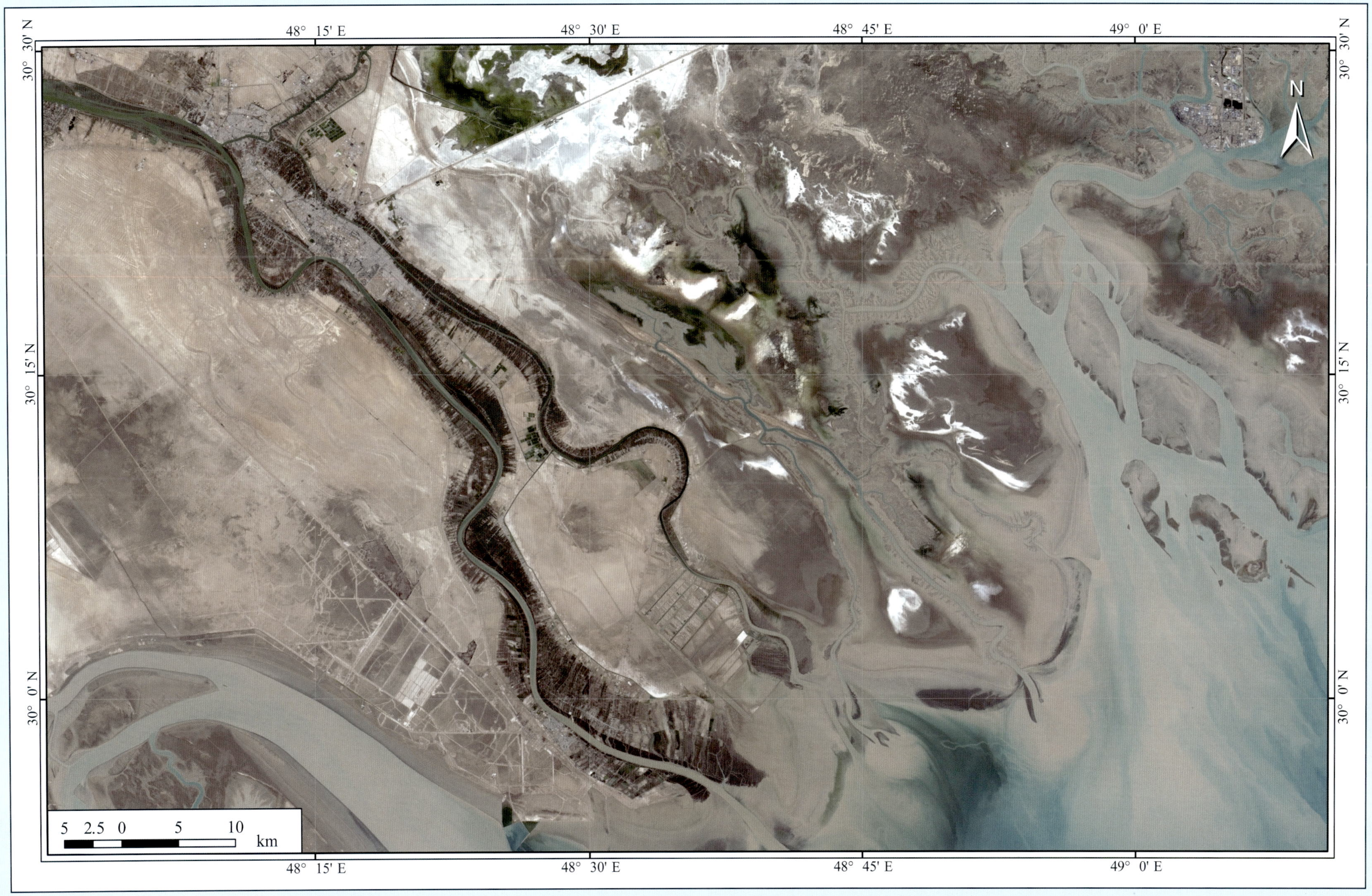

遥感产品： Landsat8

分 辨 率： 30m

影像时间： 2021年12月10日

阿巴丹城市鸟瞰遥感图

阿巴丹 / Abādān

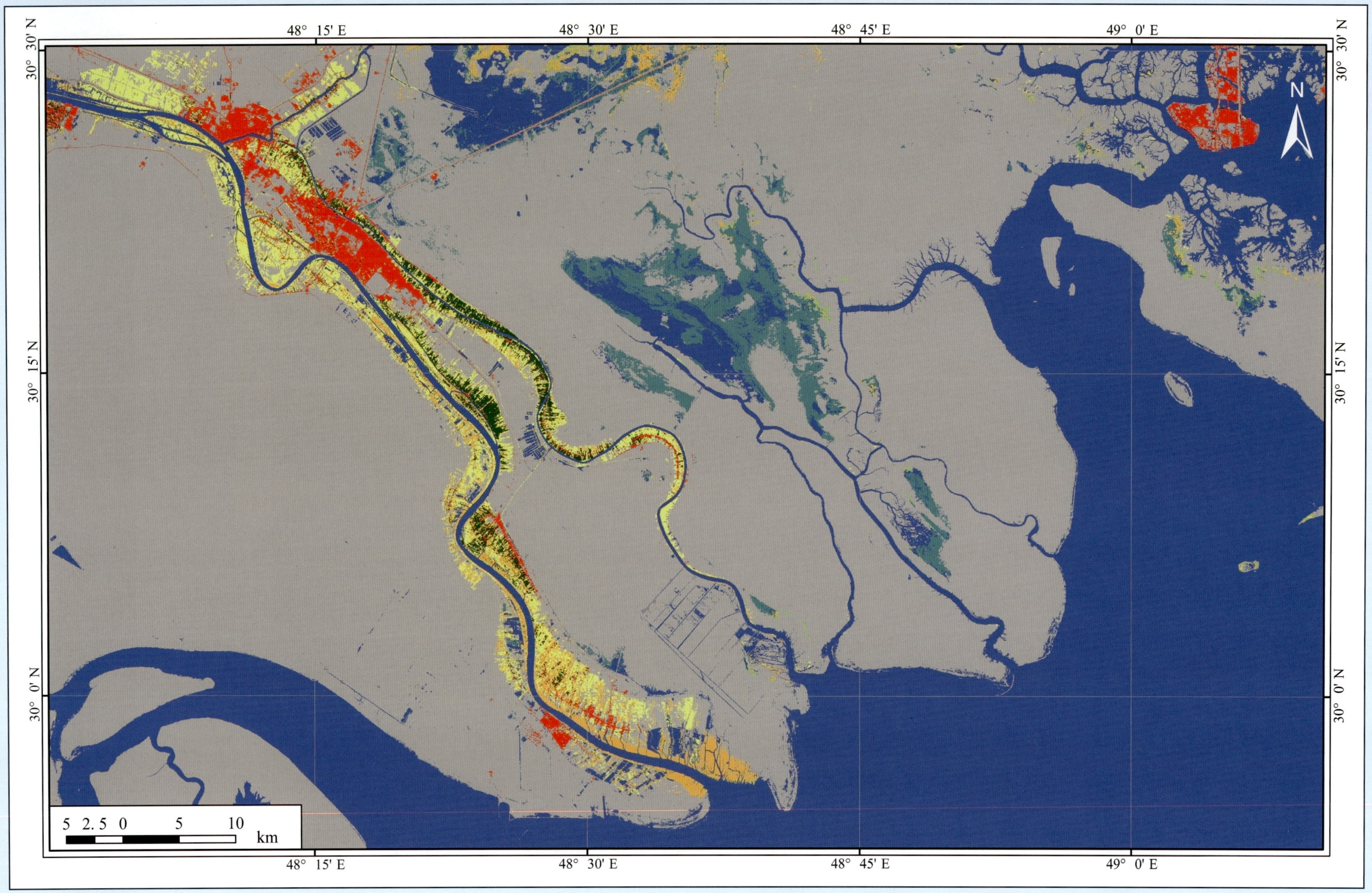

产品说明：WorldCover土地覆盖数据
分 辨 率：10m
产品时间：2021年

图 例

林地	草地	城镇用地	水体
灌木林	耕地	稀疏植被	湿地

阿巴丹城市土地利用图

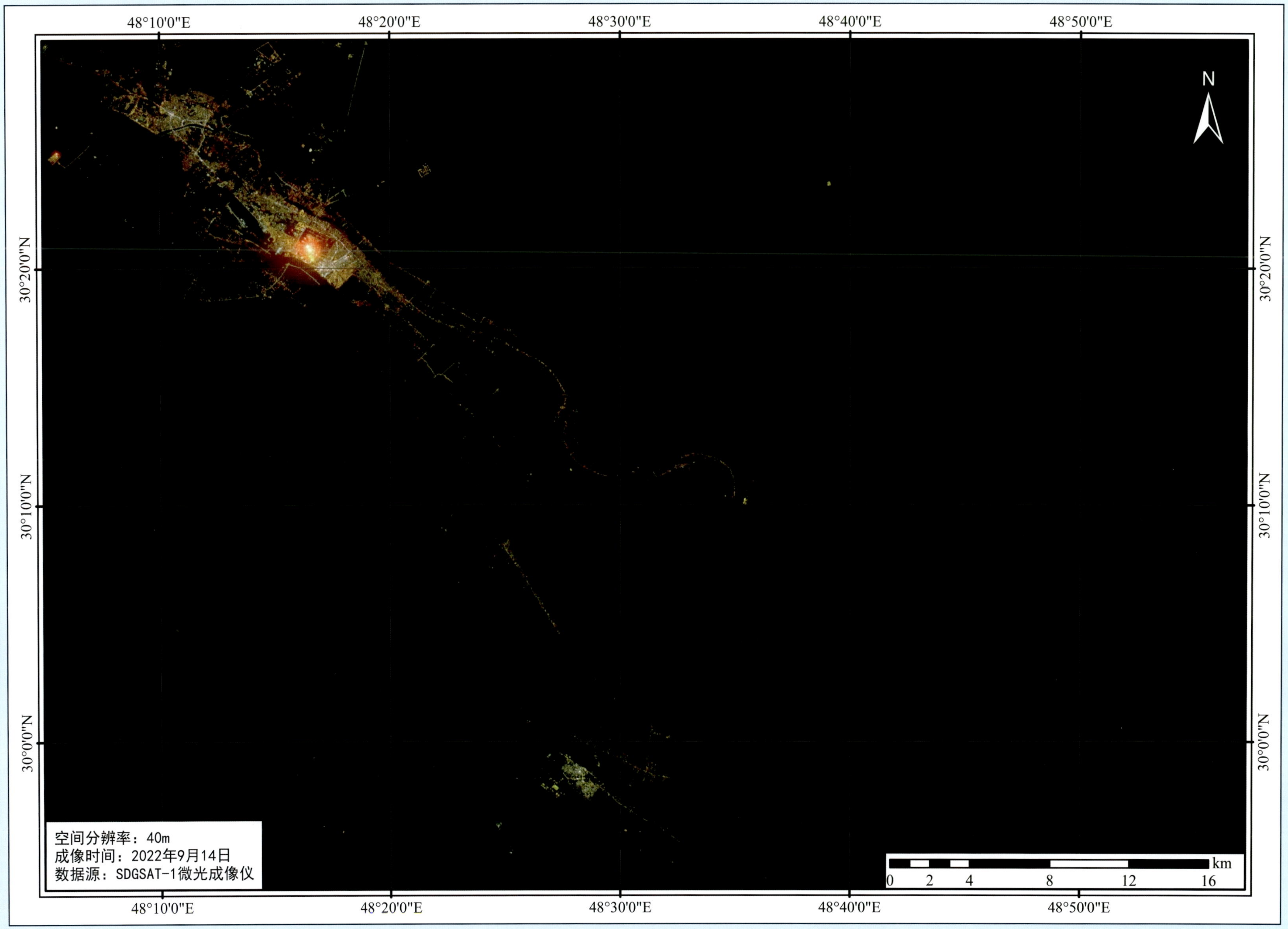
48°10'0"E
48°20'0"E
48°30'0"E
48°40'0"E
48°50'0"E
30°20'0"N
30°10'0"N
30°0'0"N
N
空间分辨率：40m
成像时间：2022年9月14日
数据源：SDGSAT-1微光成像仪
km
0 2 4 8 12 16

阿巴丹夜间灯光遥感图

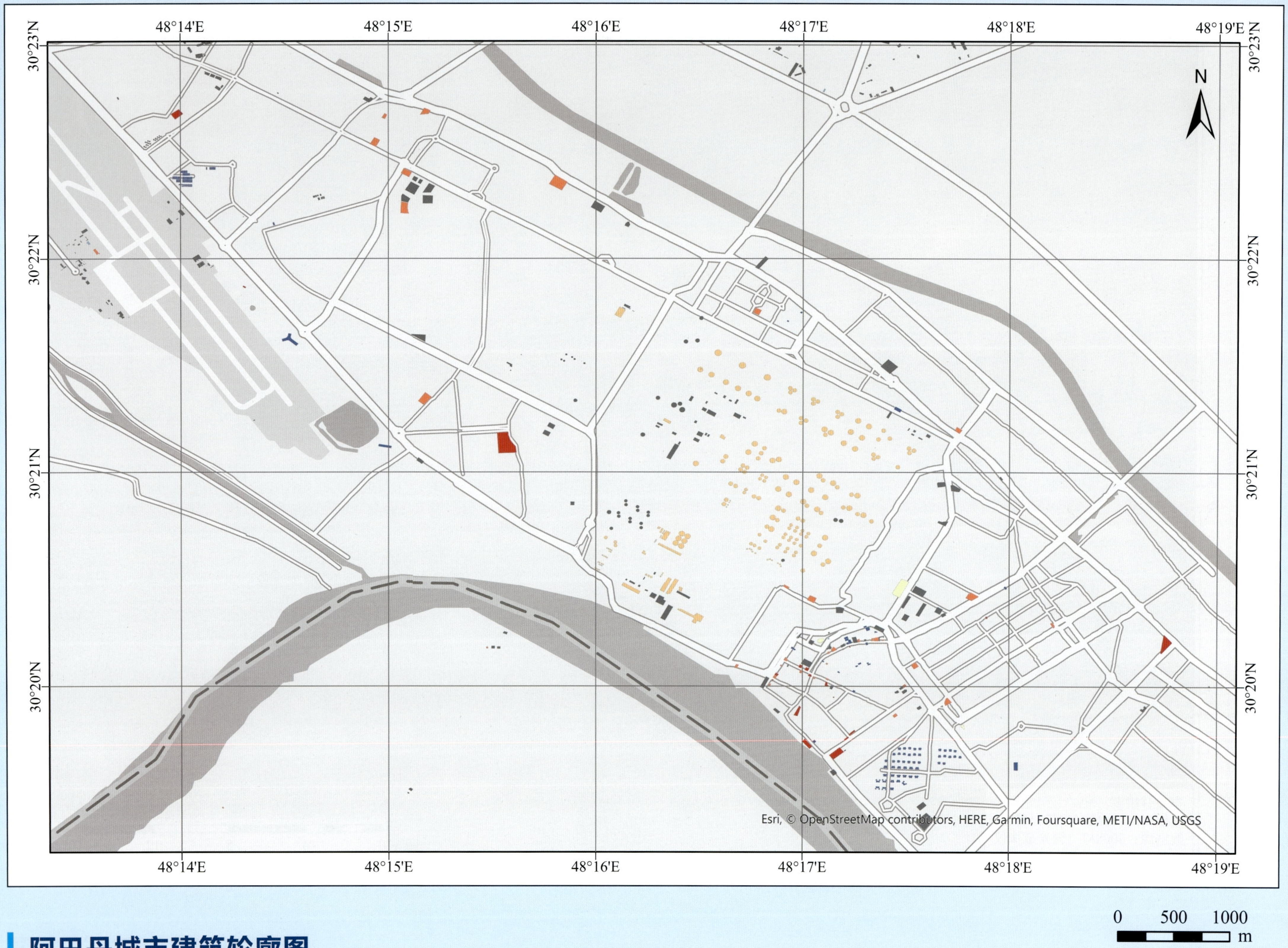
48°14'E
48°15'E
48°16'E
48°17'E
48°18'E
48°19'E
30°23'N
30°22'N
30°21'N
30°20'N
N
Esri, © OpenStreetMap contributors, HERE, Garmin, Foursquare, METI/NASA, USGS
0 500 1000
m

阿巴丹城市建筑轮廓图

遥感产品：Maxar 分辨率：2m 影像时间：2020 年 5 月 23 日

阿巴丹城市入海口遥感图

遥感产品：Maxar 分辨率：1m 影像时间：2021年7月9日

阿巴丹城市港口遥感图

遥感产品：Maxar　分辨率：1m　影像时间：2021 年 7 月

阿巴丹机场

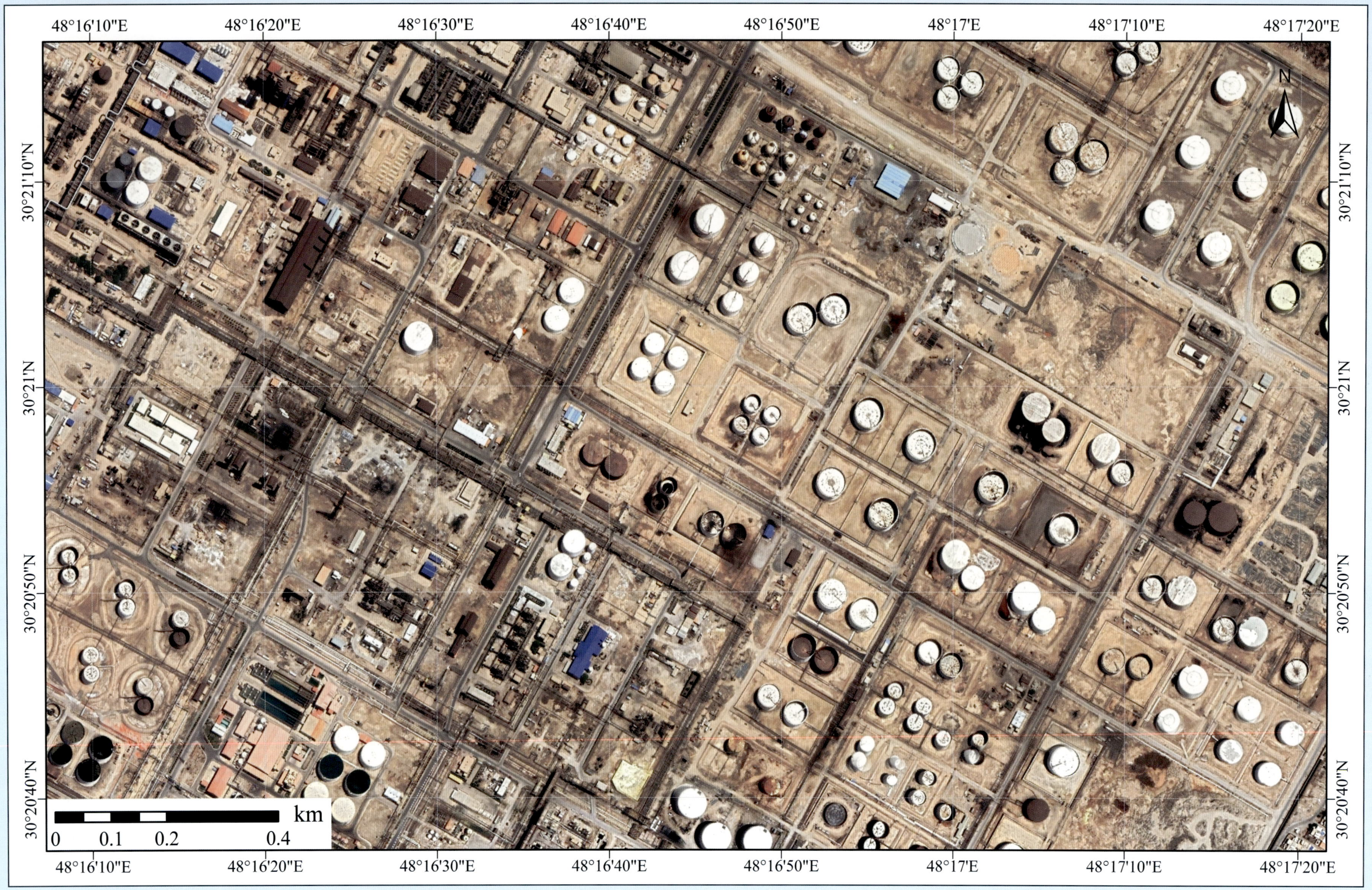

遥感产品：Maxar 分辨率：1m 影像时间：2021 年 7 月

阿巴丹炼油厂

遥感产品：Maxar　分辨率：1m　影像时间：2021 年 7 月

阿巴丹不同密度住宅区

Europe

欧洲

主要入海口城市

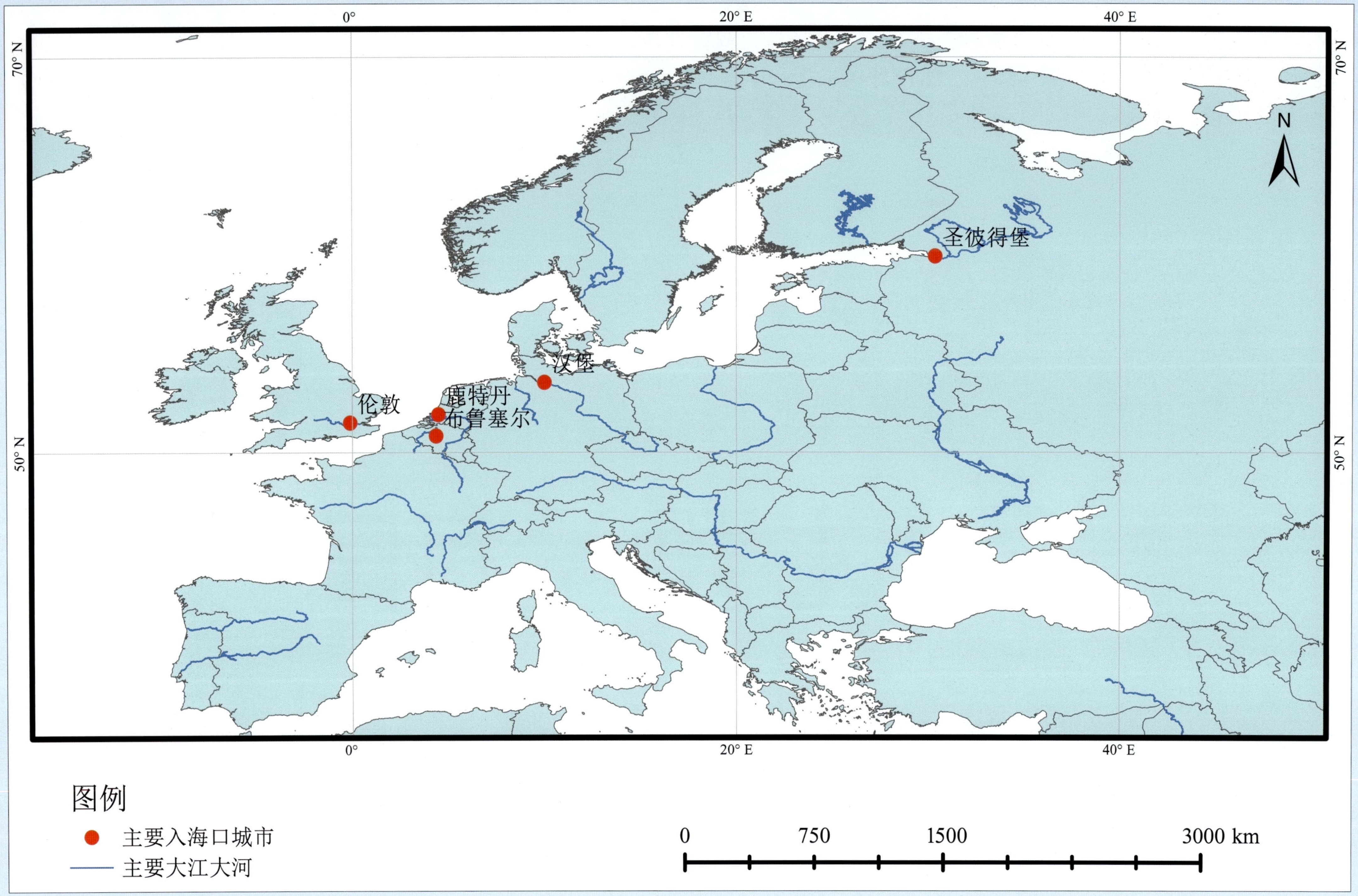

欧洲主要入海口城市地理分布

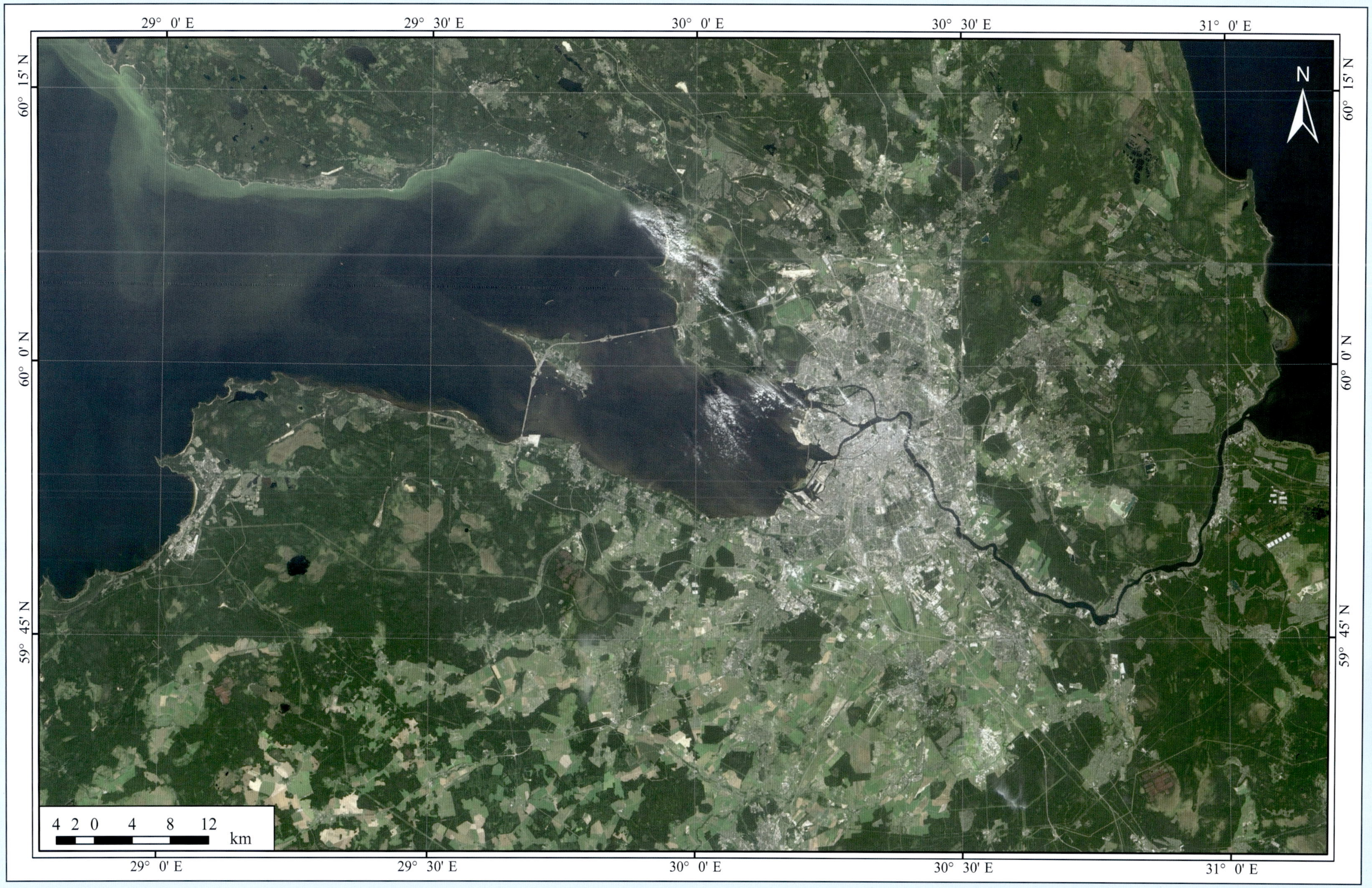

遥感产品： Landsat8
分 辨 率： 30m
影像时间： 2022年08月19日

圣彼得堡城市鸟瞰遥感图

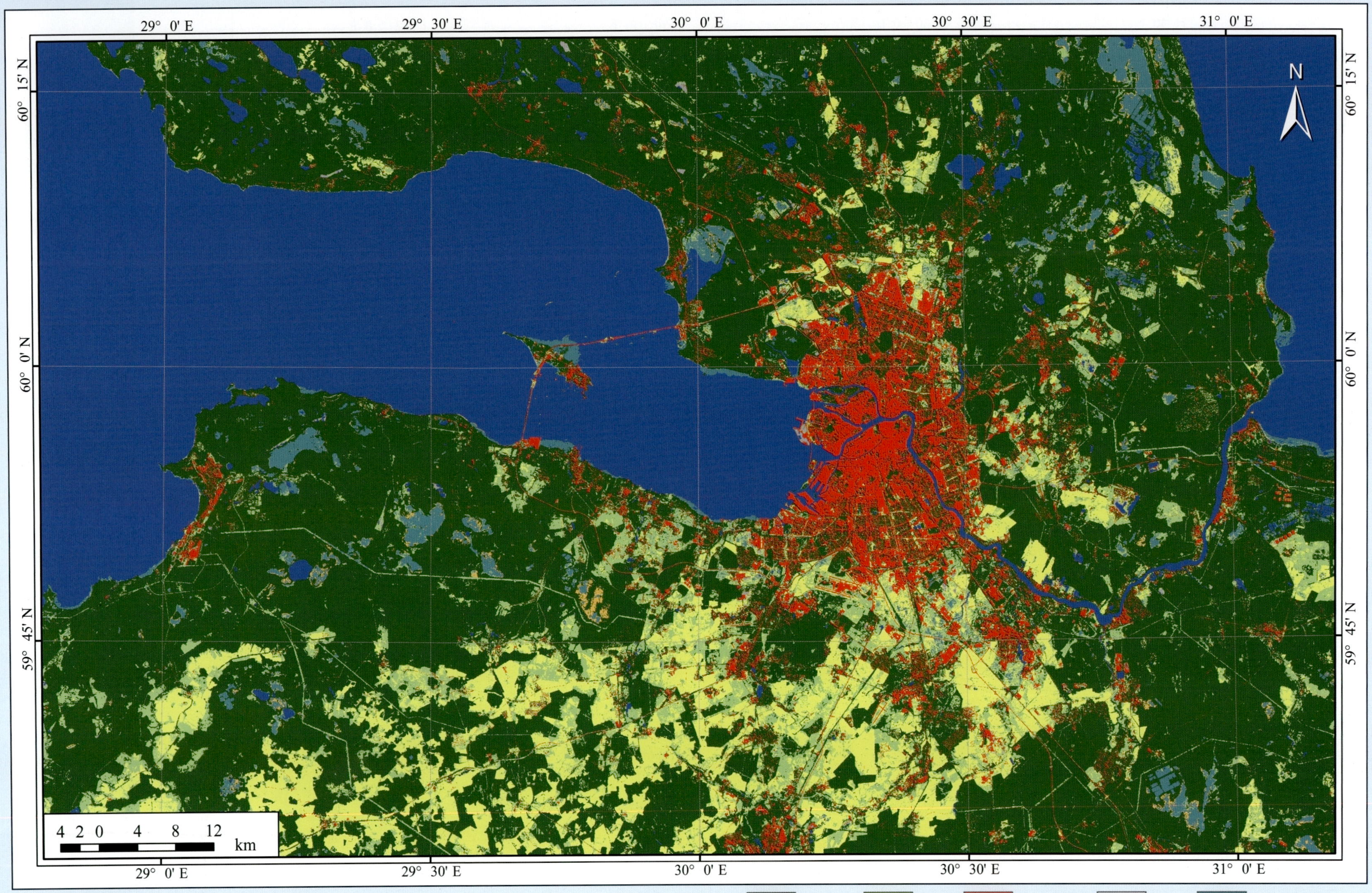

产品说明：WorldCover土地覆盖数据
分 辨 率：10m
产品时间：2021年

图　例

林地　草地　城镇用地　雪地　湿地
灌木林　耕地　稀疏植被　水体　苔藓地衣

圣彼得堡城市土地利用图

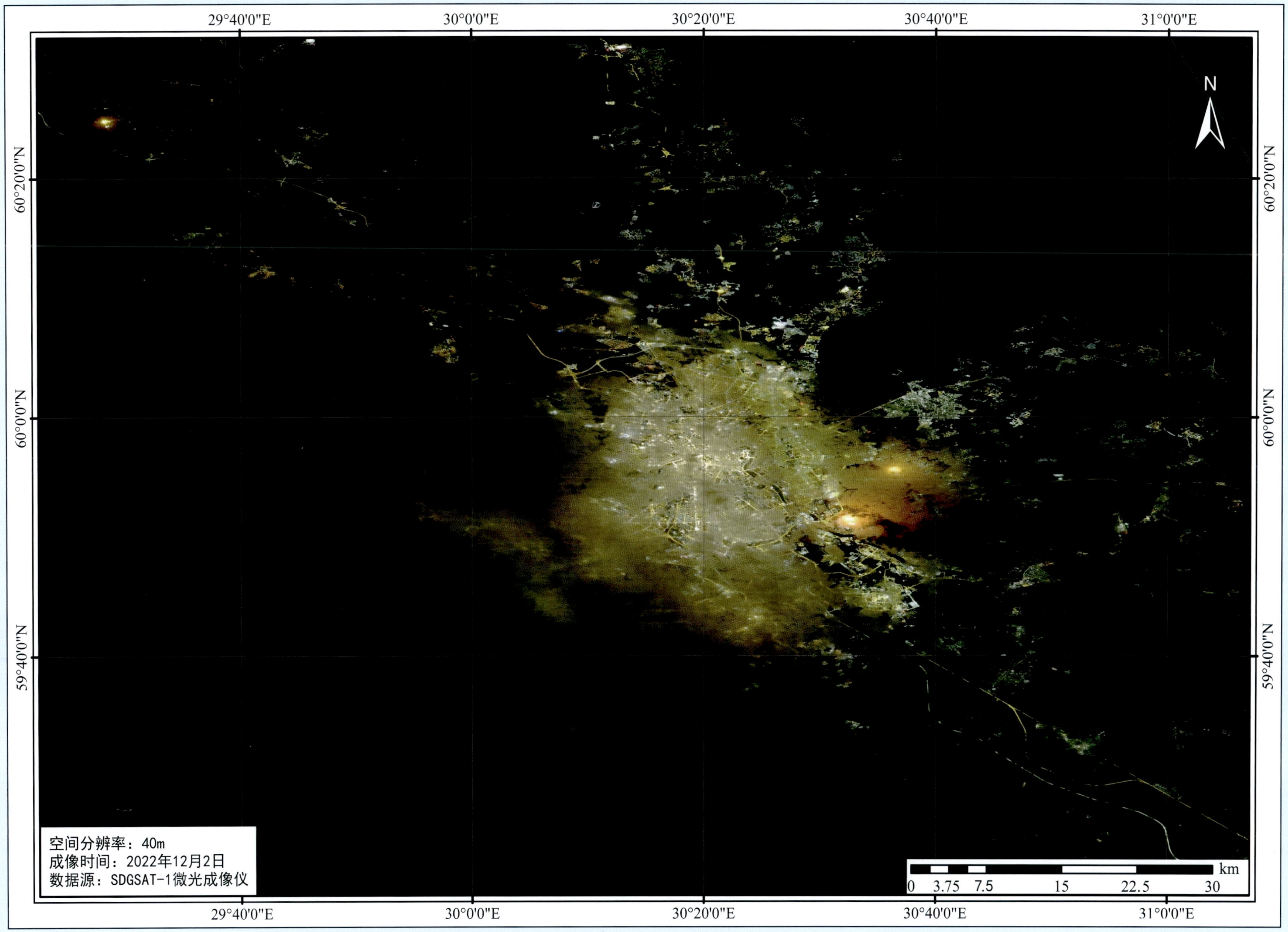

圣彼得堡夜间灯光遥感图

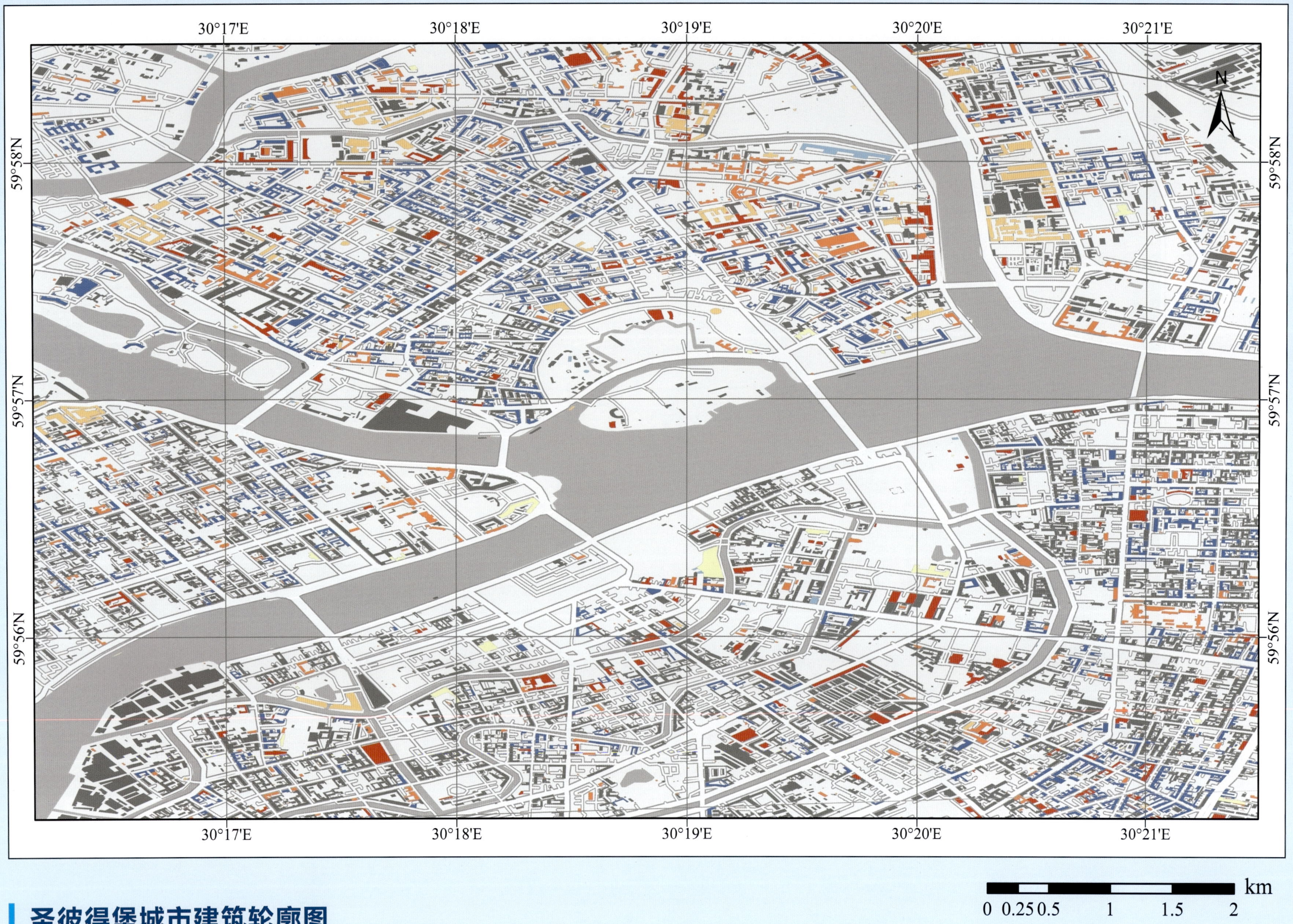

圣彼得堡城市建筑轮廓图

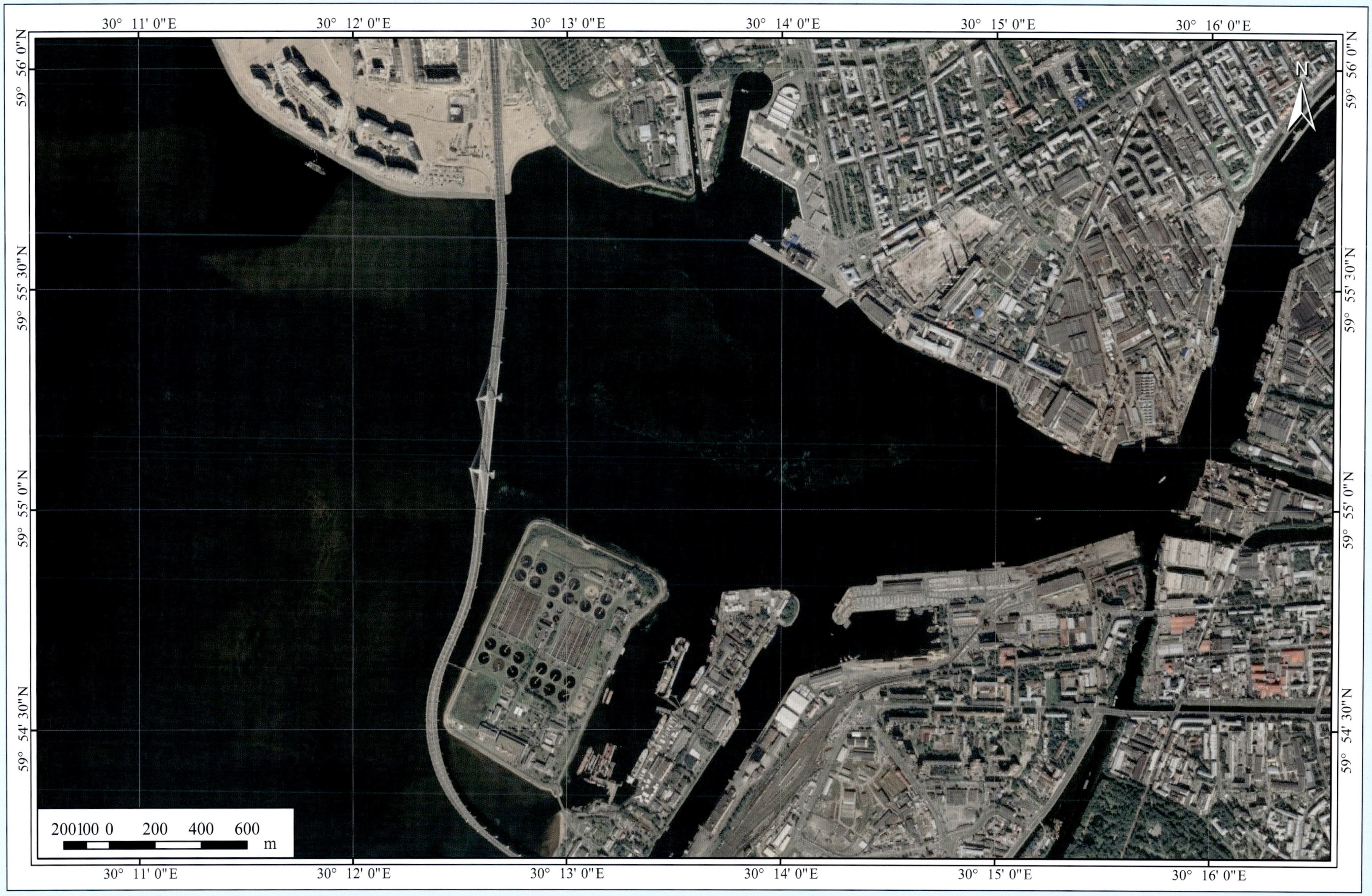

遥感产品：Maxar　分辨率：2.5m　影像时间：2022 年 8 月 23 日

圣彼得堡城市入海口遥感图

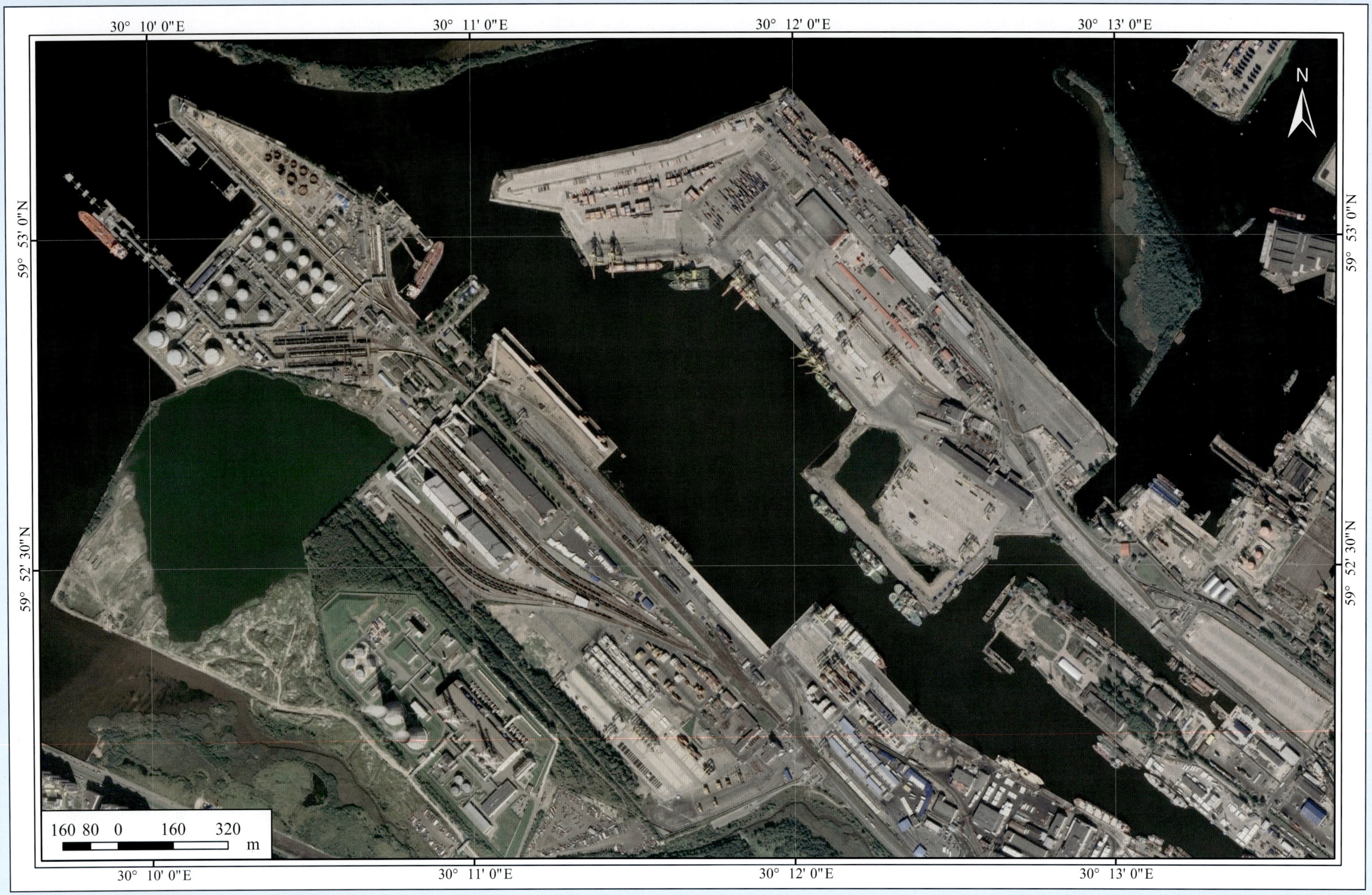

遥感产品：Maxar 分辨率：1.2m 影像时间：2022 年 8 月 23 日

圣彼得堡城市港口遥感图

遥感产品：Maxar 分辨率：1m 影像时间：2022 年 8 月

圣彼得堡普尔科沃机场

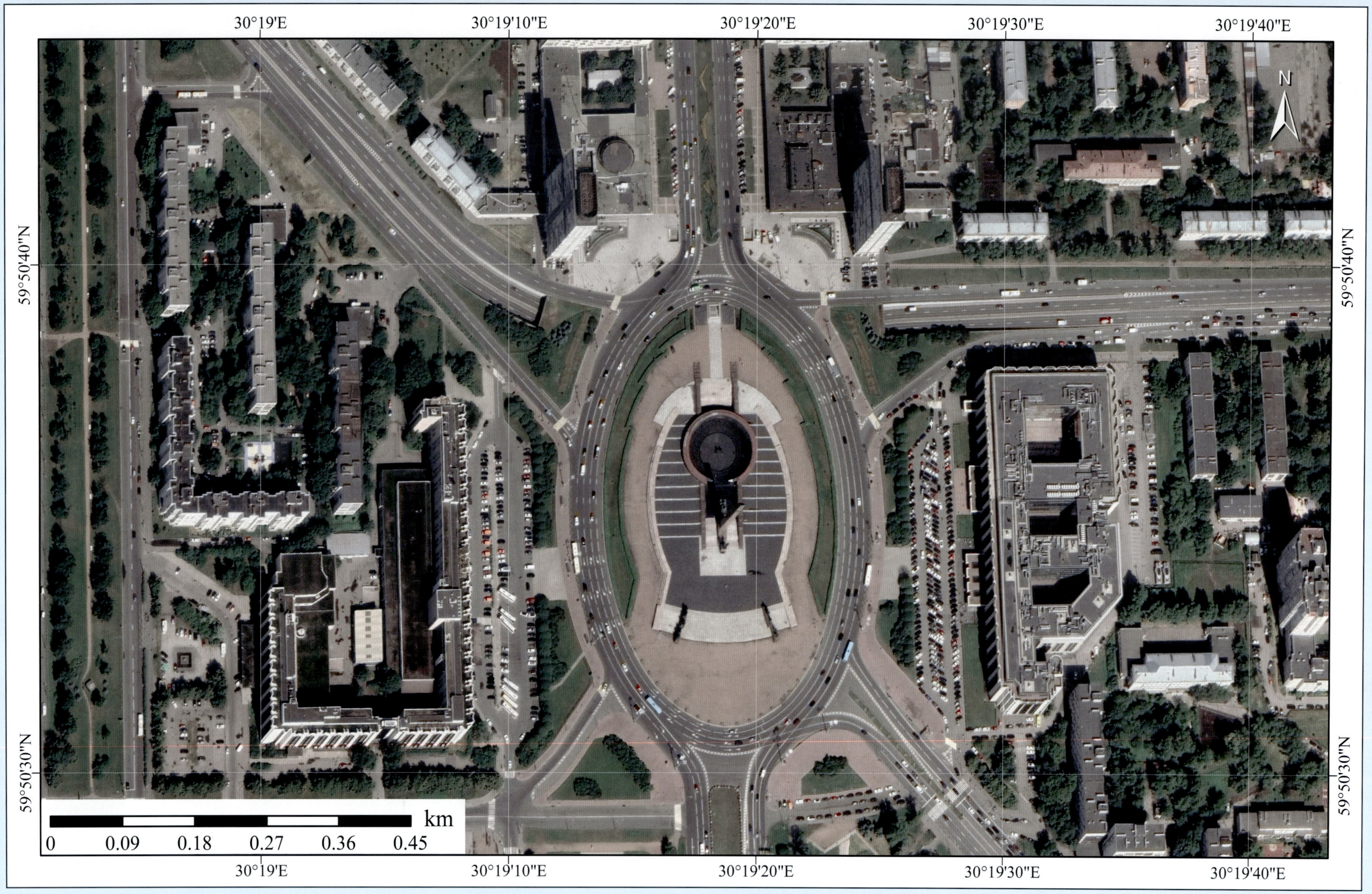

遥感产品：Maxar　分辨率：1m　影像时间：2022 年 7 月

圣彼得堡胜利广场

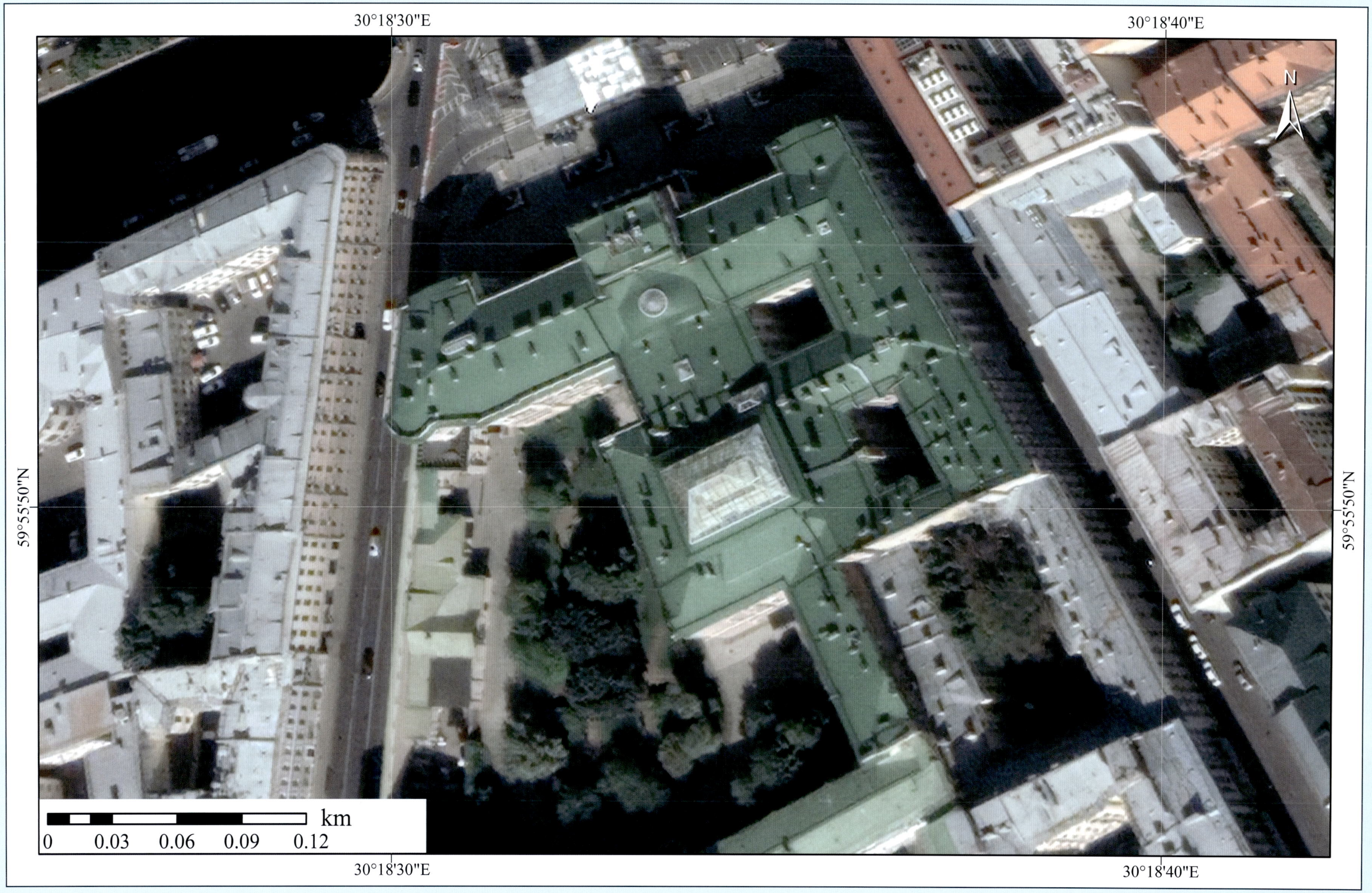

遥感产品：Maxar　分辨率：1m　影像时间：2022 年 8 月

圣彼得堡马林斯基宫

遥感产品：Maxar　分辨率：1m　影像时间：2022 年 8 月

圣彼得堡圣三一桥

汉堡 / Hamburg

遥感产品： Landsat8
分 辨 率： 30m
影像时间： 2022年8月24日

汉堡城市鸟瞰遥感图

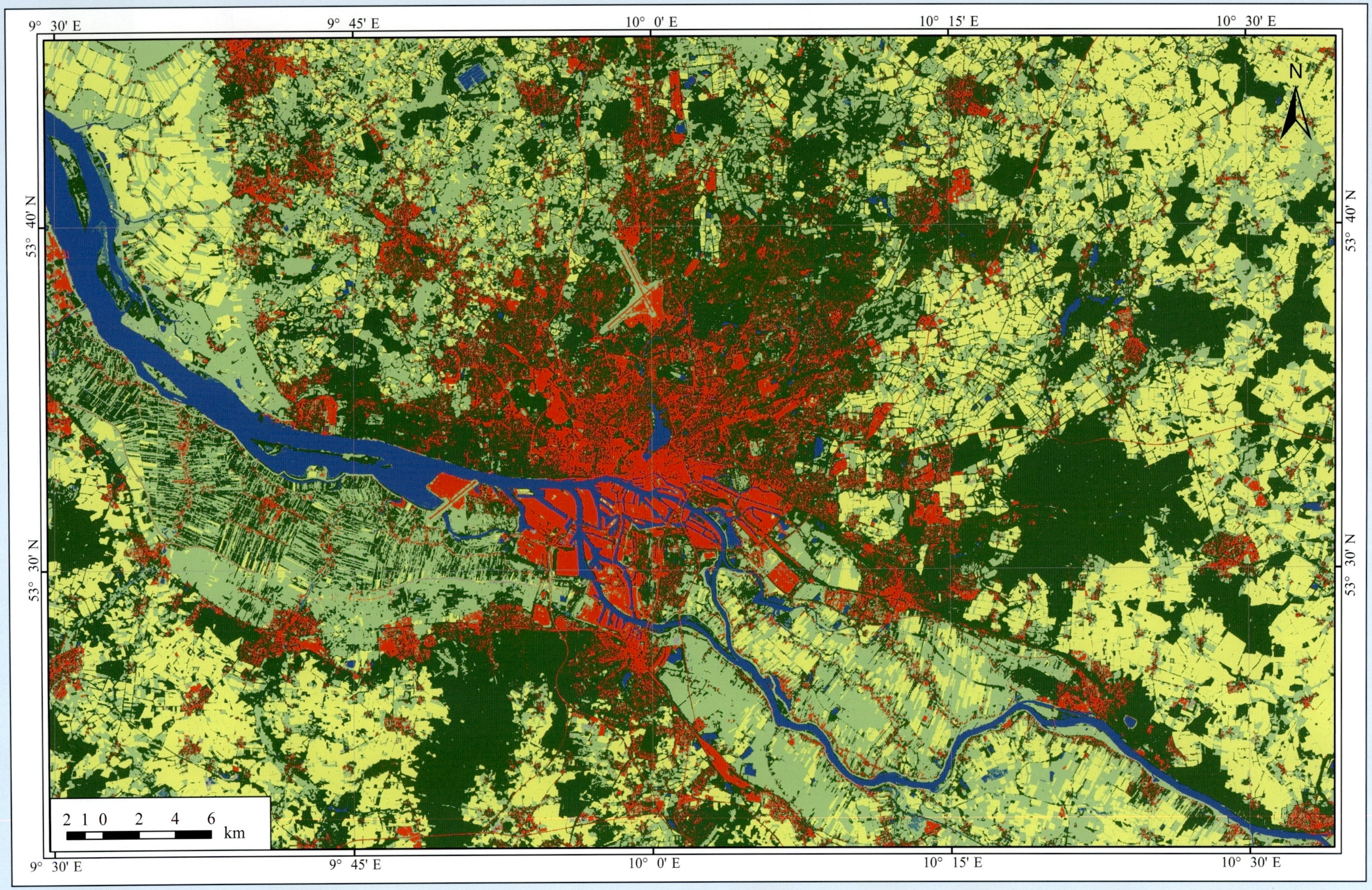

产品说明：WorldCover土地覆盖数据
分 辨 率：10m
产品时间：2021年

图 例

林地 草地 城镇用地 水体 苔藓地衣
灌木林 耕地 稀疏植被 湿地

汉堡城市土地利用图

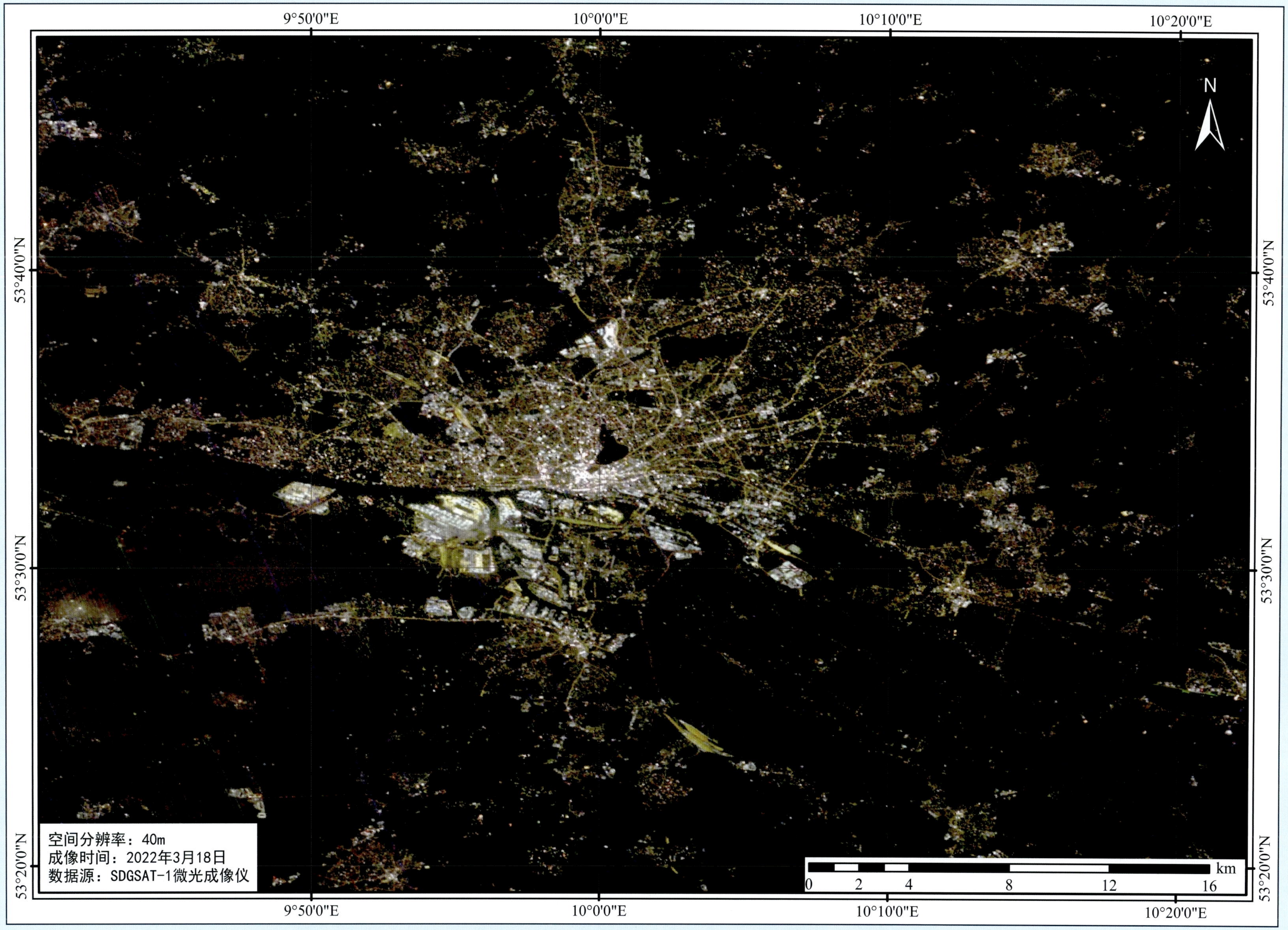
9°50'0"E
10°0'0"E
10°10'0"E
10°20'0"E
53°40'0"N
53°30'0"N
53°20'0"N
N
空间分辨率：40m
成像时间：2022年3月18日
数据源：SDGSAT-1微光成像仪
km
0
2
4
8
12
16

汉堡夜间灯光遥感图

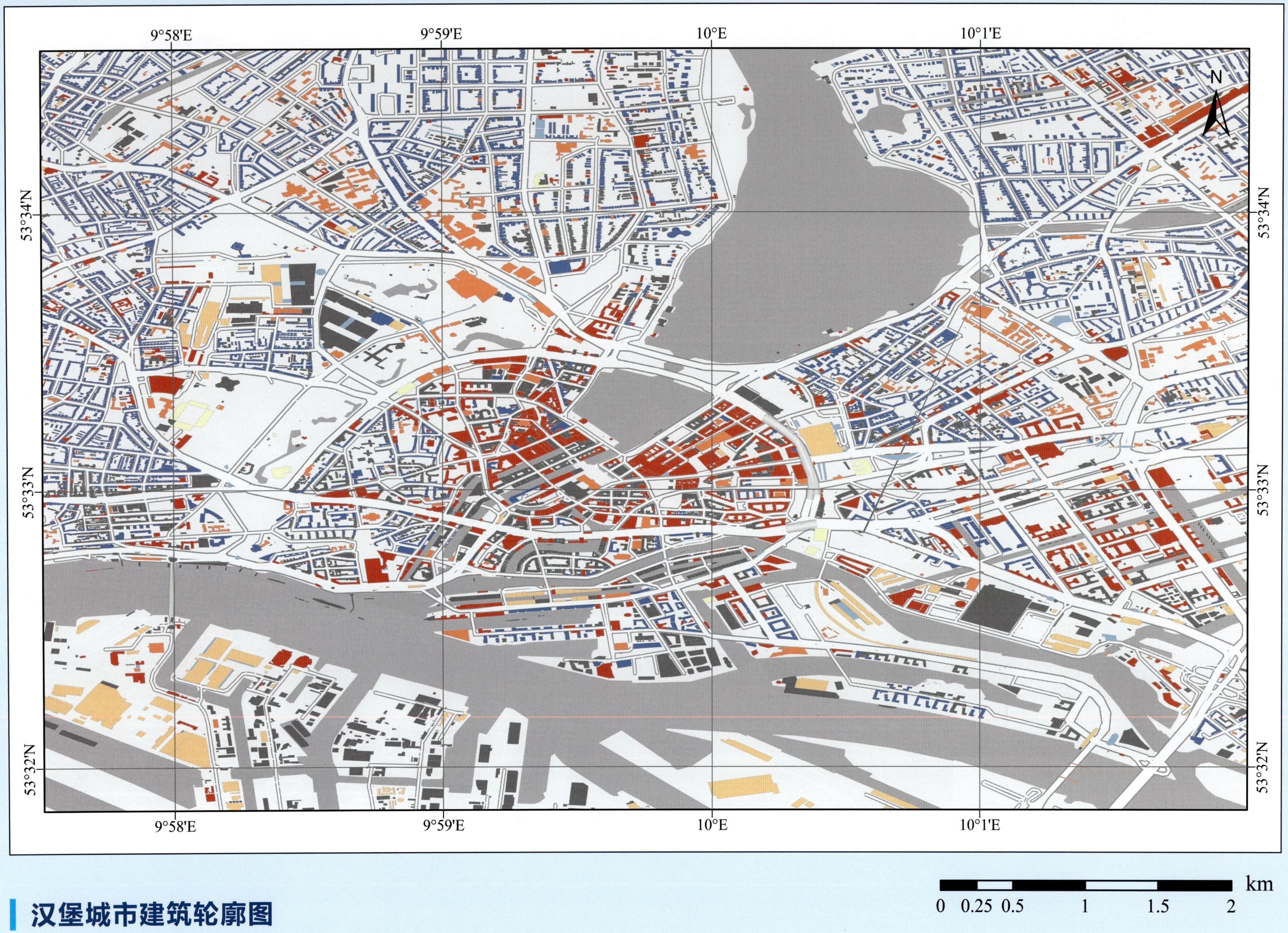

汉堡城市建筑轮廓图

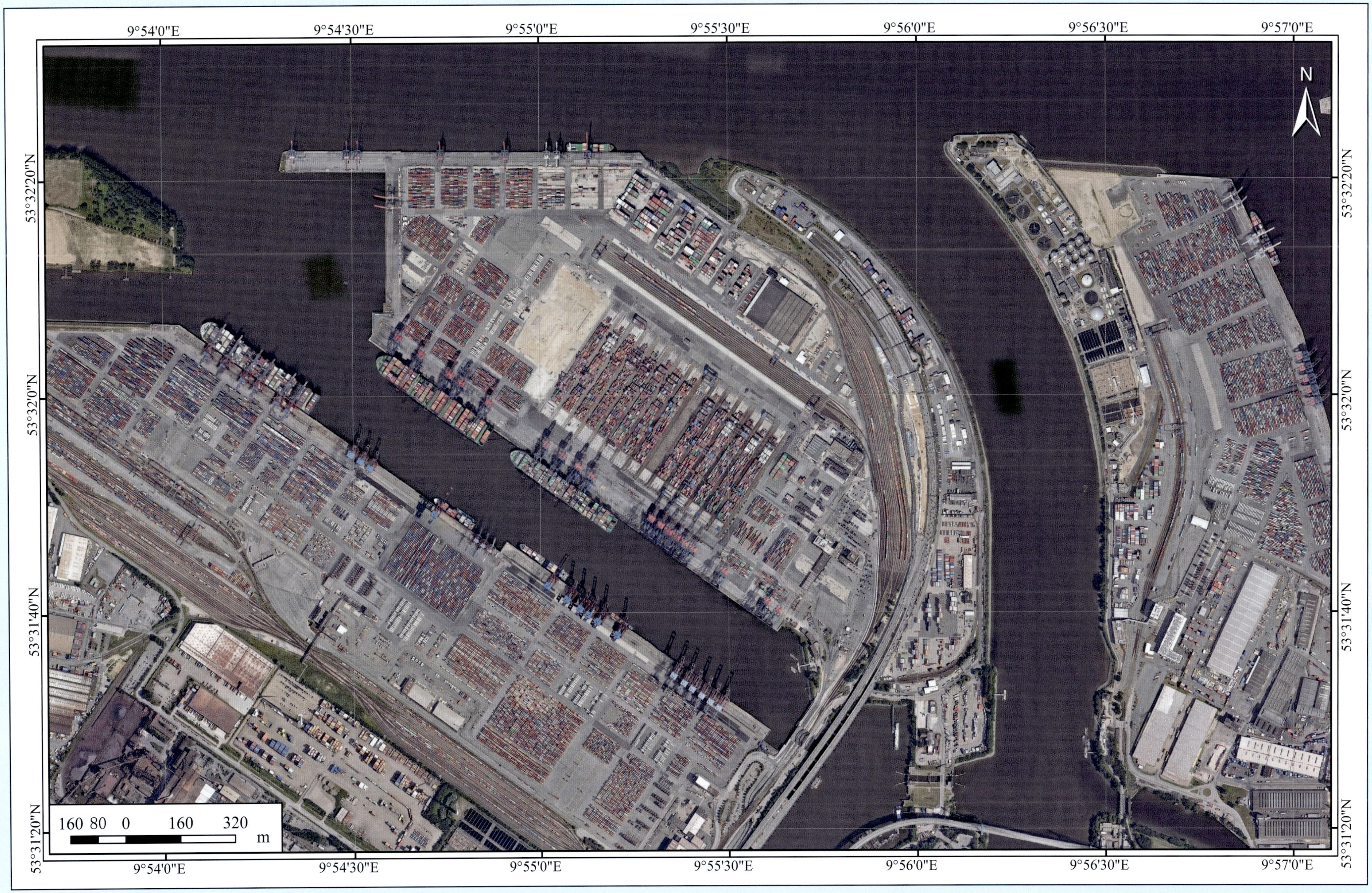

遥感产品：Maxar　分辨率：1m　影像时间：2021 年 5 月

汉堡城市港口遥感图

遥感产品：Maxar　分辨率：1m　影像时间：2021 年 6 月

火车站

遥感产品：Maxar　分辨率：1m　影像时间：2022 年 3 月

汉堡机场

遥感产品：Maxar 分辨率：1m 影像时间：2022 年 3 月

工业园区

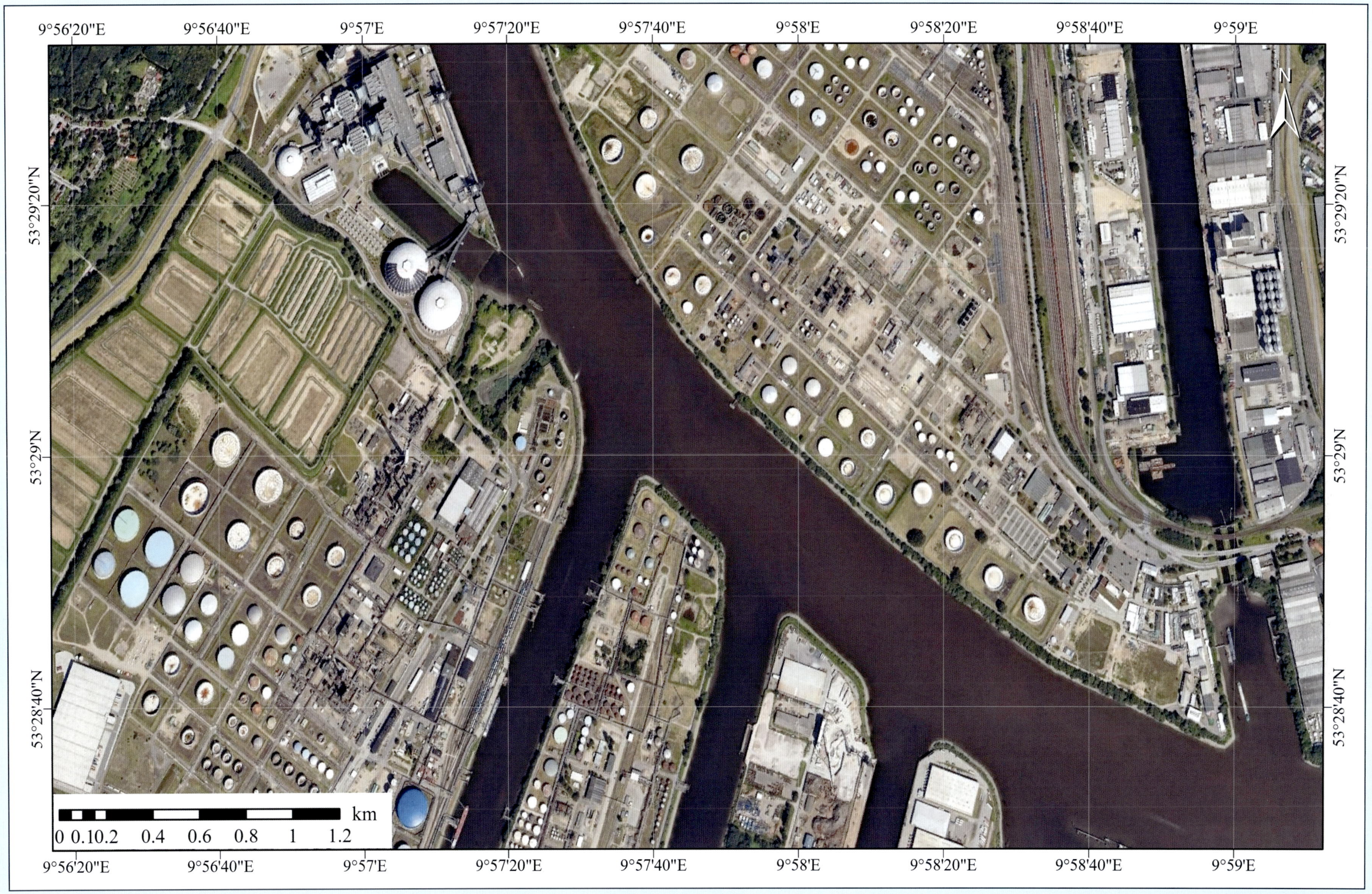

遥感产品：Maxar 分辨率：1m 影像时间：2021年6月

港口化工区

遥感产品：Maxar　分辨率：1m　影像时间：2022 年 3 月

城市公园

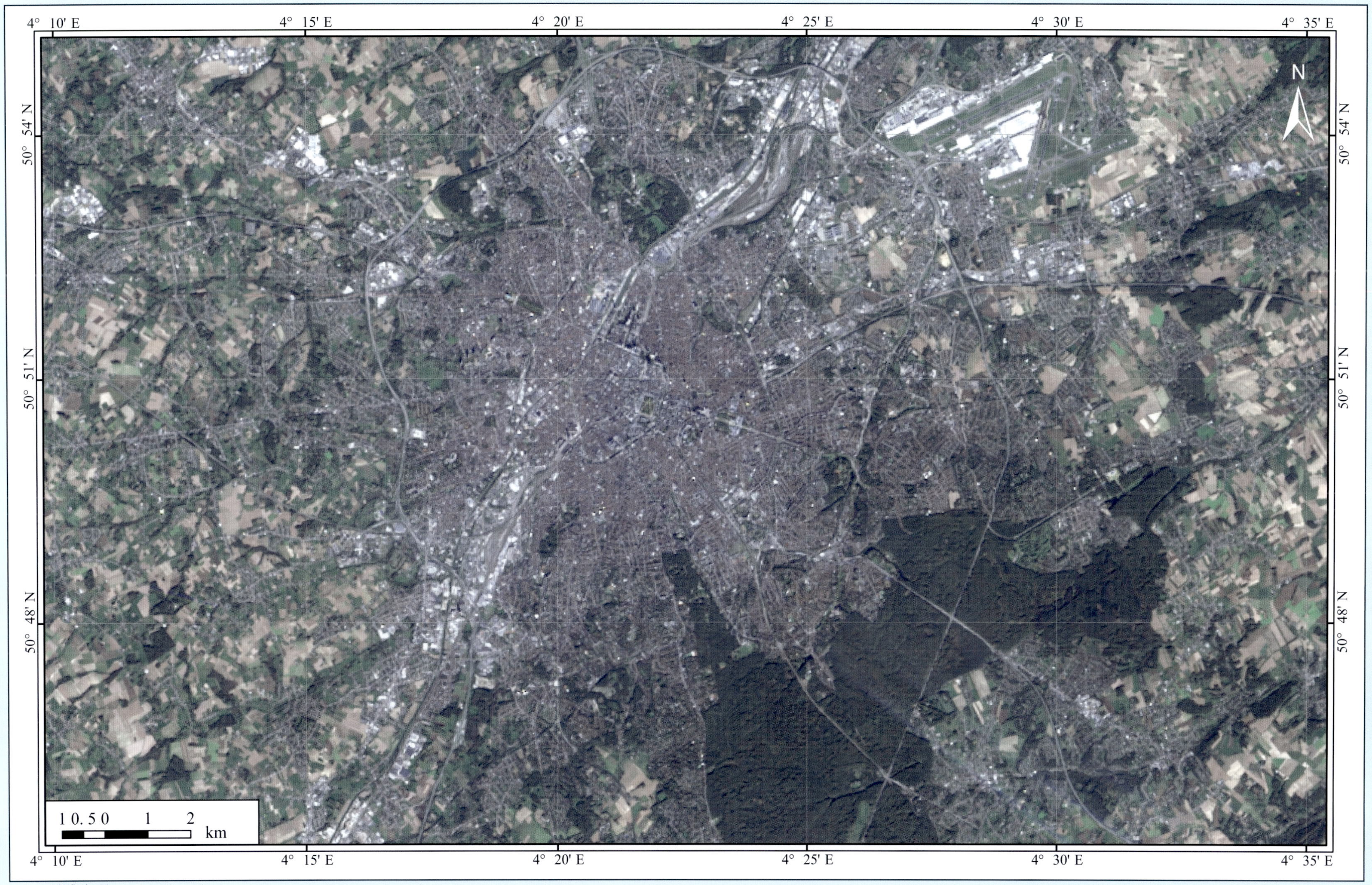

遥感产品：Landsat8

分 辨 率：30m

影像时间：2022年10月9日

布鲁塞尔城市鸟瞰遥感图

布鲁塞尔 / Brussels

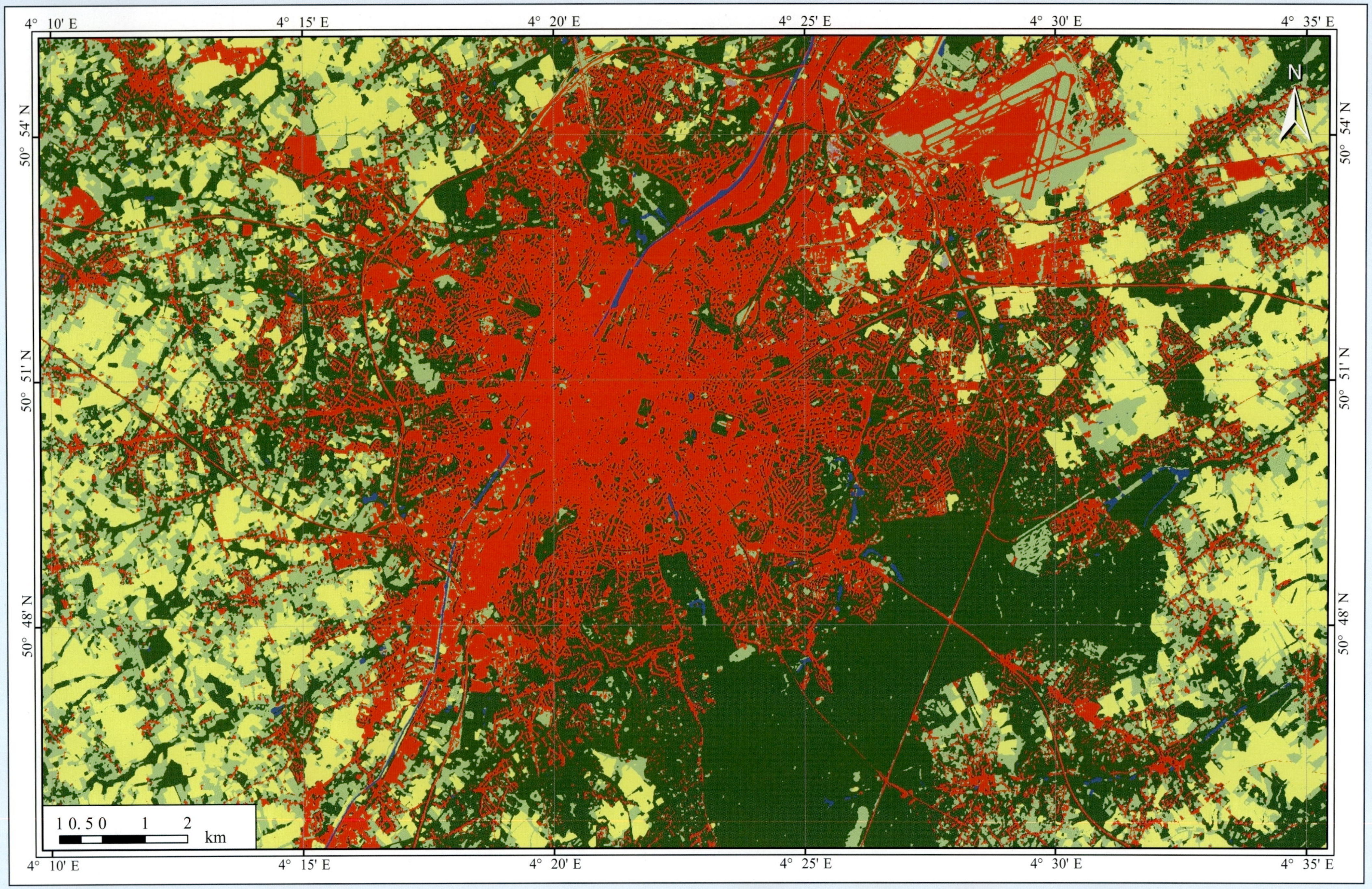

产品说明：WorldCover土地覆盖数据
分 辨 率：10m
产品时间：2021年

图 例

林地　草地　城镇用地　水体
灌木林　耕地　稀疏植被　湿地

布鲁塞尔城市土地利用图

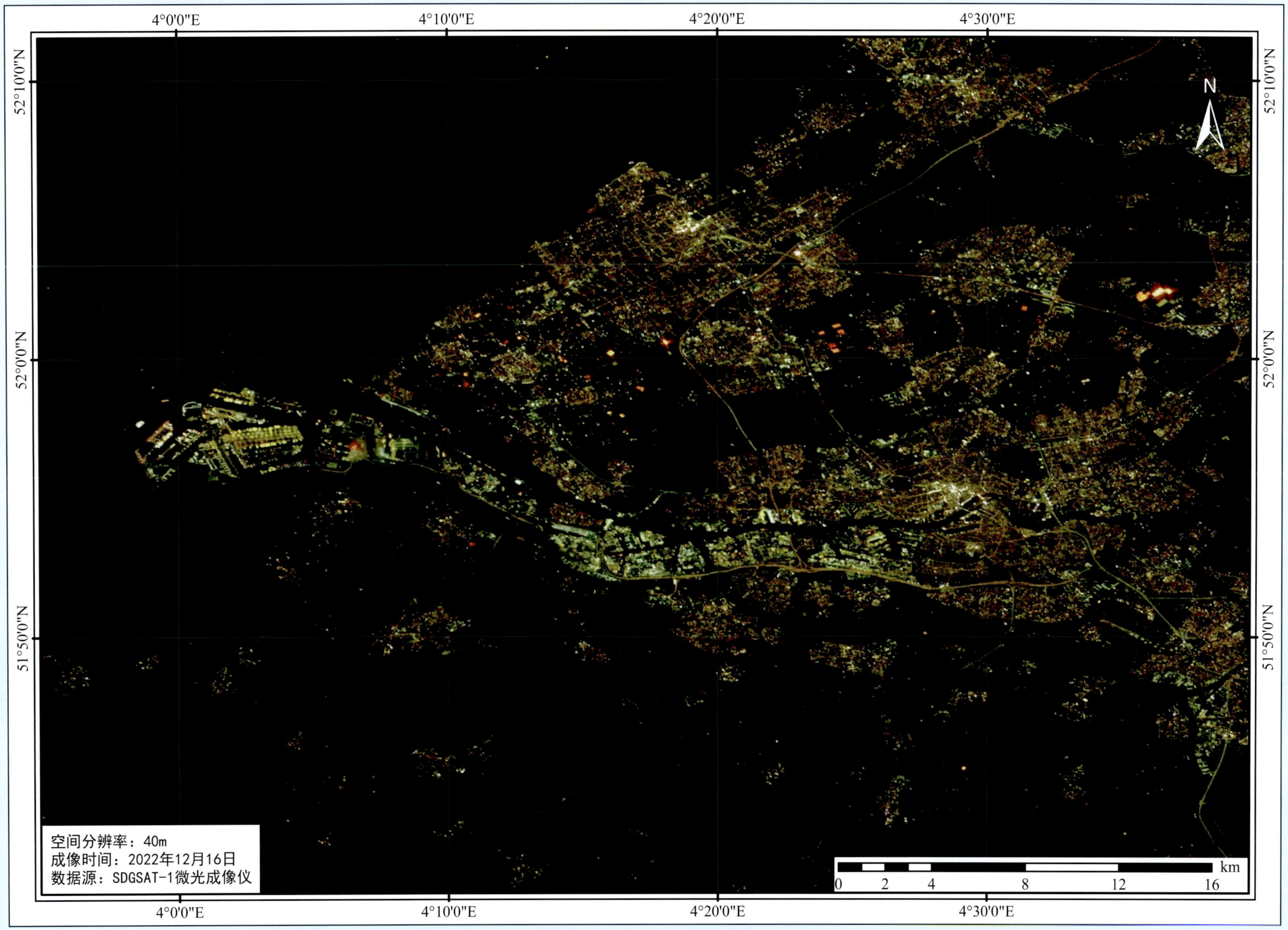

布鲁塞尔夜间灯光遥感图

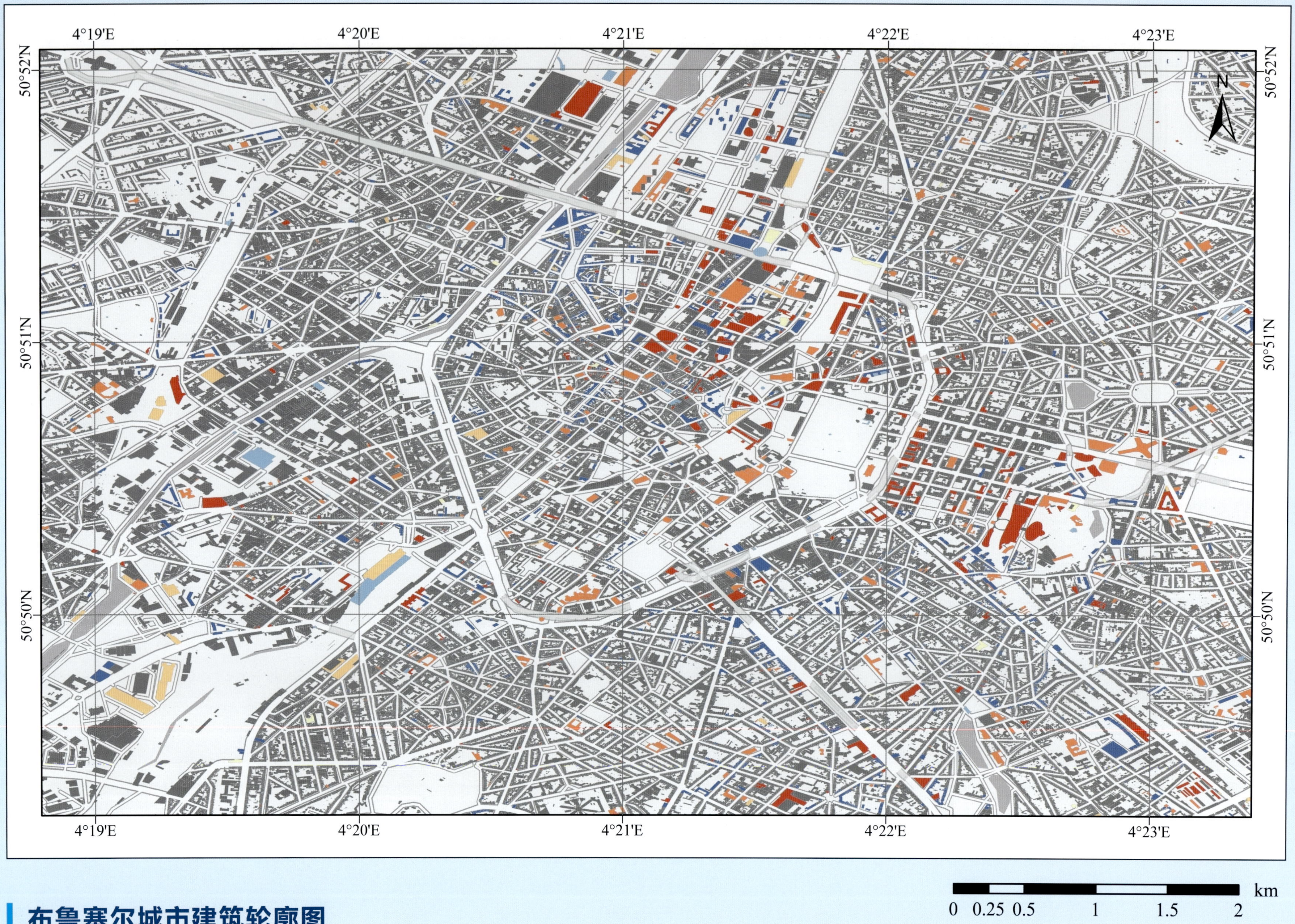

布鲁塞尔城市建筑轮廓图

遥感产品：Maxar　分辨率：0.5m　影像时间：2020 年 4 月 24 日

布鲁塞尔城市港口遥感图

遥感产品：Maxar　分辨率：1m　影像时间：2021 年 6 月

布鲁塞尔国际机场

遥感产品：Maxar　分辨率：1m　影像时间：2021 年 6 月

布鲁塞尔欧洲会议中心

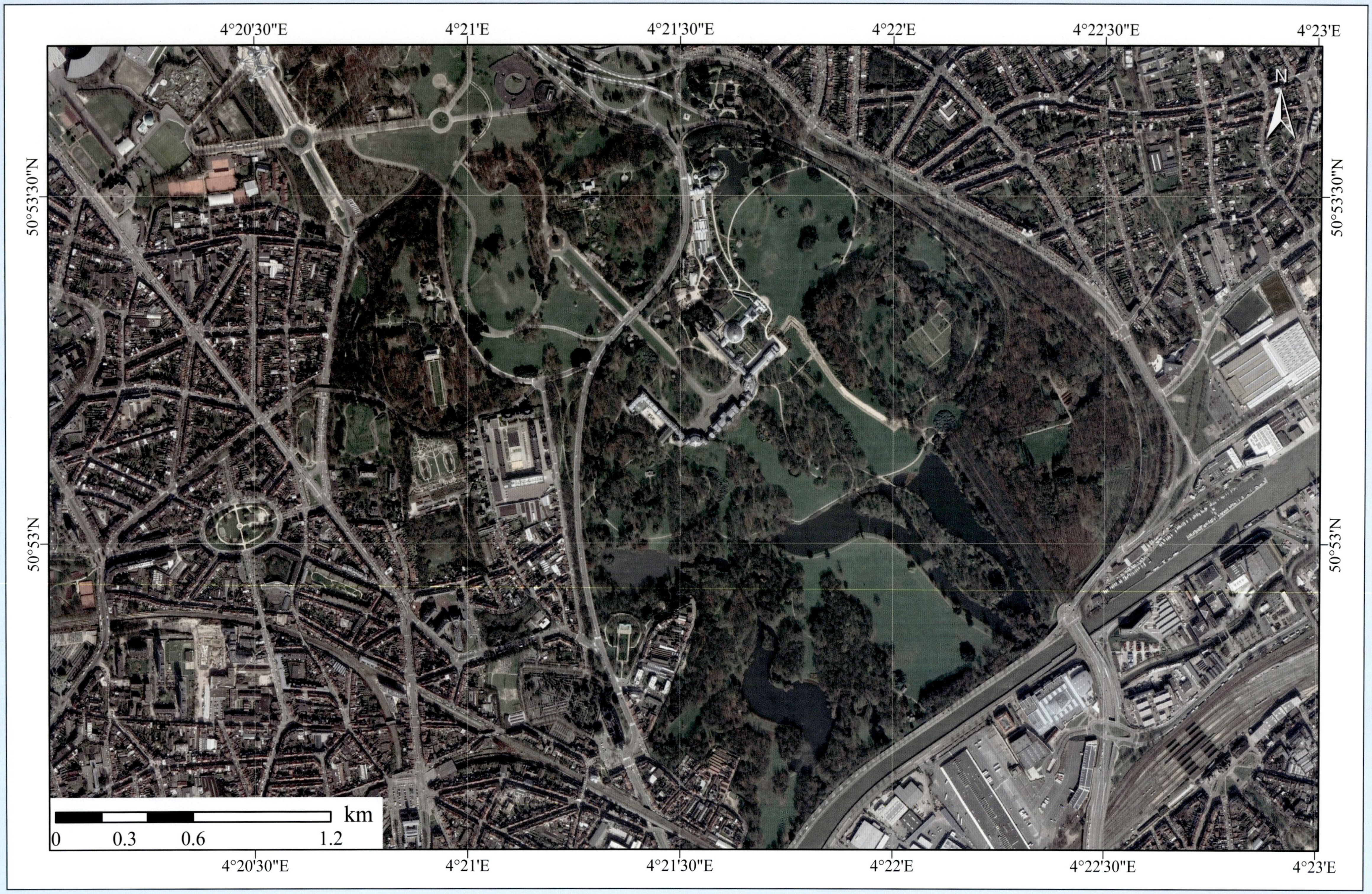

遥感产品：Maxar　分辨率：1m　影像时间：2021 年 6 月

布鲁塞尔皇家公园

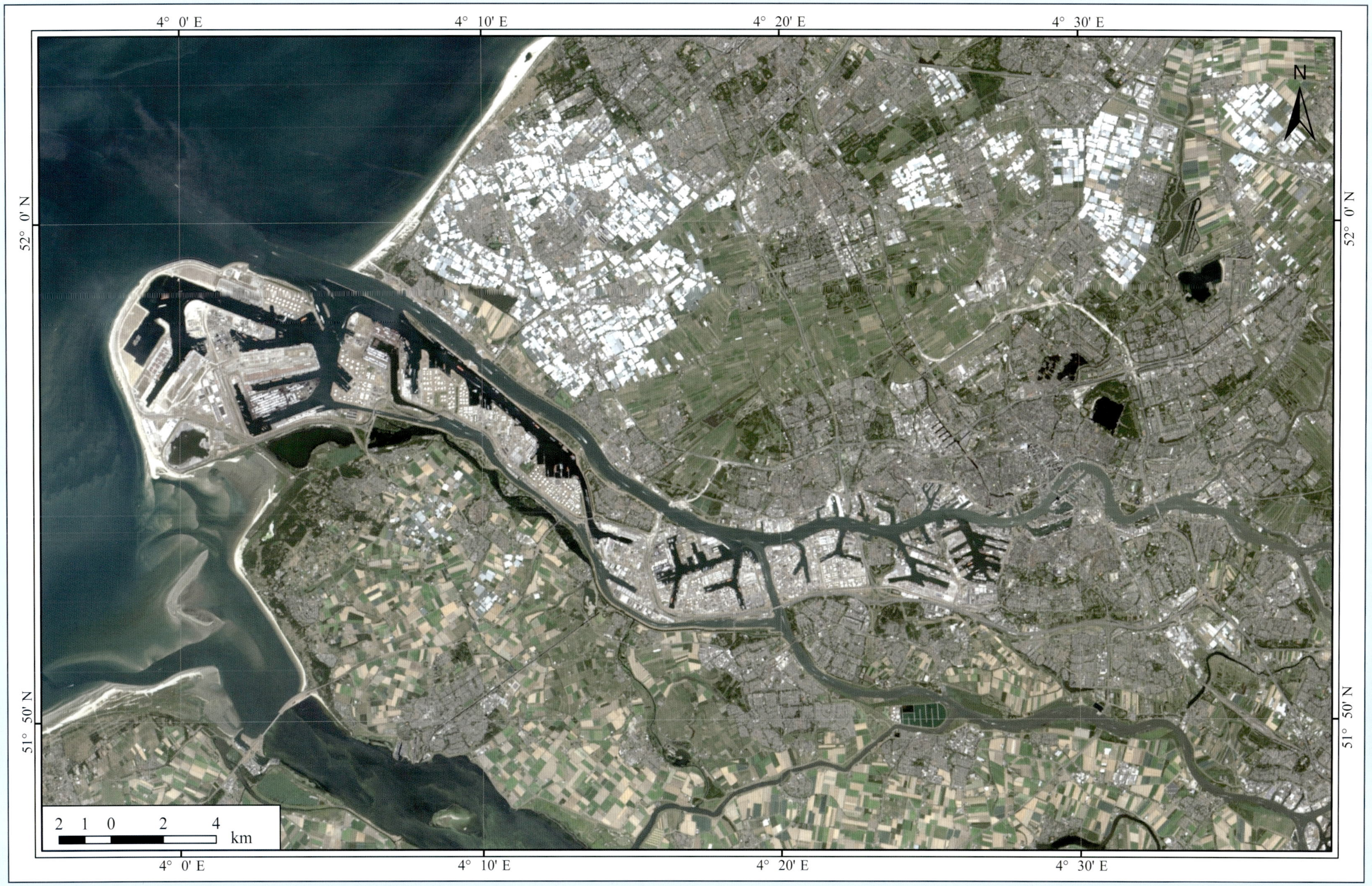

遥感产品：Landsat8 分辨率：30m 影像时间：2022 年 8 月 13 日

鹿特丹城市鸟瞰遥感图

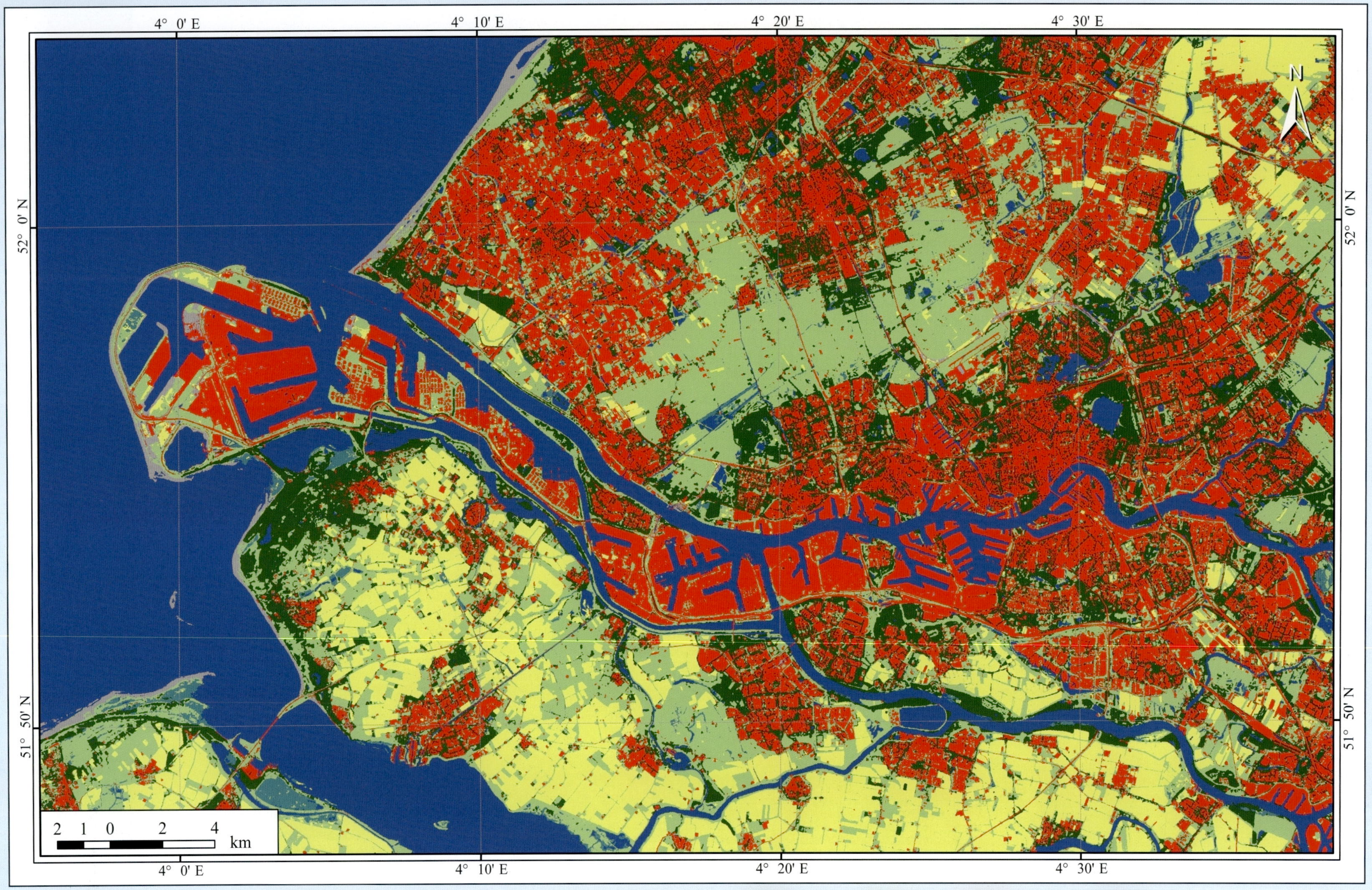

产品说明：WorldCover土地覆盖数据
分 辨 率：10m
产品时间：2021年

图 例

林地 草地 城镇用地 水体
灌木林 耕地 稀疏植被 湿地

鹿特丹城市土地利用图

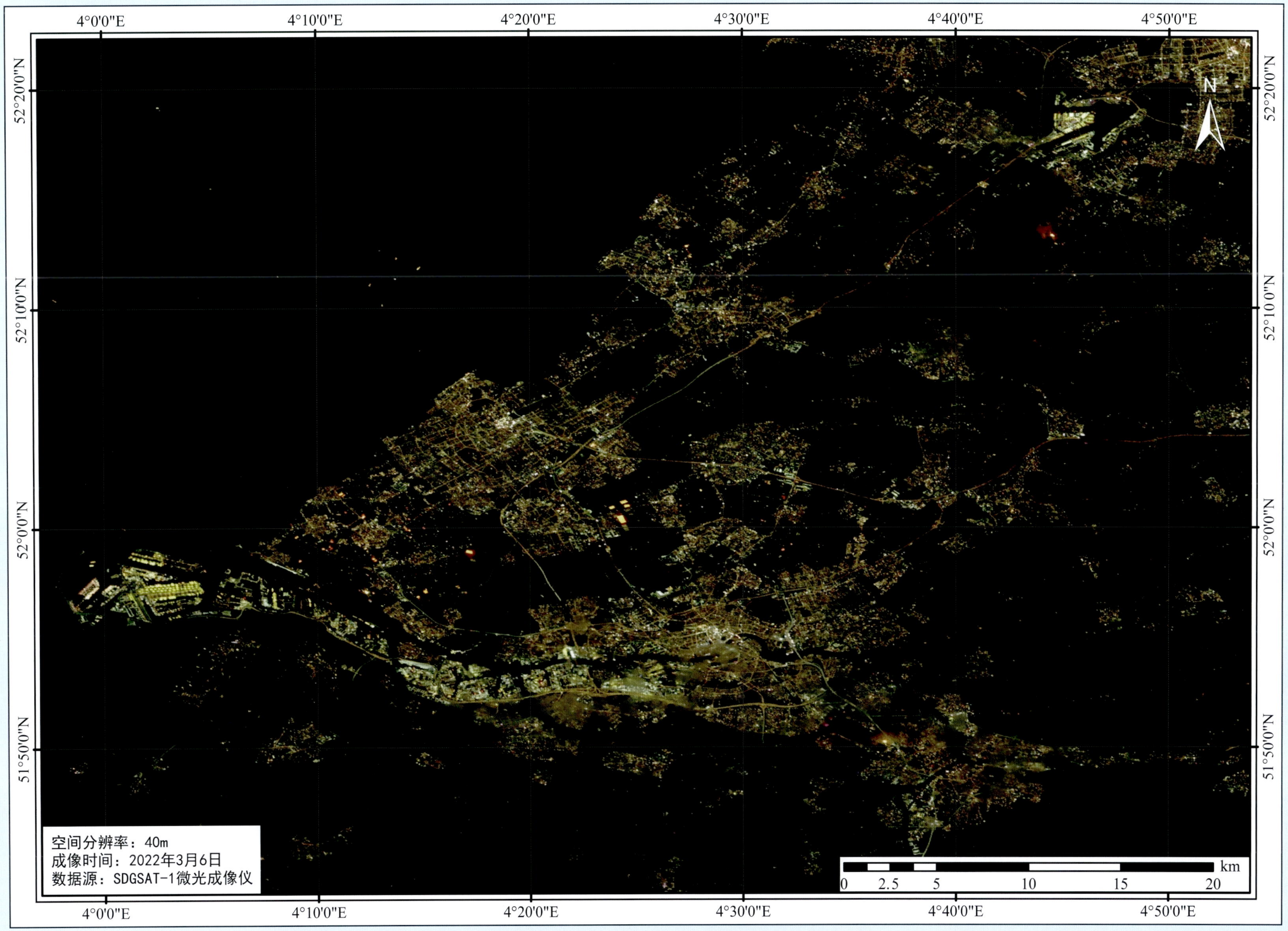
4°0'0"E
4°10'0"E
4°20'0"E
4°30'0"E
4°40'0"E
4°50'0"E
52°20'0"N
52°10'0"N
52°0'0"N
51°50'0"N
N
空间分辨率：40m
成像时间：2022年3月6日
数据源：SDGSAT-1微光成像仪
0 2.5 5 10 15 20 km

鹿特丹夜间灯光遥感图

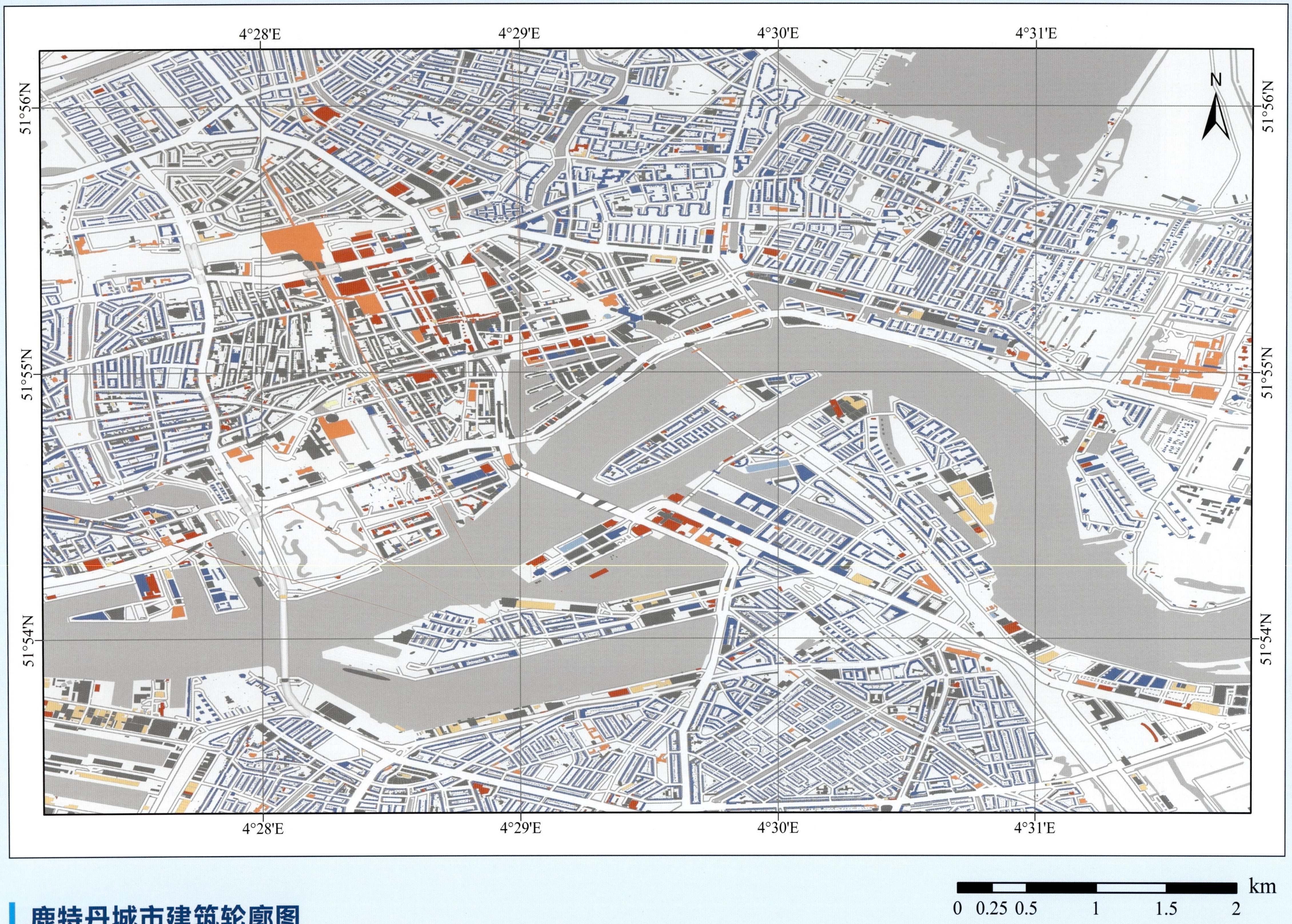

鹿特丹城市建筑轮廓图

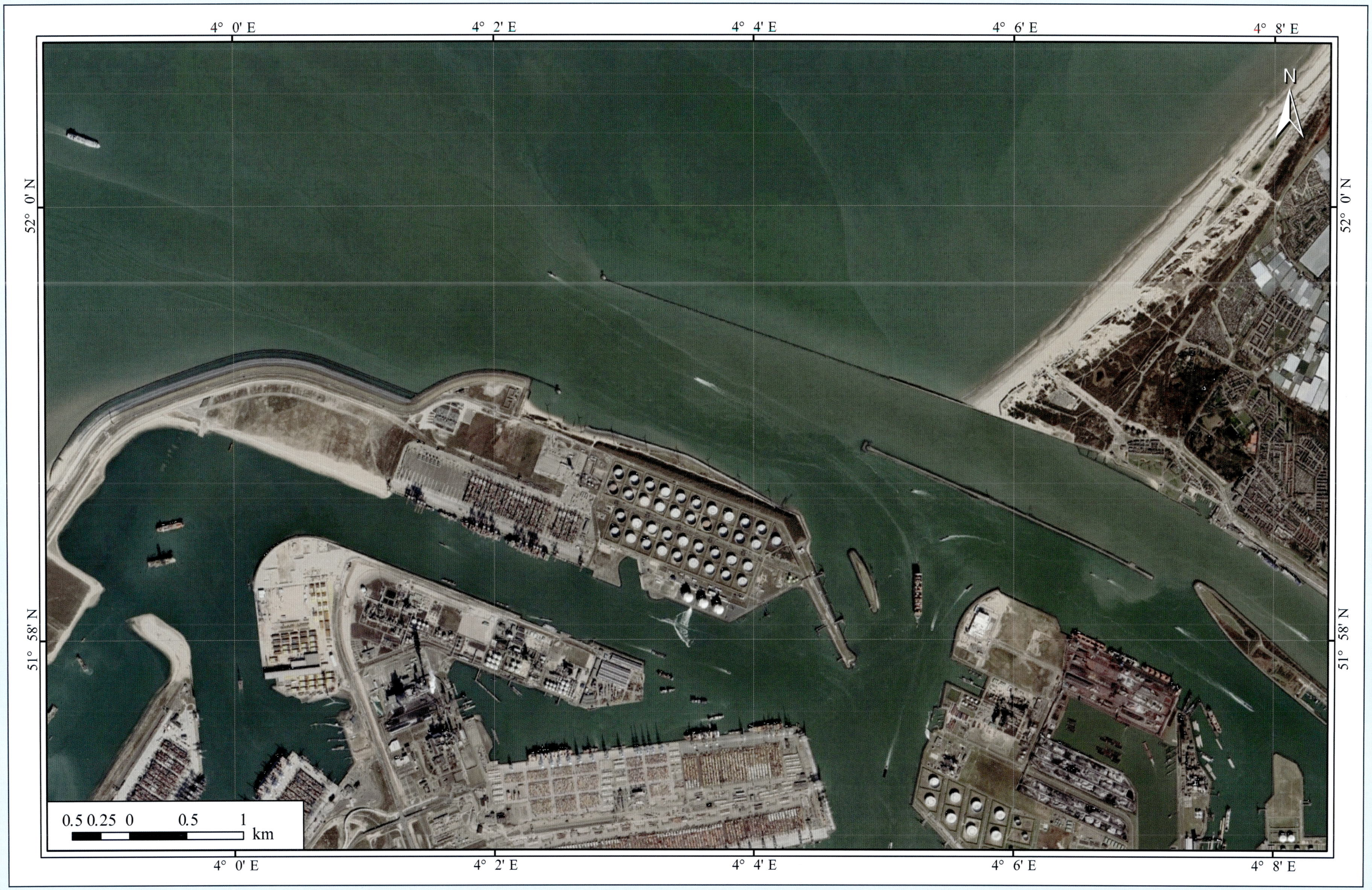

遥感产品：Maxar　分辨率：6m　影像时间：2022 年 3 月 10 日

鹿特丹城市入海口遥感图

遥感产品：Maxar　分辨率：3m　影像时间：2022 年 3 月 10 日

鹿特丹城市港口遥感图

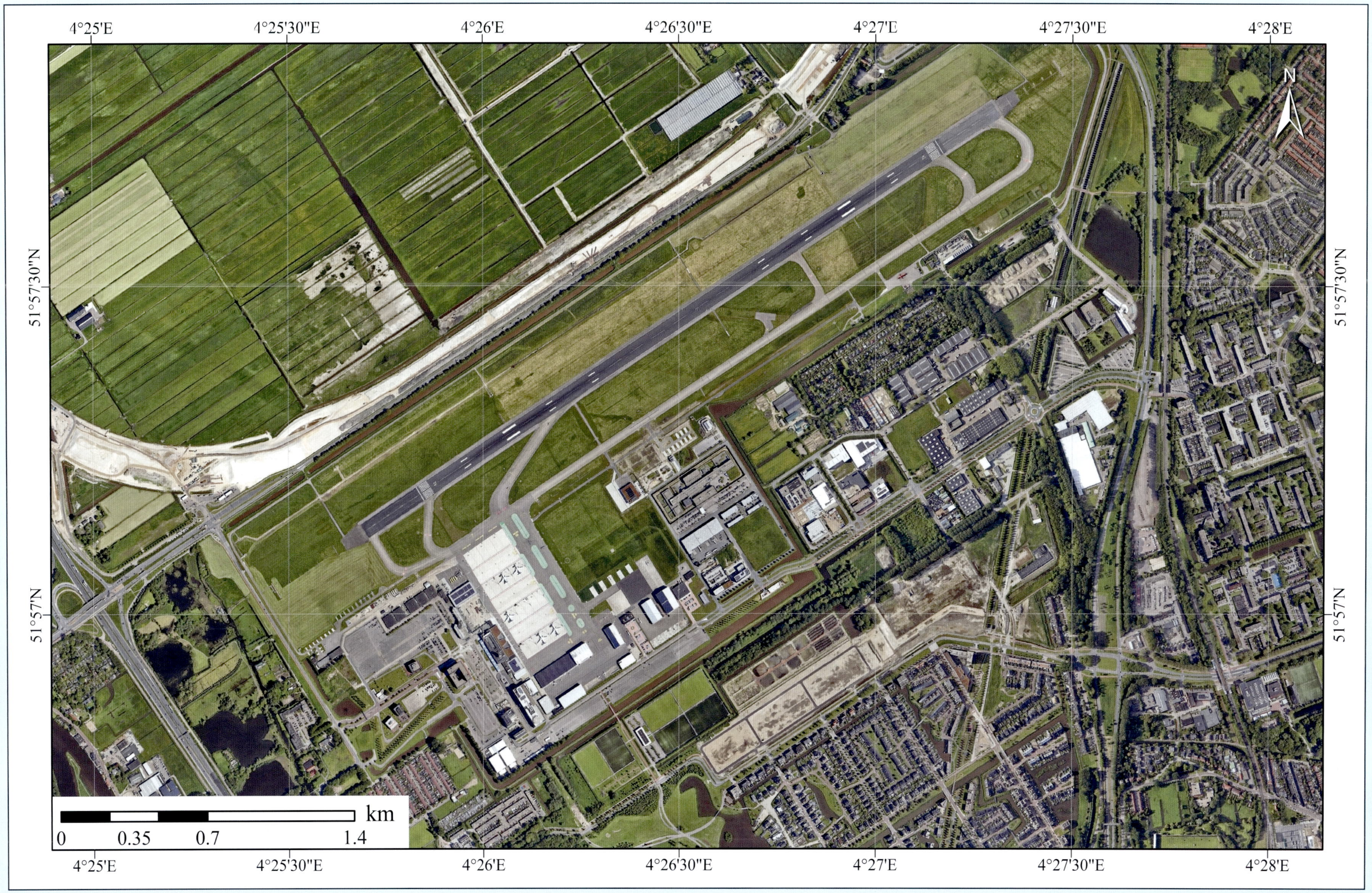

遥感产品：Maxar　分辨率：1m　影像时间：2022 年 10 月

鹿特丹海牙机场

遥感产品：Maxar 分辨率：1m 影像时间：2022 年 10 月

鹿特丹石油化工厂

遥感产品：Maxar　分辨率：1m　影像时间：2021 年 5 月

鹿特丹马斯河南岸新城

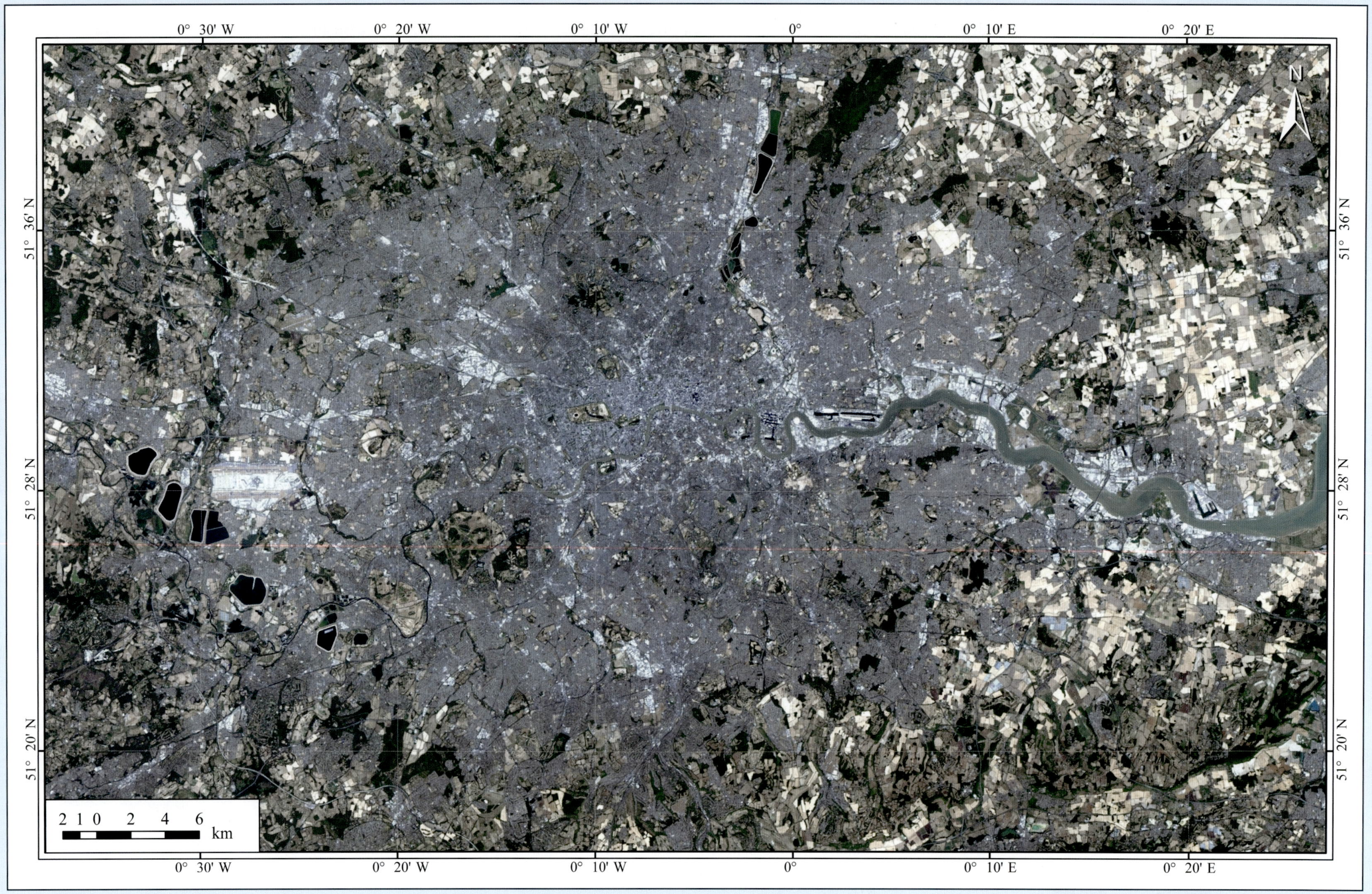

遥感产品： Landsat8
分 辨 率： 30m
影像时间： 2022年8月11日

伦敦城市鸟瞰遥感图

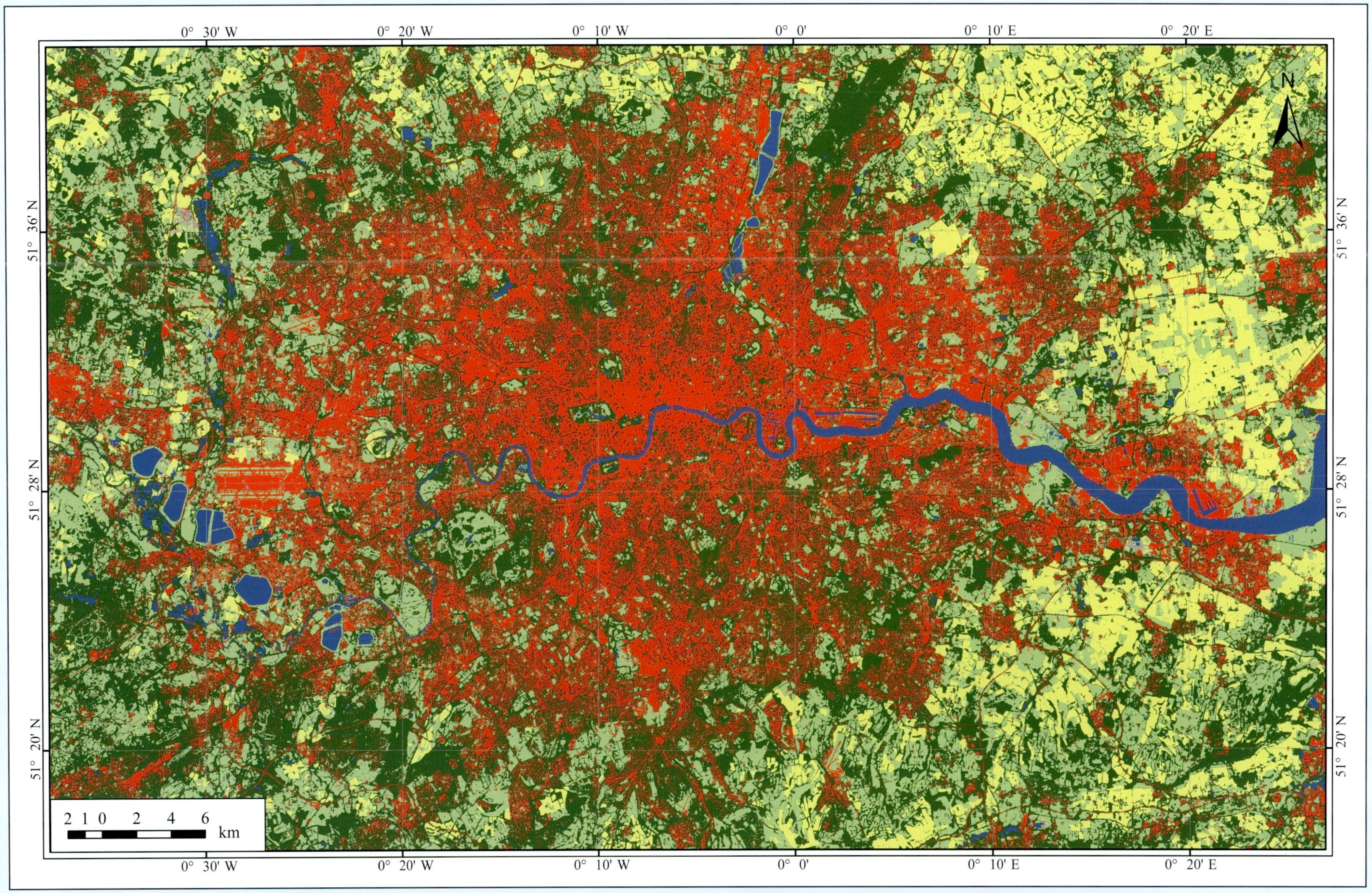

产品说明：WorldCover土地覆盖数据
分 辨 率：10m
产品时间：2021年

图 例

林地	草地	城镇用地	水体
灌木林	耕地	稀疏植被	湿地

伦敦城市土地利用图

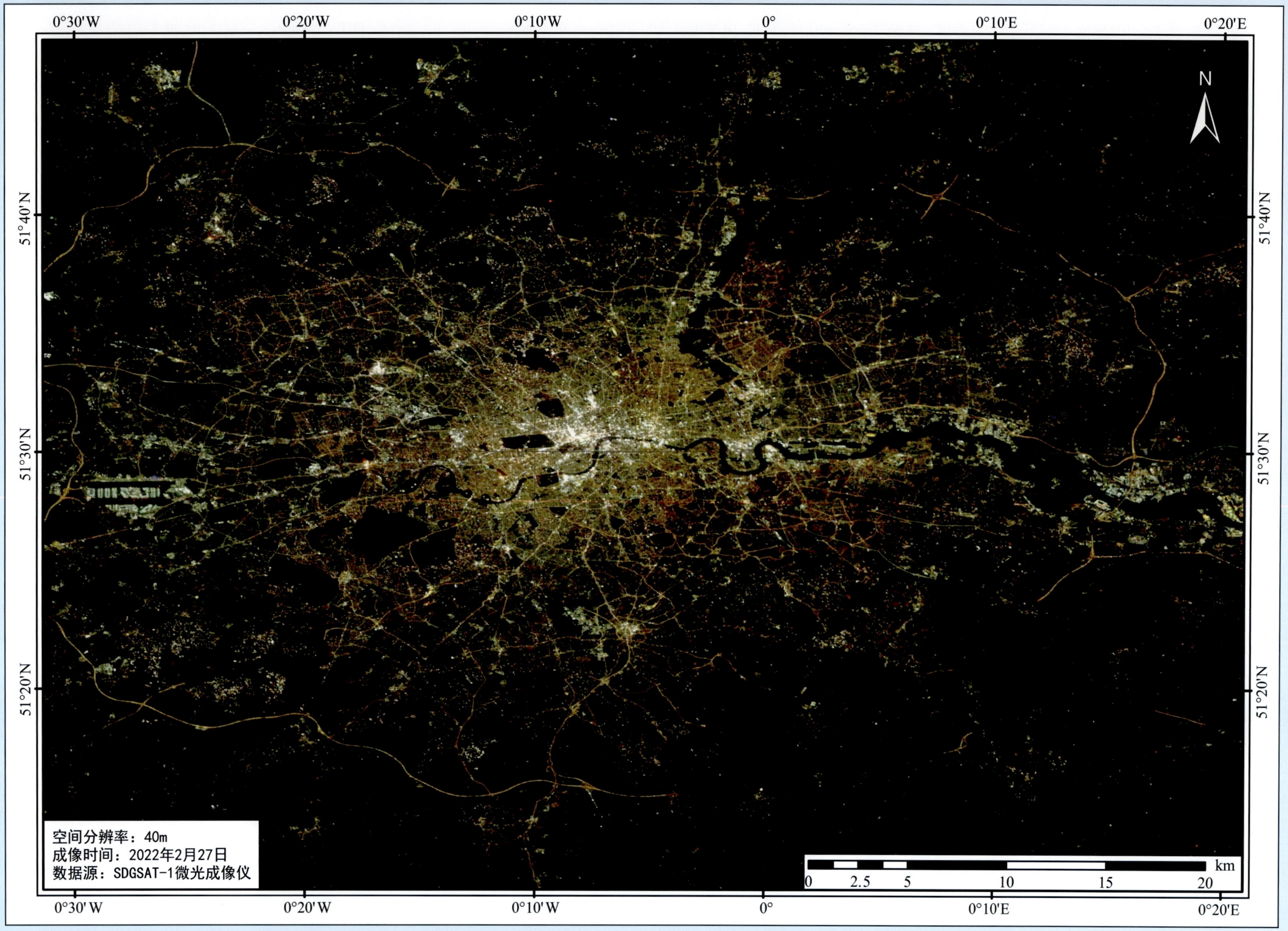
0°30'W
0°20'W
0°10'W
0°
0°10'E
0°20'E
51°40'N
51°30'N
51°20'N
N
空间分辨率：40m
成像时间：2022年2月27日
数据源：SDGSAT-1微光成像仪
0
2.5
5
10
15
20
km

伦敦夜间灯光遥感图

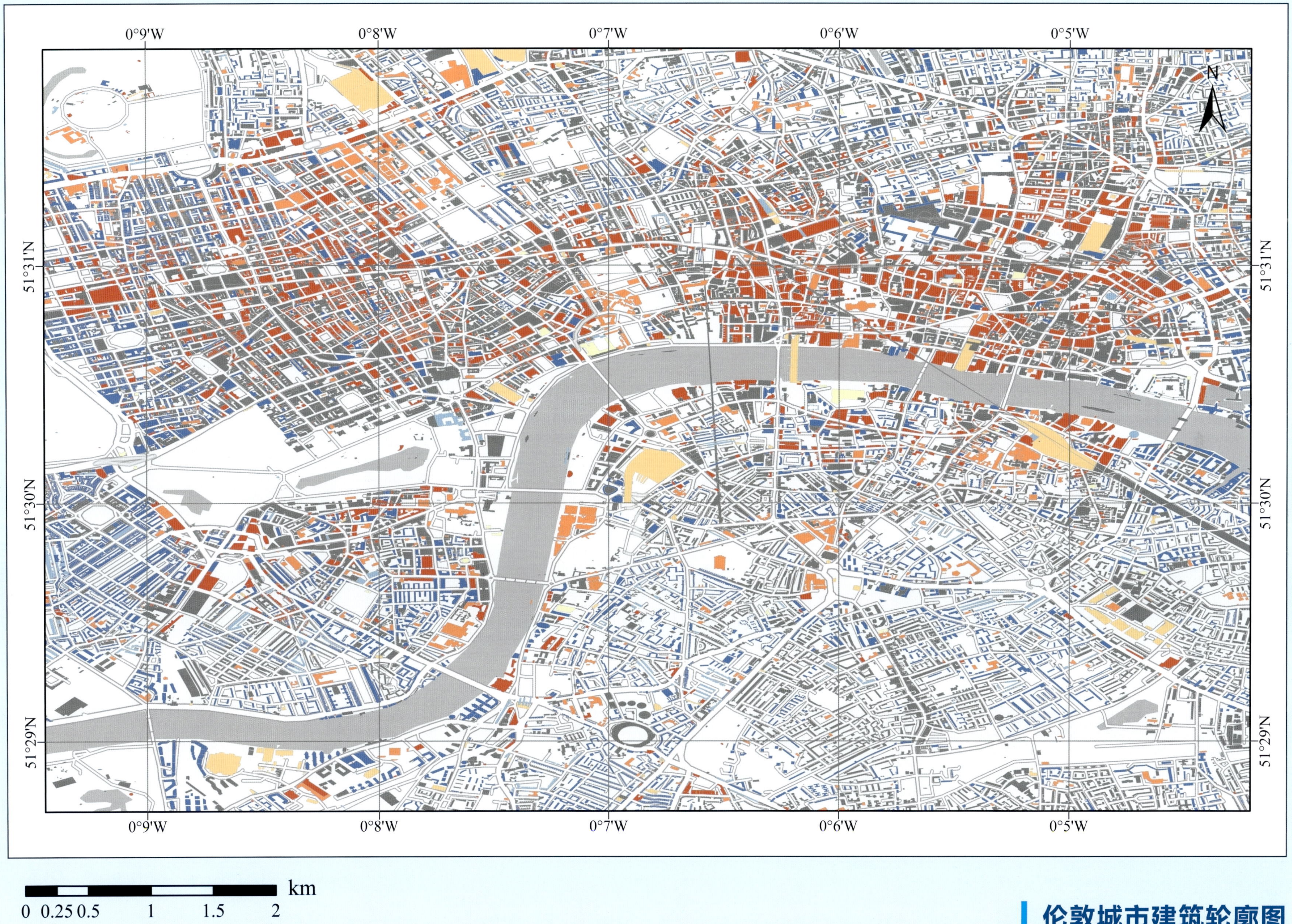

伦敦城市建筑轮廓图

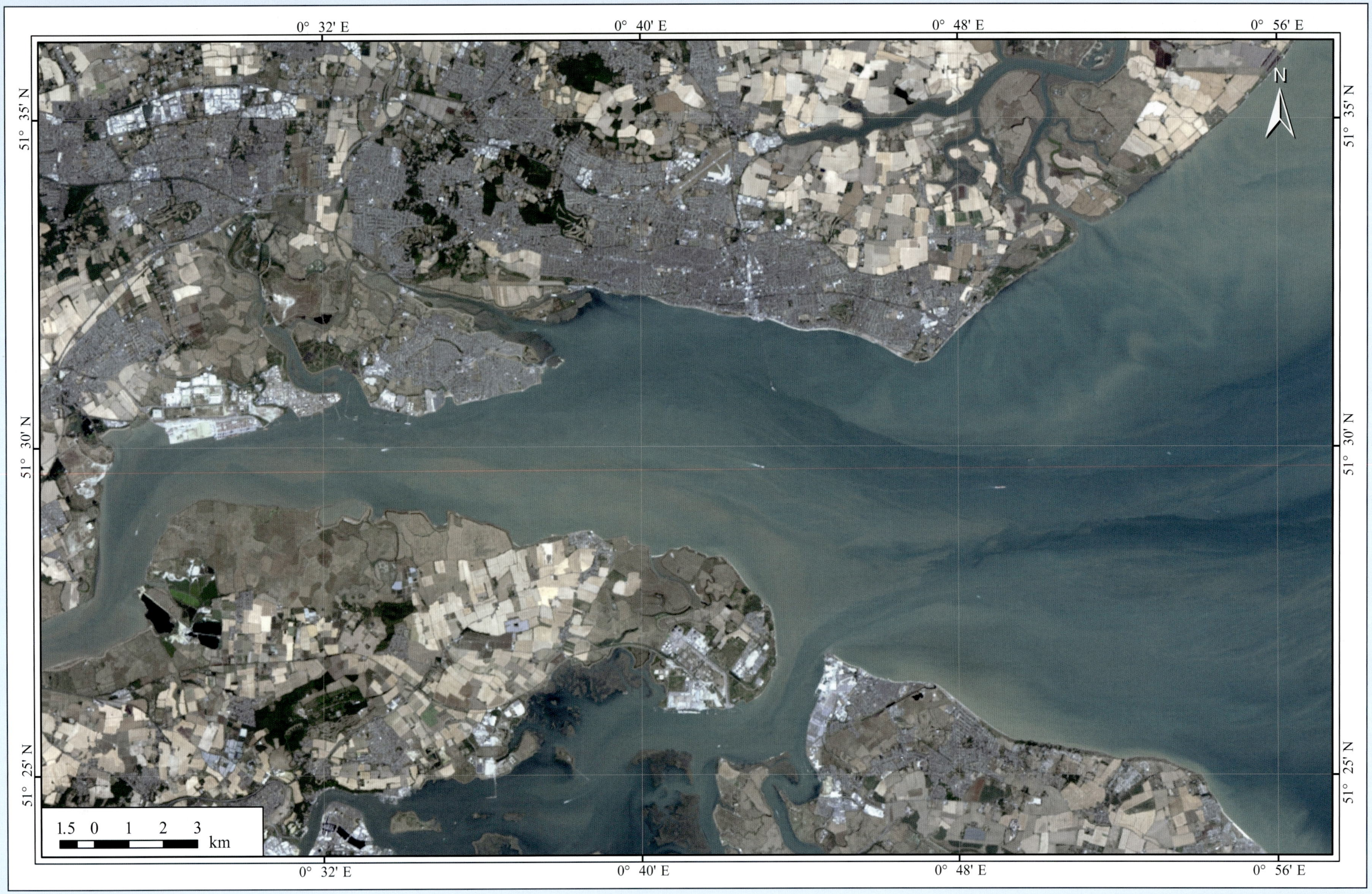

遥感产品：Landsat8　分辨率：30m　影像时间：2022 年 8 月 11 日

伦敦城市入海口遥感图

遥感产品：Maxar　分辨率：0.5m　影像时间：2022 年 7 月 16 日

伦敦城市港口遥感图

遥感产品：Maxar　分辨率：1m　影像时间：2023 年 2 月

伦敦希思罗机场

遥感产品：Maxar　分辨率：1m　影像时间：2020 年 4 月

金丝雀码头

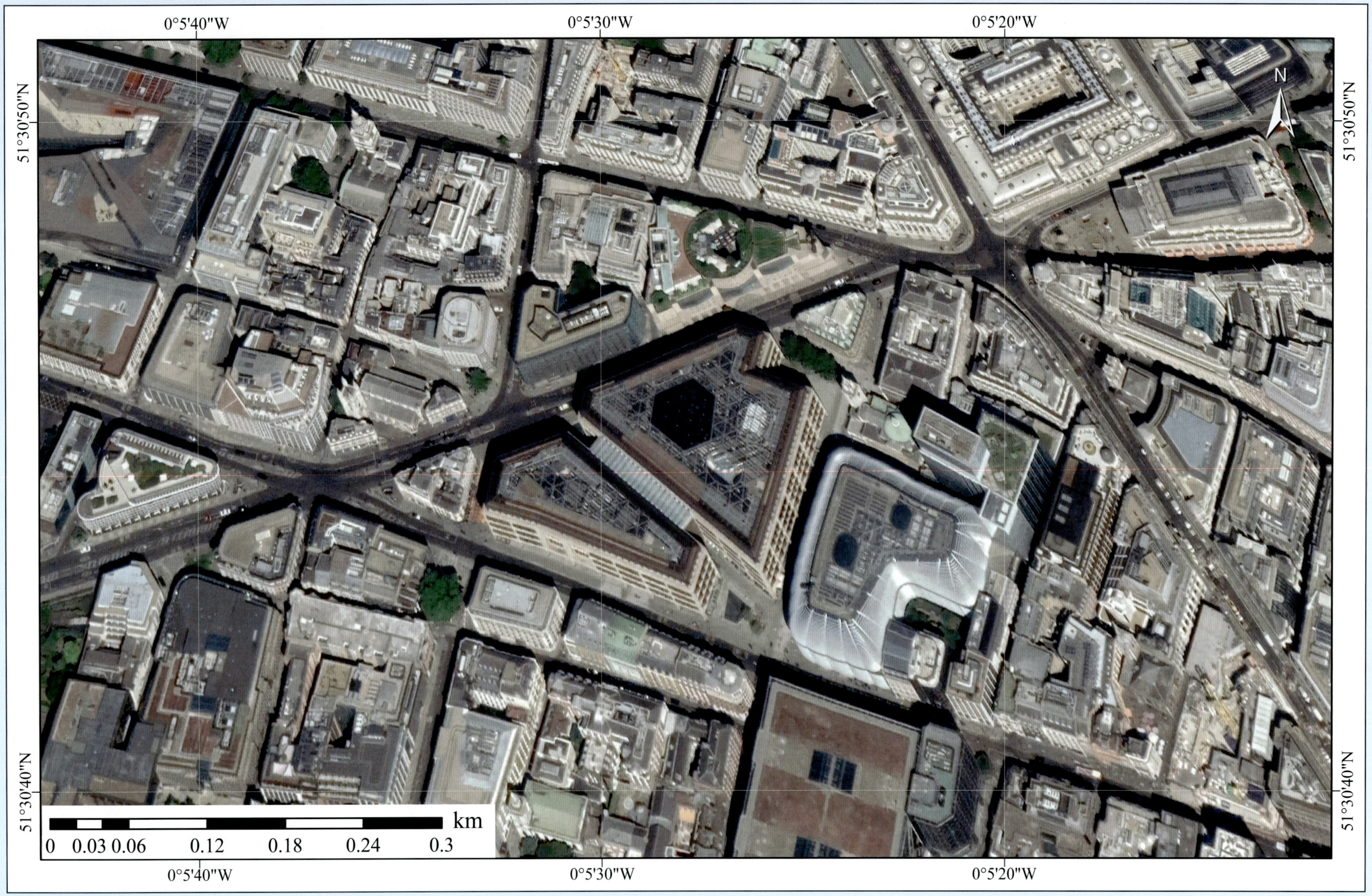

遥感产品：Maxar　分辨率：1m　影像时间：2022 年 7 月

伦敦金融城

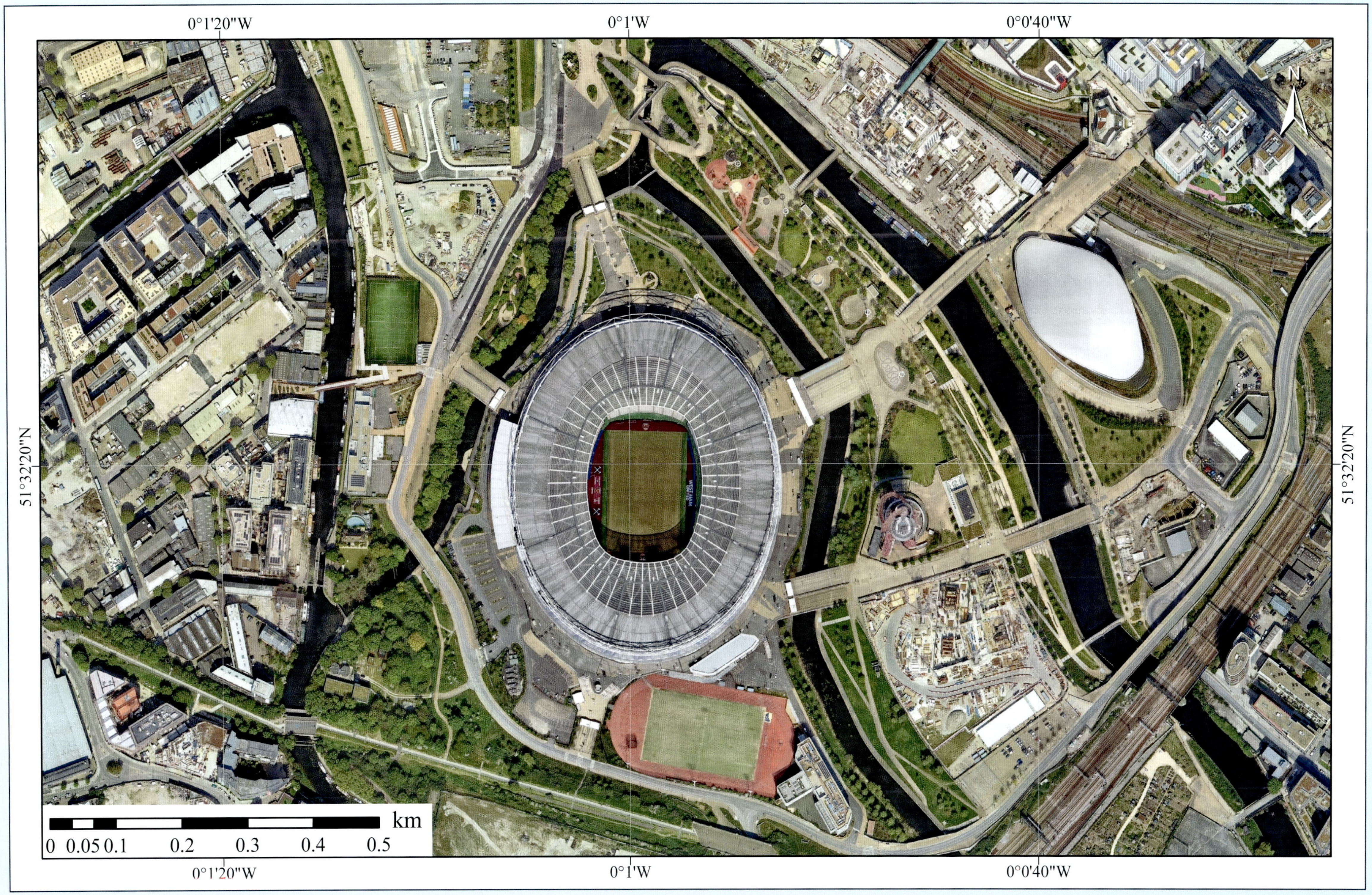

遥感产品：Maxar 分辨率：1m 影像时间：2020 年 4 月

伦敦奥林匹克体育场

Africa

非洲

主要入海口城市

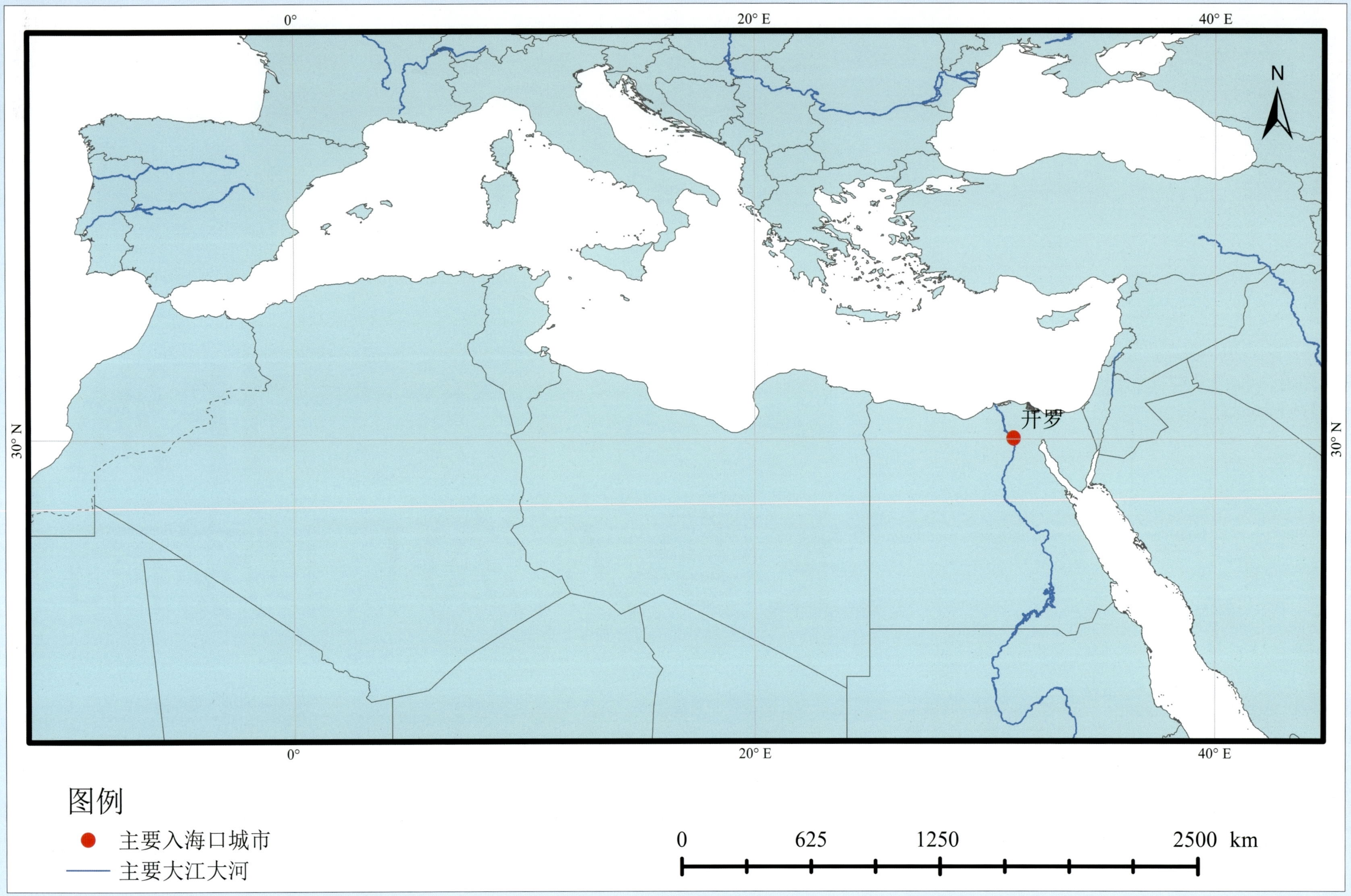

非洲主要入海口城市地理分布

遥感产品：Landsat8
分 辨 率：15m
影像时间：2022年3月5日

开罗城市鸟瞰遥感图

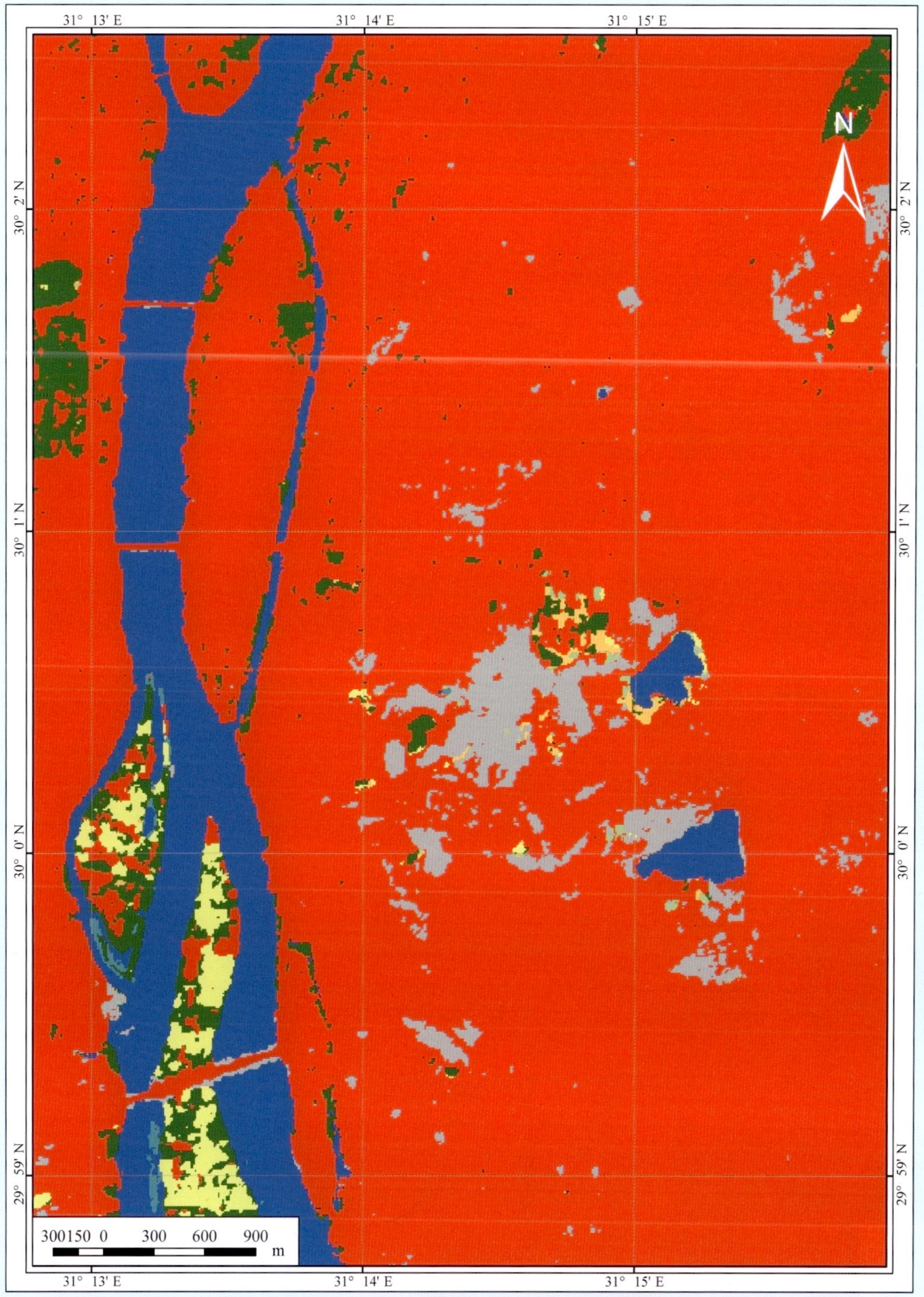

产品说明：WorldCover土地覆盖数据
分 辨 率：10m
产品时间：2021年

图 例

林地　草地　城镇用地　雪地　湿地
灌木林　耕地　稀疏植被　水体　苔藓地衣

开罗城市土地利用图

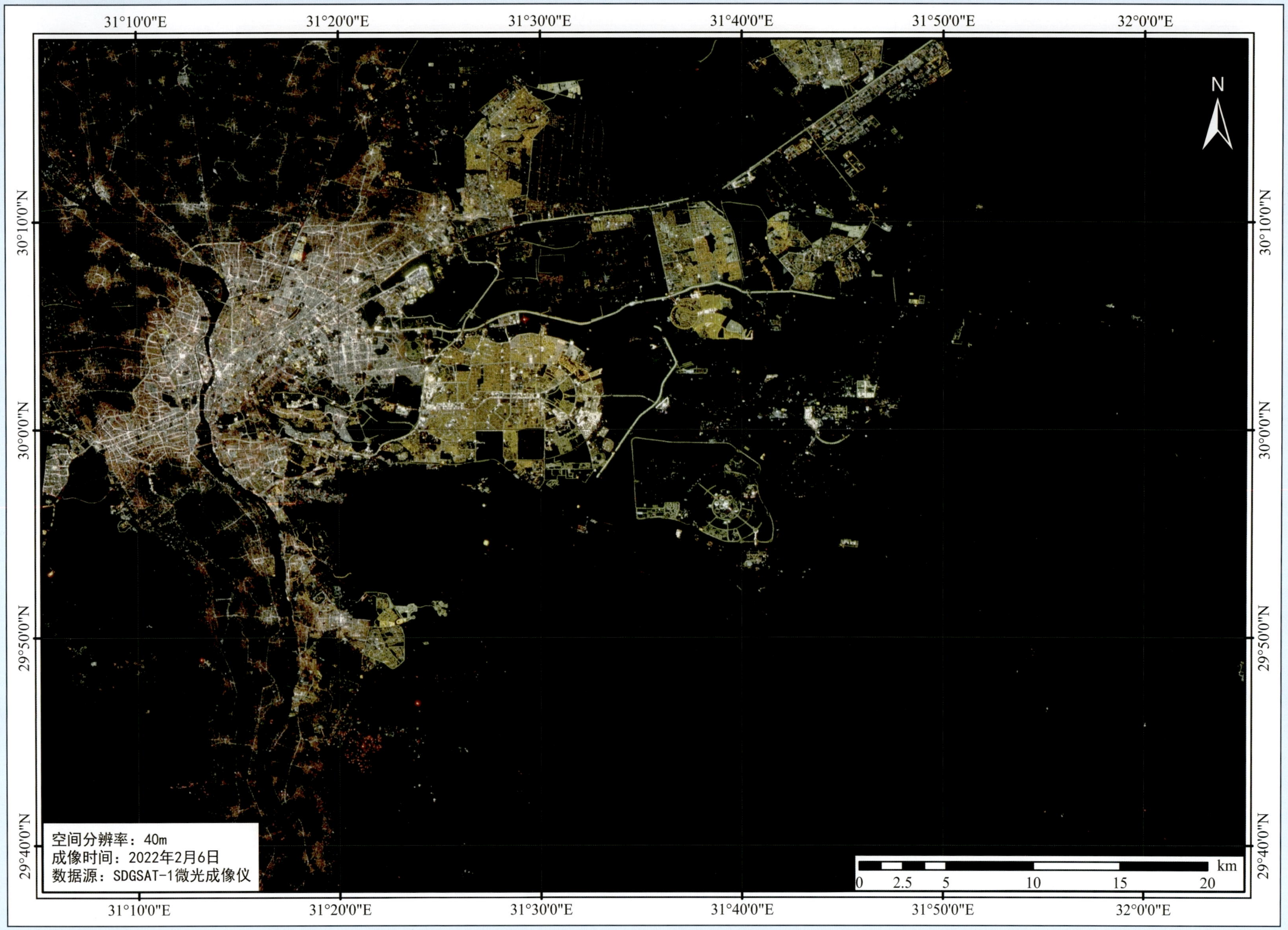
31°10'0"E
31°20'0"E
31°30'0"E
31°40'0"E
31°50'0"E
32°0'0"E
30°10'0"N
30°0'0"N
29°50'0"N
29°40'0"N
N
空间分辨率：40m
成像时间：2022年2月6日
数据源：SDGSAT-1微光成像仪
0
2.5
5
10
15
20
km

开罗夜间灯光遥感图

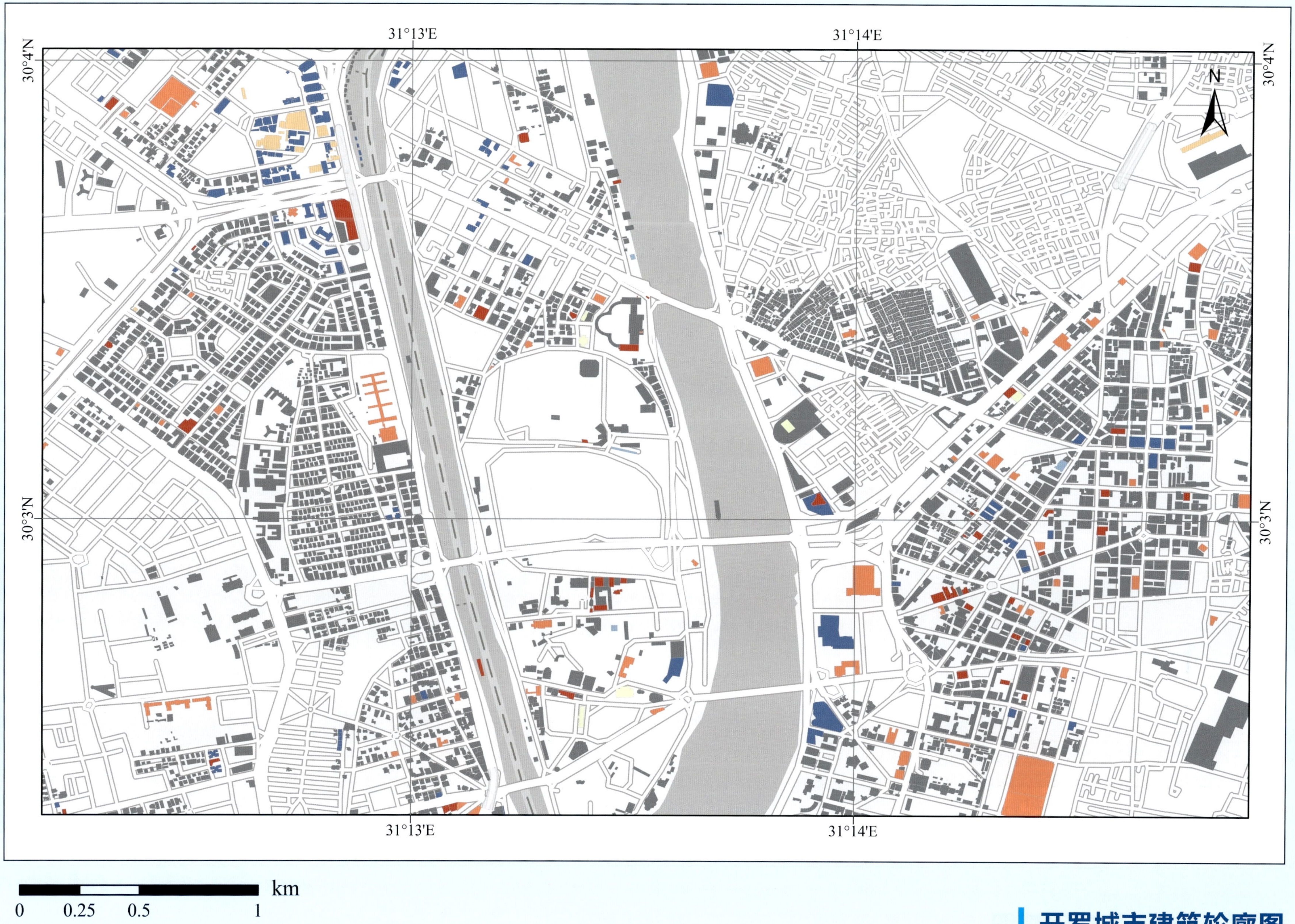

开罗城市建筑轮廓图

North America

北美洲
主要入海口城市

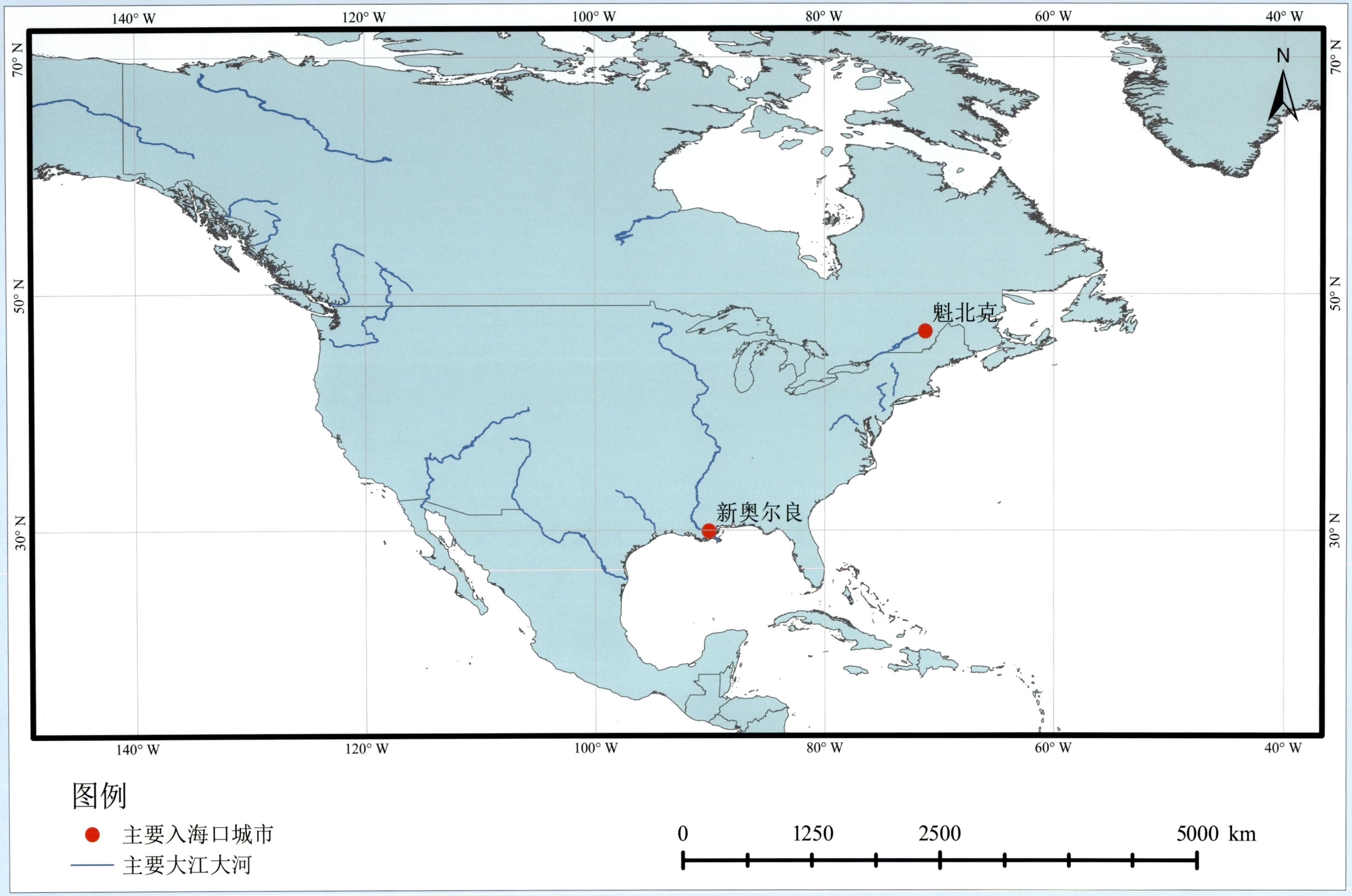

北美洲主要入海口城市地理分布

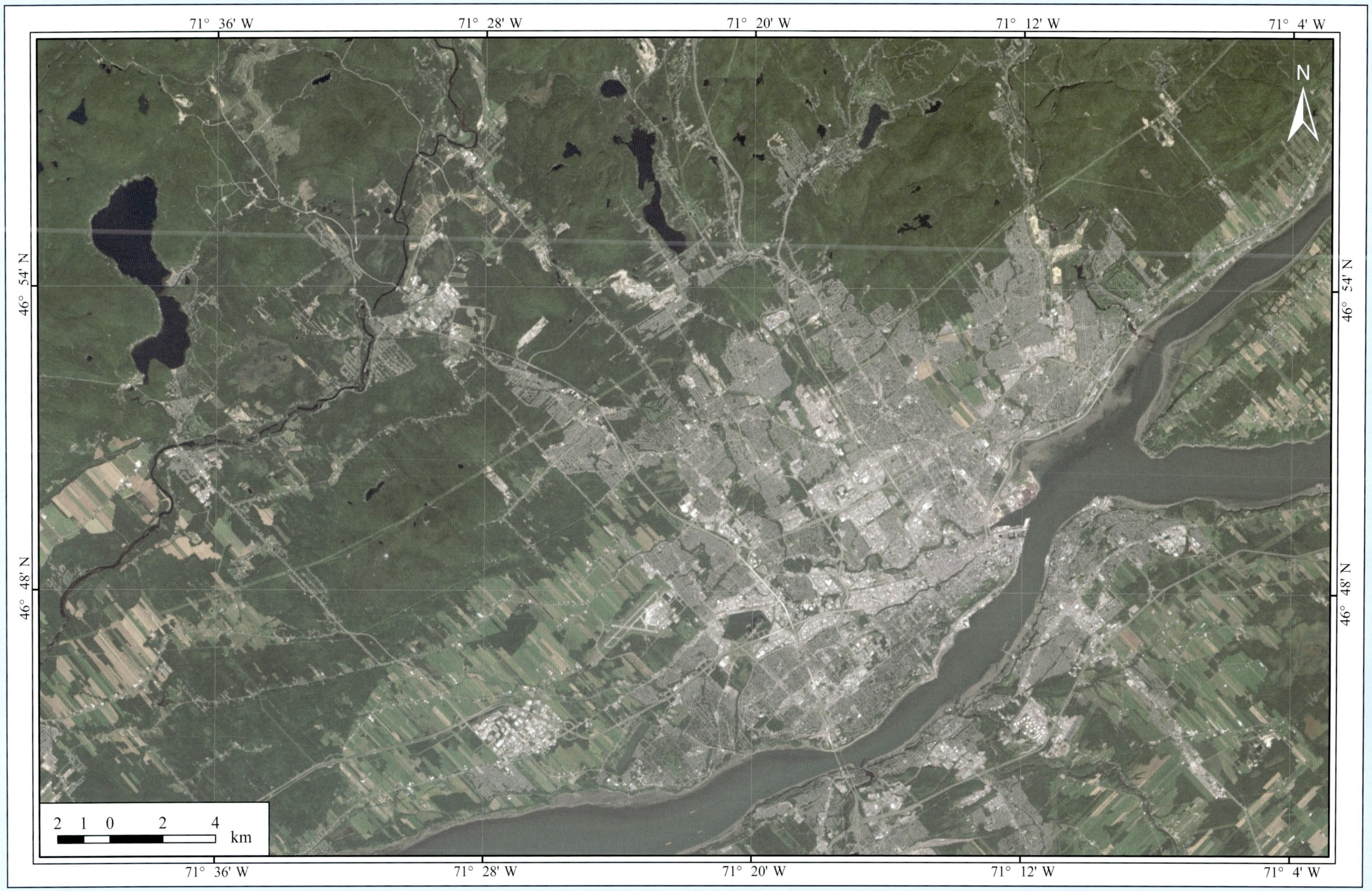

遥感产品： Landsat8

分 辨 率： 30m

影像时间： 2022年9月7日

魁北克城市鸟瞰遥感图

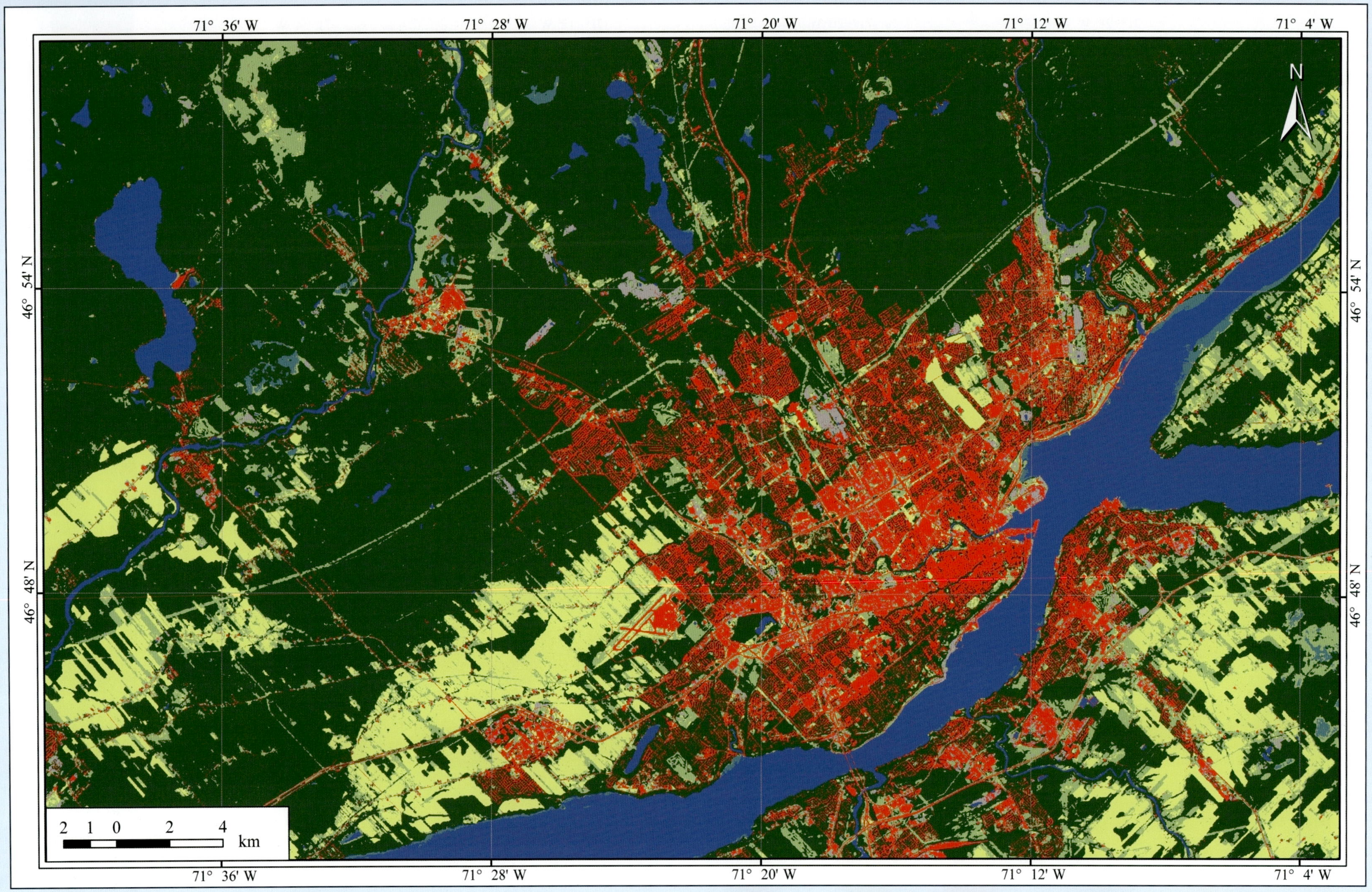

产品说明：WorldCover土地覆盖数据
分 辨 率：10m
产品时间：2021年

图 例

林地 草地 城镇用地 水体 苔藓地衣
灌木林 耕地 稀疏植被 湿地

魁北克城市土地利用图

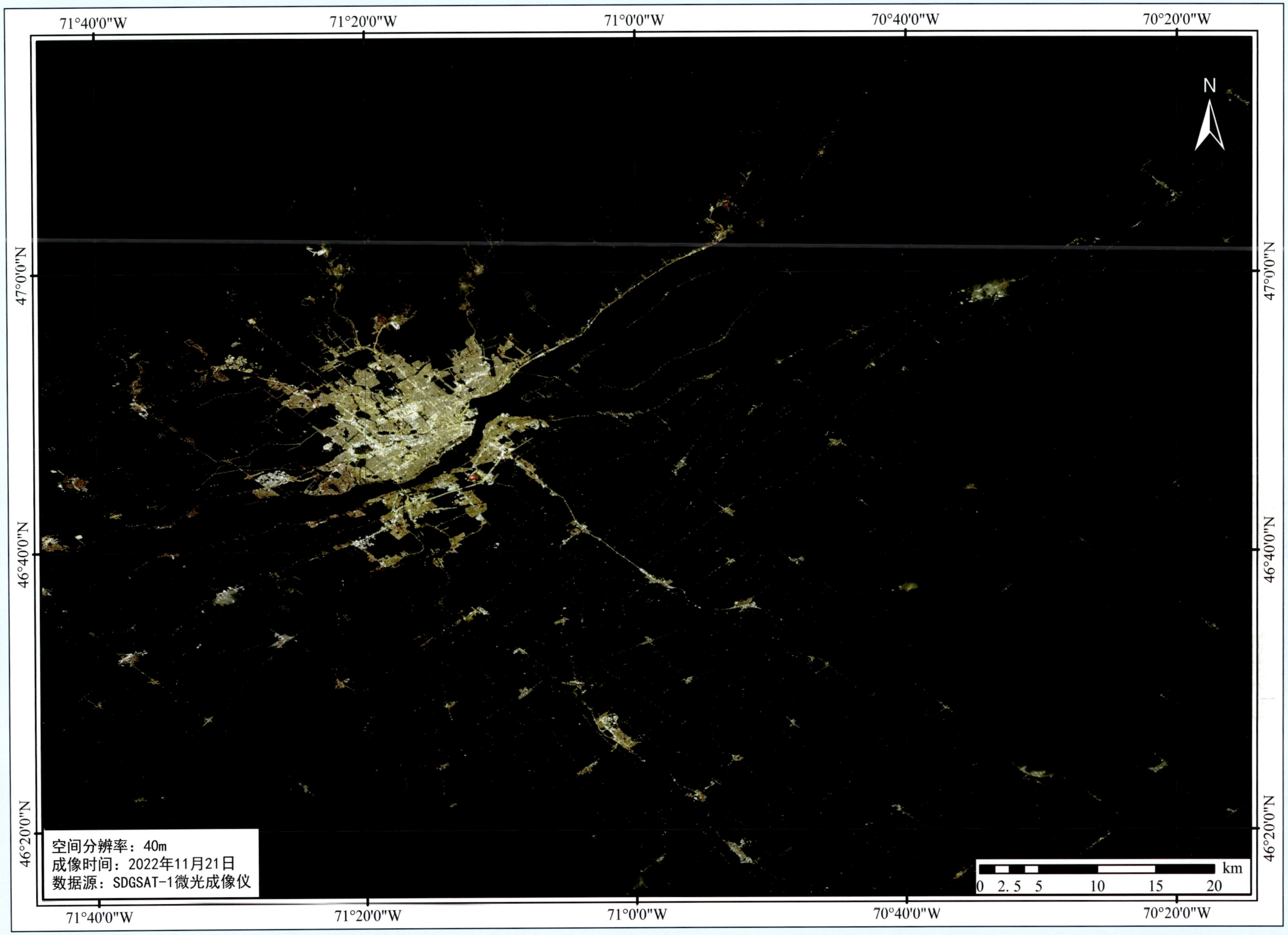
71°40'0"W
71°20'0"W
71°0'0"W
70°40'0"W
70°20'0"W
47°0'0"N
46°40'0"N
46°20'0"N
N
空间分辨率：40m
成像时间：2022年11月21日
数据源：SDGSAT-1微光成像仪
0 2.5 5 10 15 20 km

魁北克夜间灯光遥感图

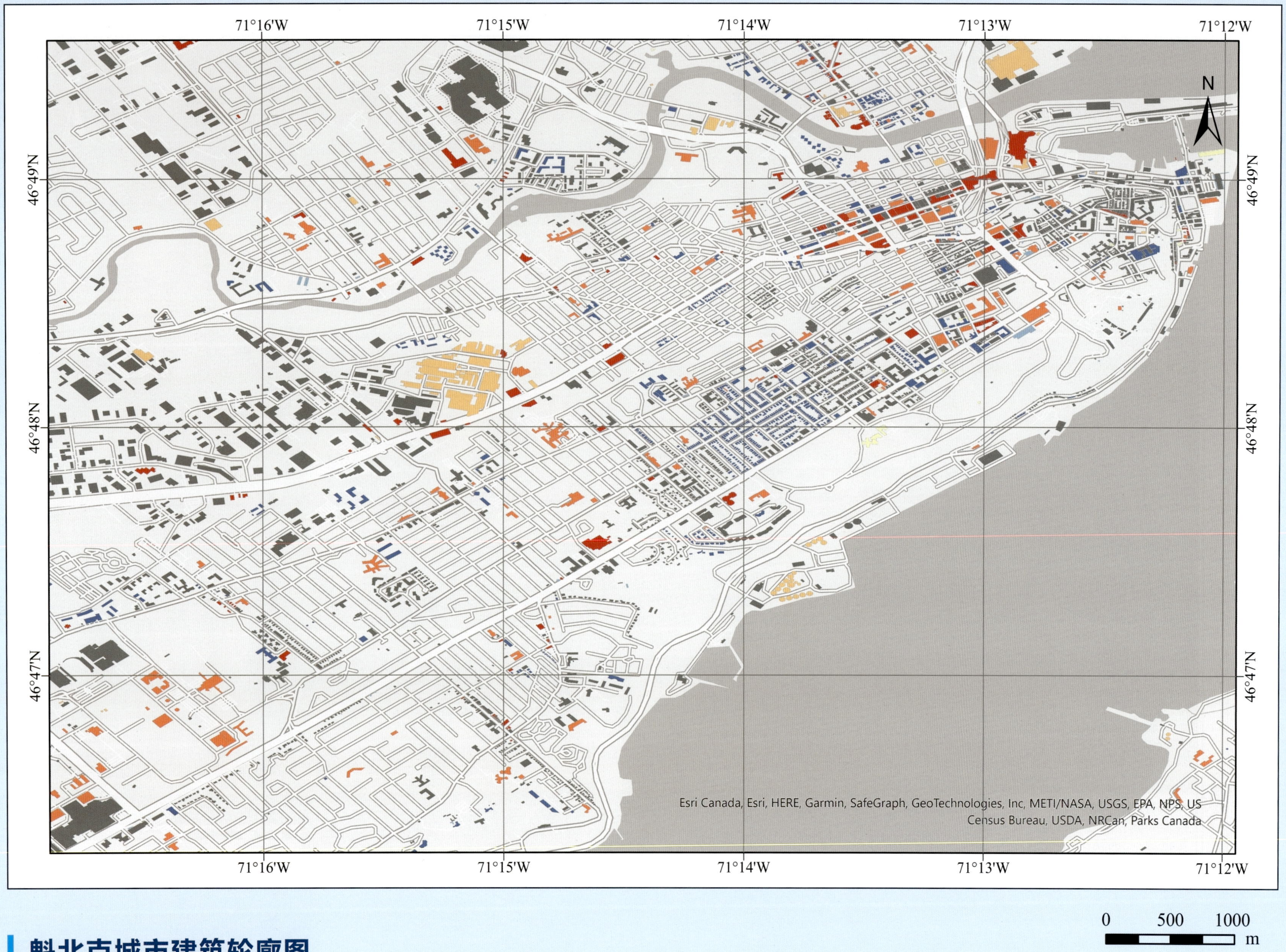
71°16'W
71°15'W
71°14'W
71°13'W
71°12'W
46°49'N
46°48'N
46°47'N
N
Esri Canada, Esri, HERE, Garmin, SafeGraph, GeoTechnologies, Inc, METI/NASA, USGS, EPA, NPS, US Census Bureau, USDA, NRCan, Parks Canada
0
500
1000
m

魁北克城市建筑轮廓图

遥感产品：Maxar　分辨率：2m　影像时间：2019 年 10 月 14 日

魁北克城市入海口遥感图

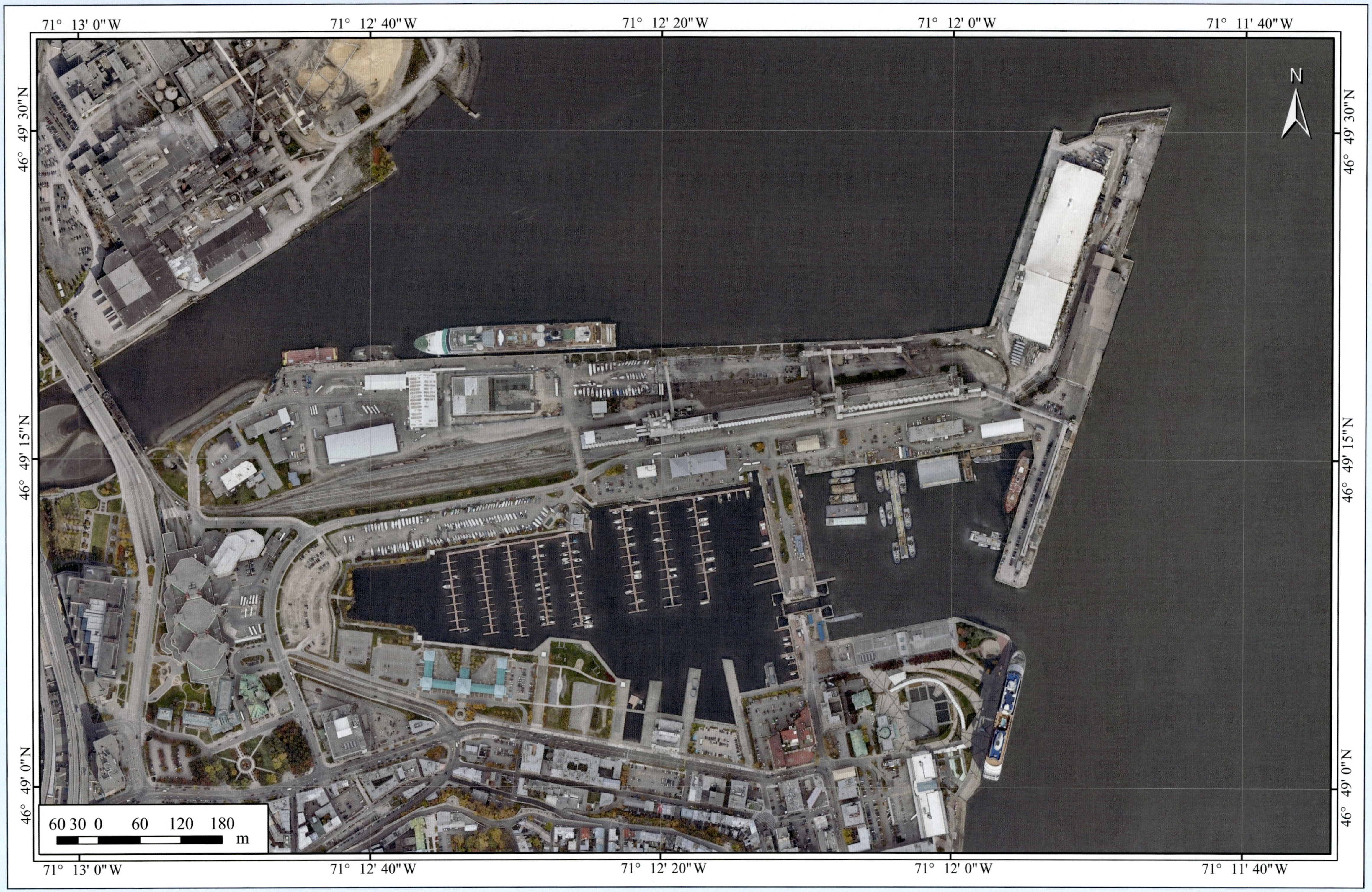

遥感产品：Maxar　分辨率：1m　影像时间：2019 年 10 月 14 日

魁北克城市港口遥感图

遥感产品：Maxar　分辨率：1m　影像时间：2022 年 6 月

魁北克国际机场

遥感产品：Maxar　分辨率：1m　影像时间：2022 年 6 月

工业园区

遥感产品：Maxar 分辨率：1m 影像时间：2020 年 8 月

城市绿地

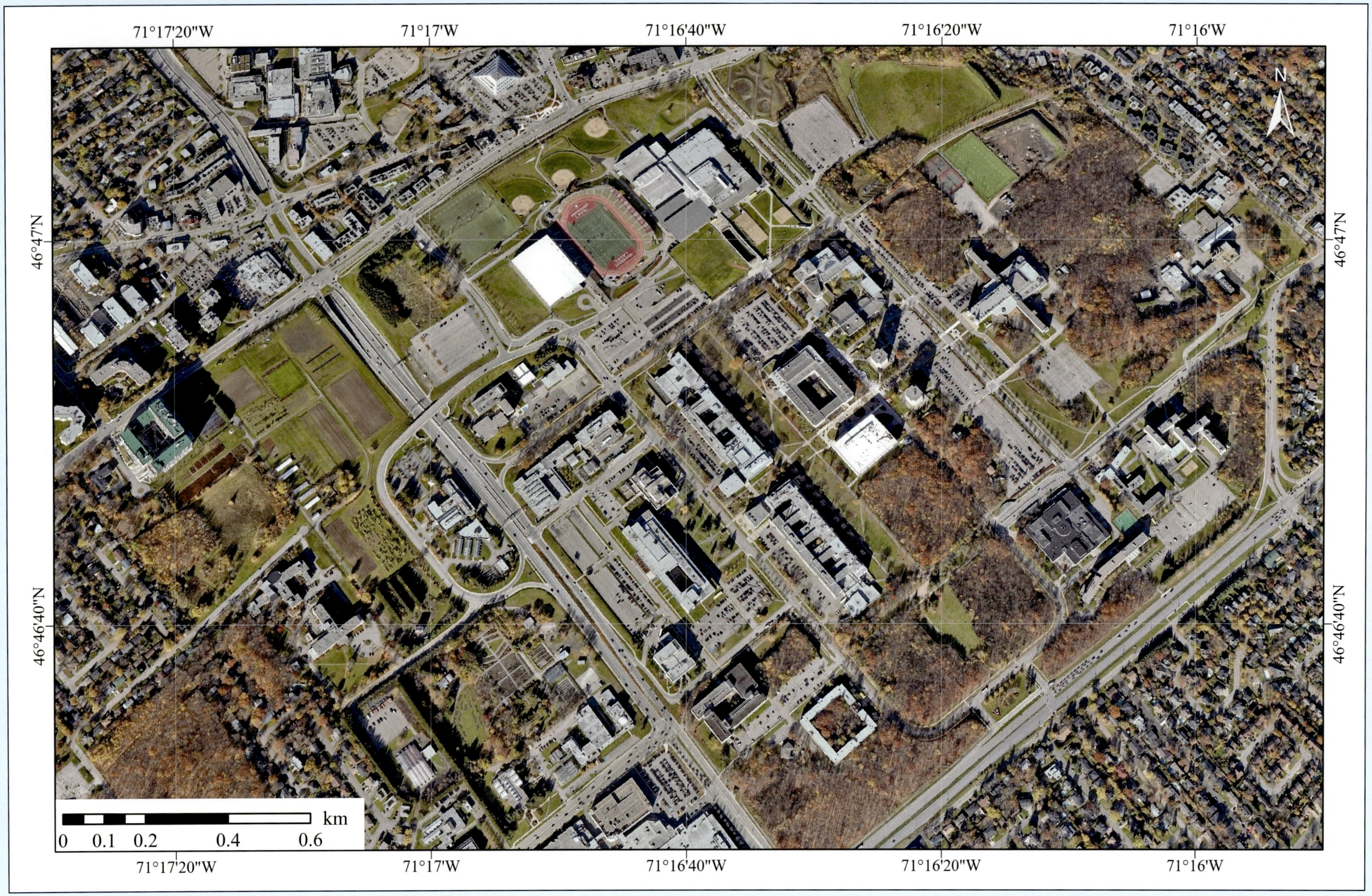

遥感产品：Maxar 分辨率：1m 影像时间：2022 年 10 月

拉瓦尔大学

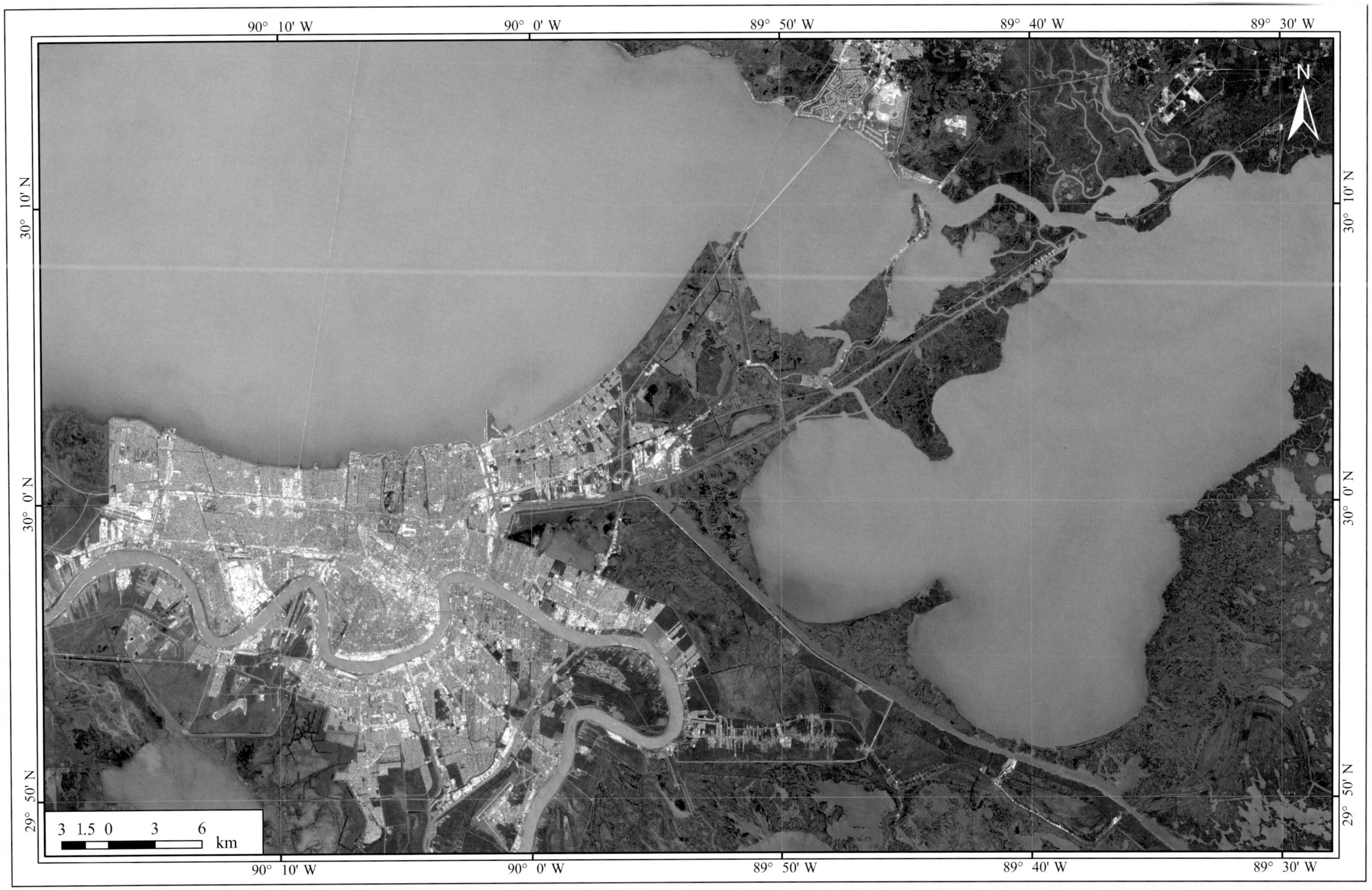

遥感产品： Landsat8

分 辨 率： 30m

影像时间： 2022年4月7日

新奥尔良城市鸟瞰遥感图

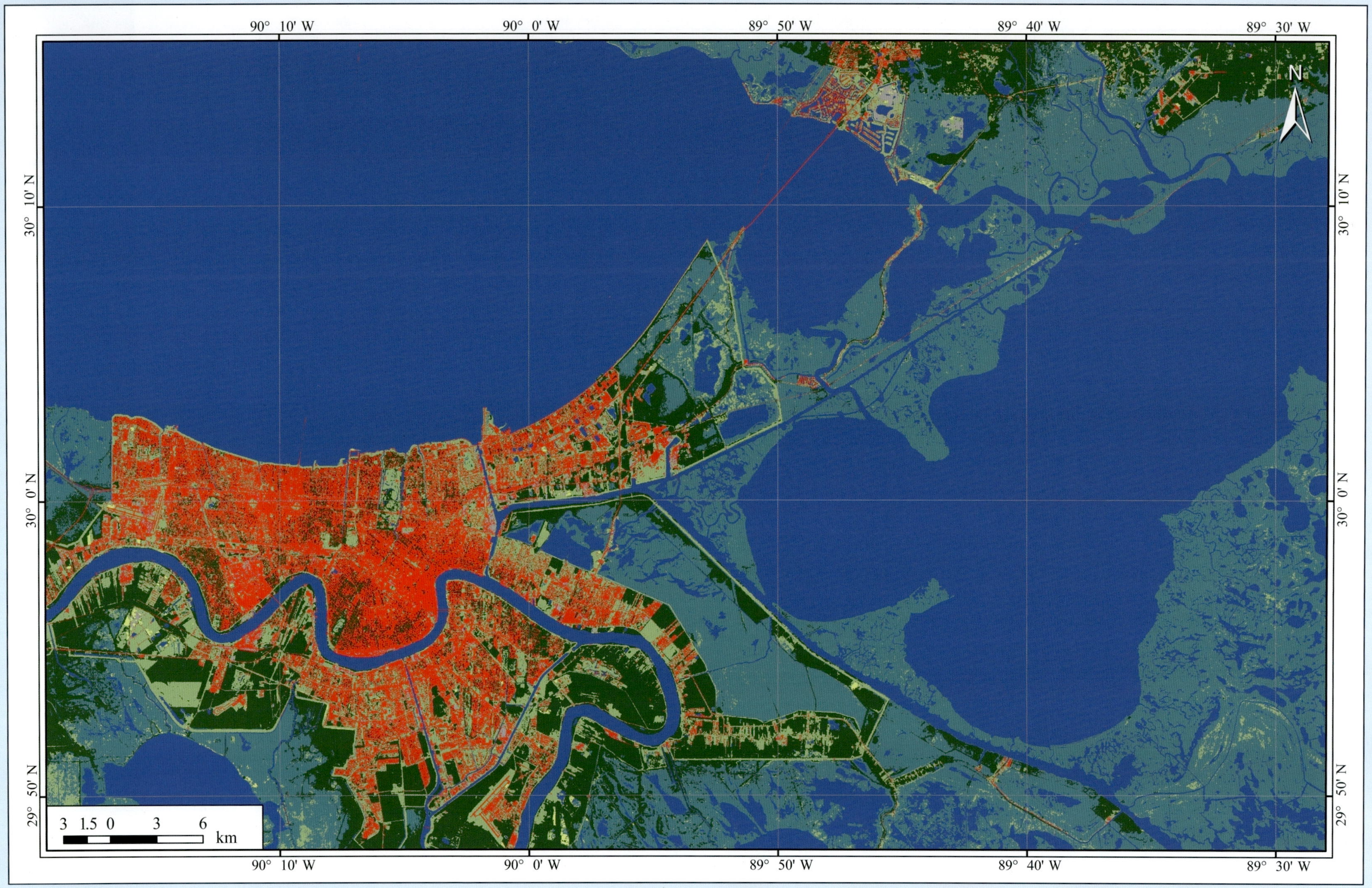

产品说明：WorldCover土地覆盖数据
分 辨 率：10m
产品时间：2021年

图 例

林地	草地	城镇用地	水体	红树林
灌木林	耕地	稀疏植被	湿地	

新奥尔良城市土地利用图

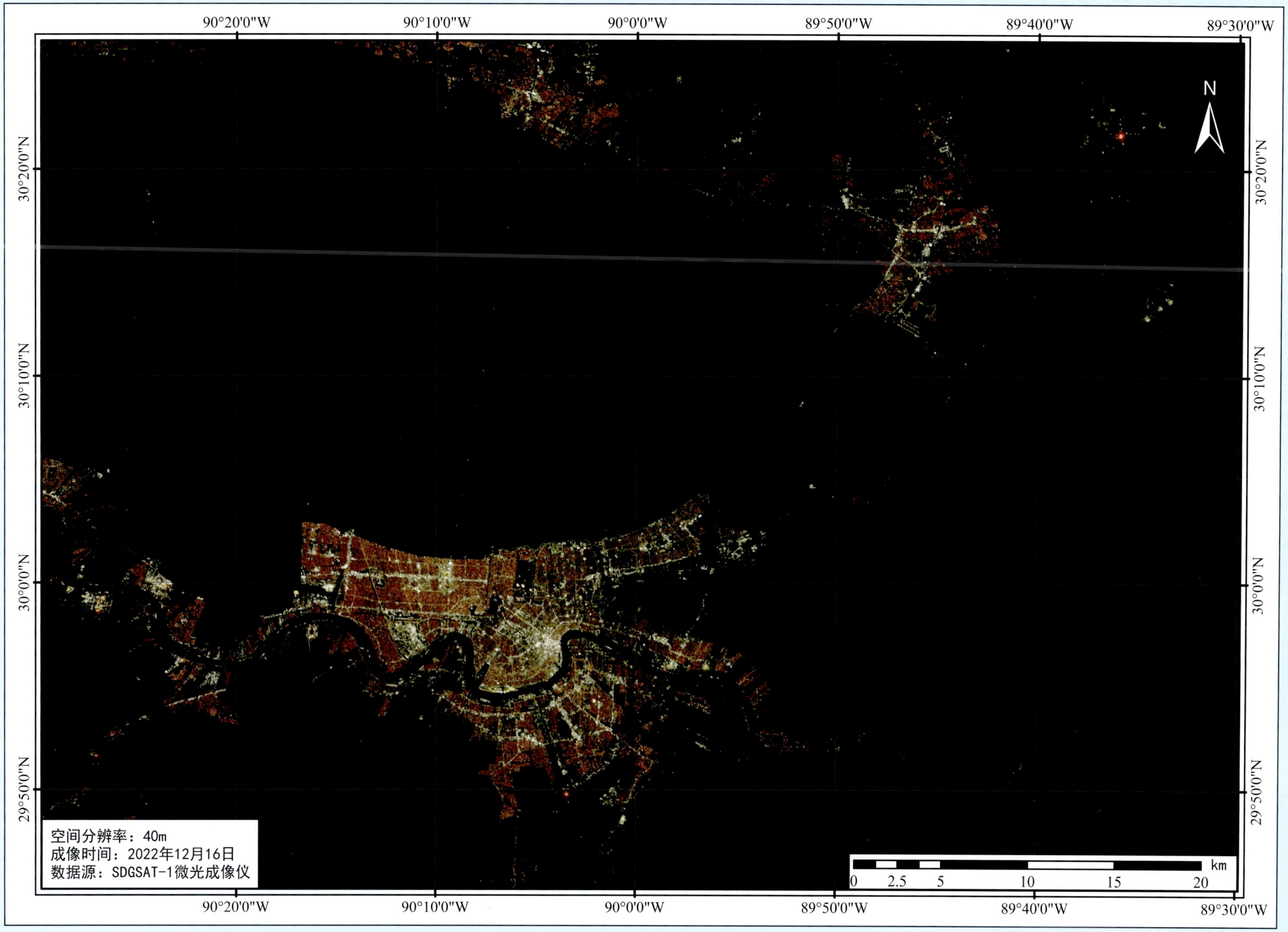

新奥尔良夜间灯光遥感图

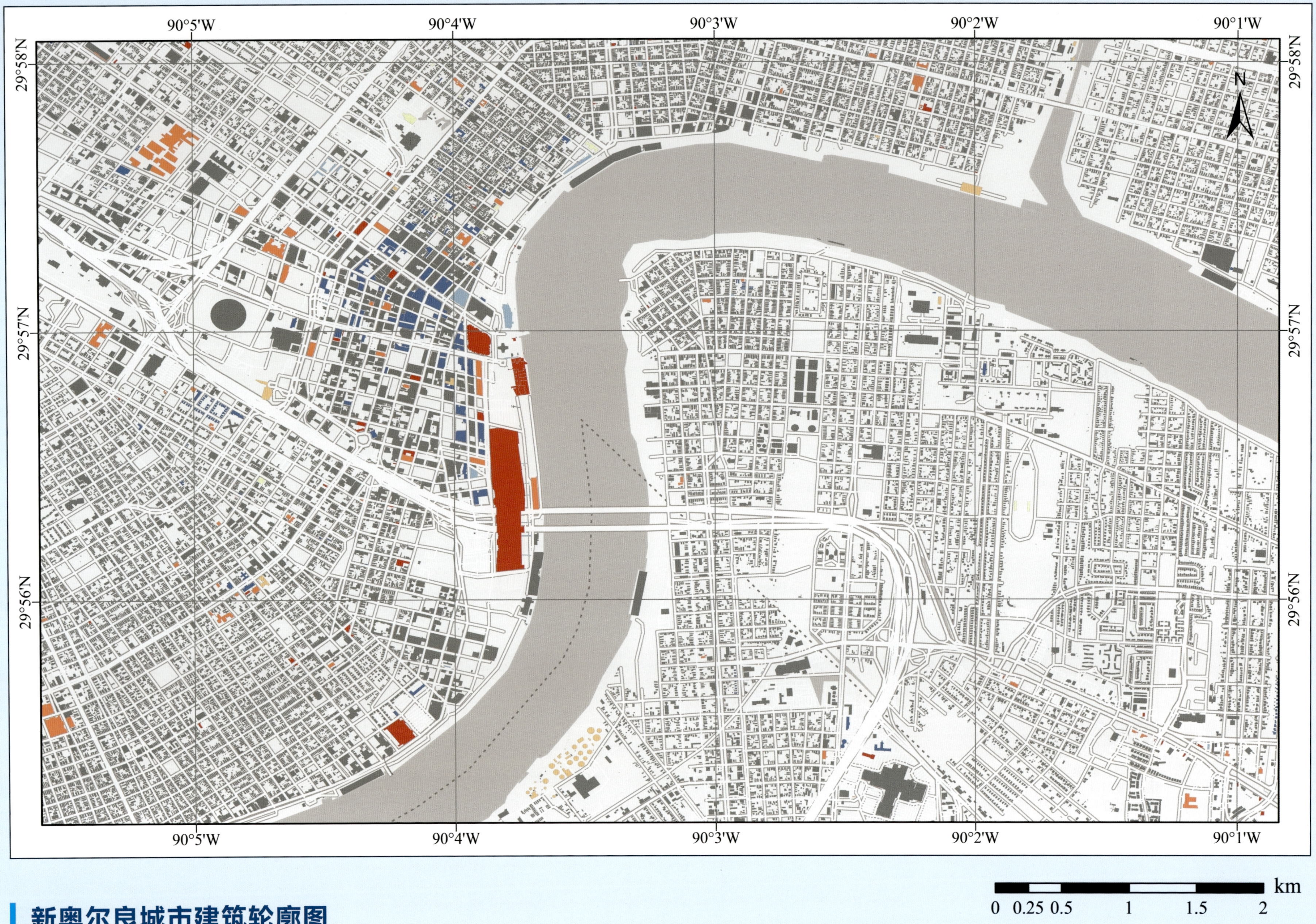

新奥尔良城市建筑轮廓图

遥感产品：Landsat8　分辨率：30m　影像时间：2022 年 4 月 7 日

新奥尔良城市入海口遥感图

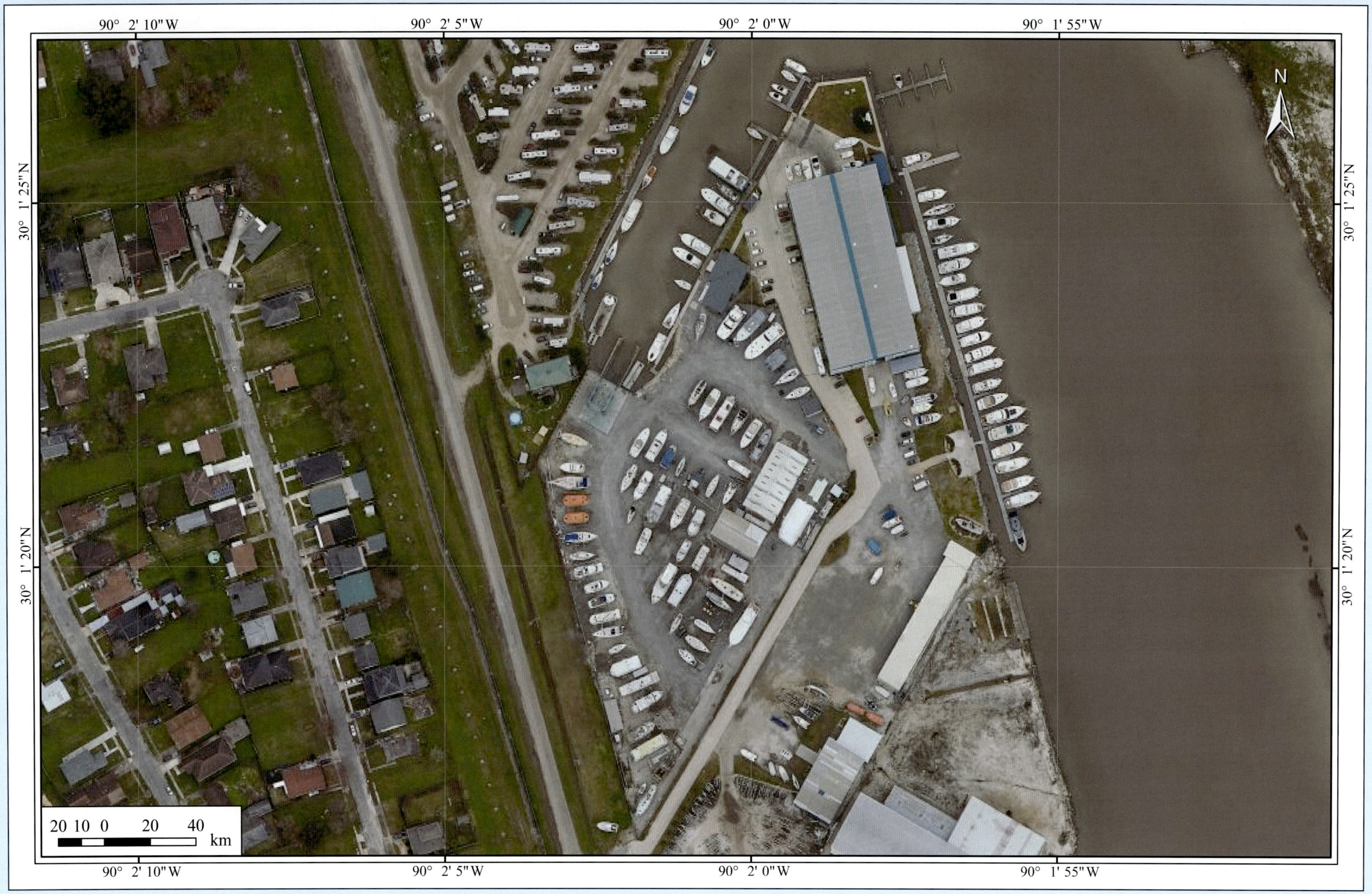

遥感产品：Maxar　分辨率：0.5m　影像时间：2019 年 1 月 19 日

新奥尔良城市港口遥感图

遥感产品：Maxar　分辨率：1m　影像时间：2022 年 10 月

新奥尔良国际机场

遥感产品：Maxar 分辨率：1m 影像时间：2022 年 10 月

雪佛龙奥奈特跨国能源公司

遥感产品：Maxar　分辨率：1m　影像时间：2022 年 10 月

新奥尔良城市公园

South America

南美洲
主要入海口城市

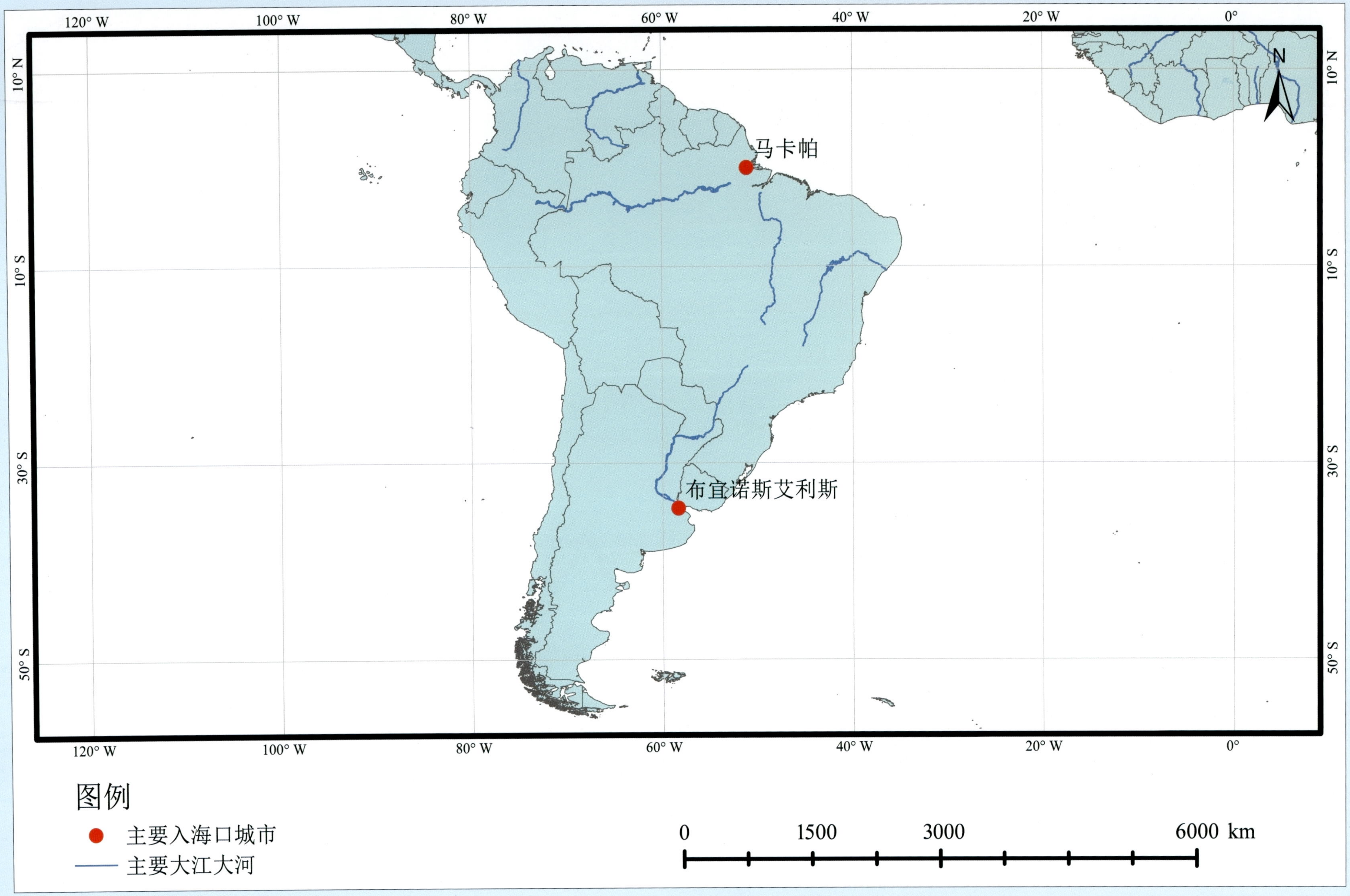

南美洲主要入海口城市地理分布

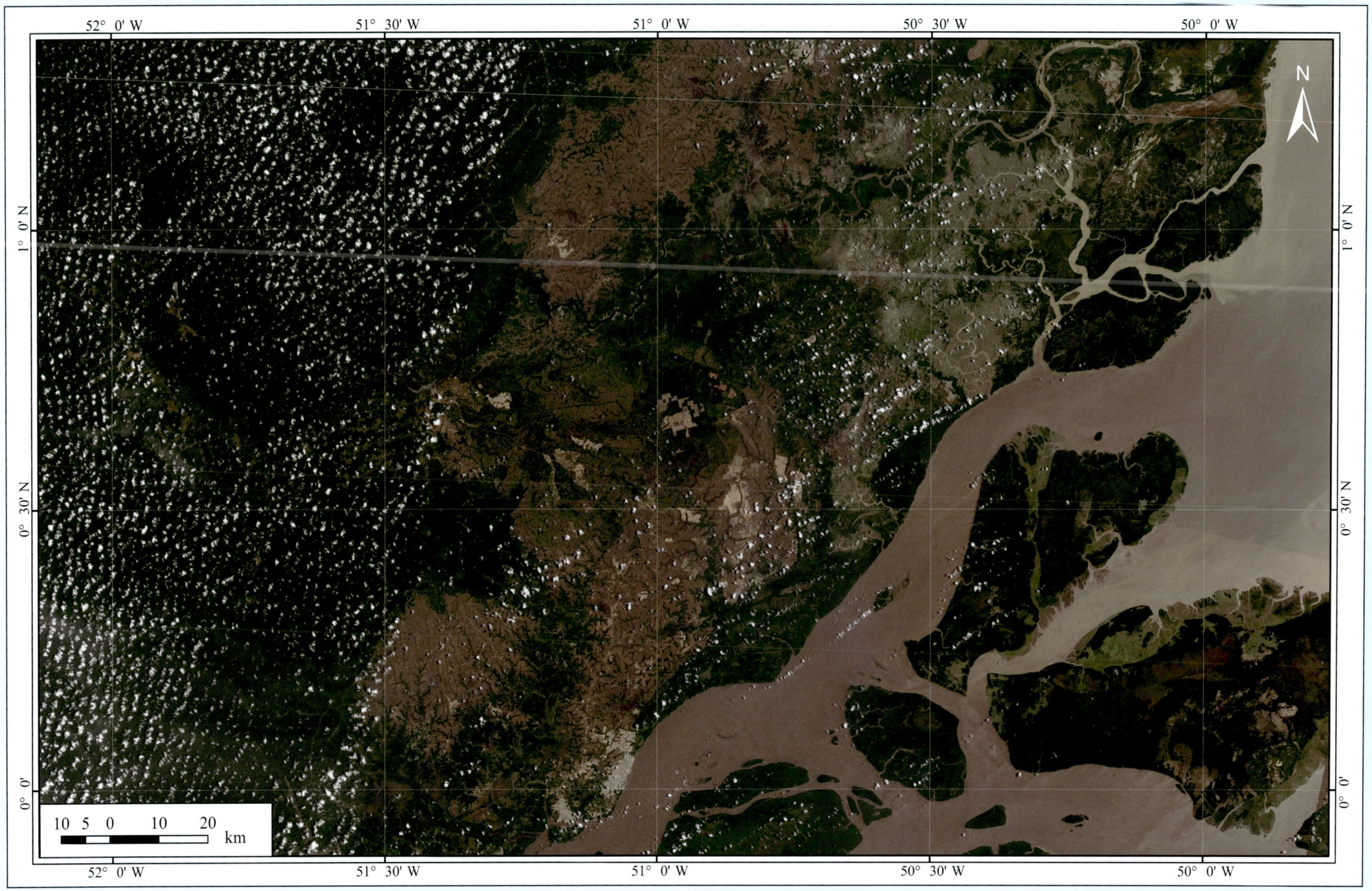

遥感产品： Landsat8
分 辨 率： 30m
影像时间： 2019年9月12日

马卡帕城市鸟瞰遥感图

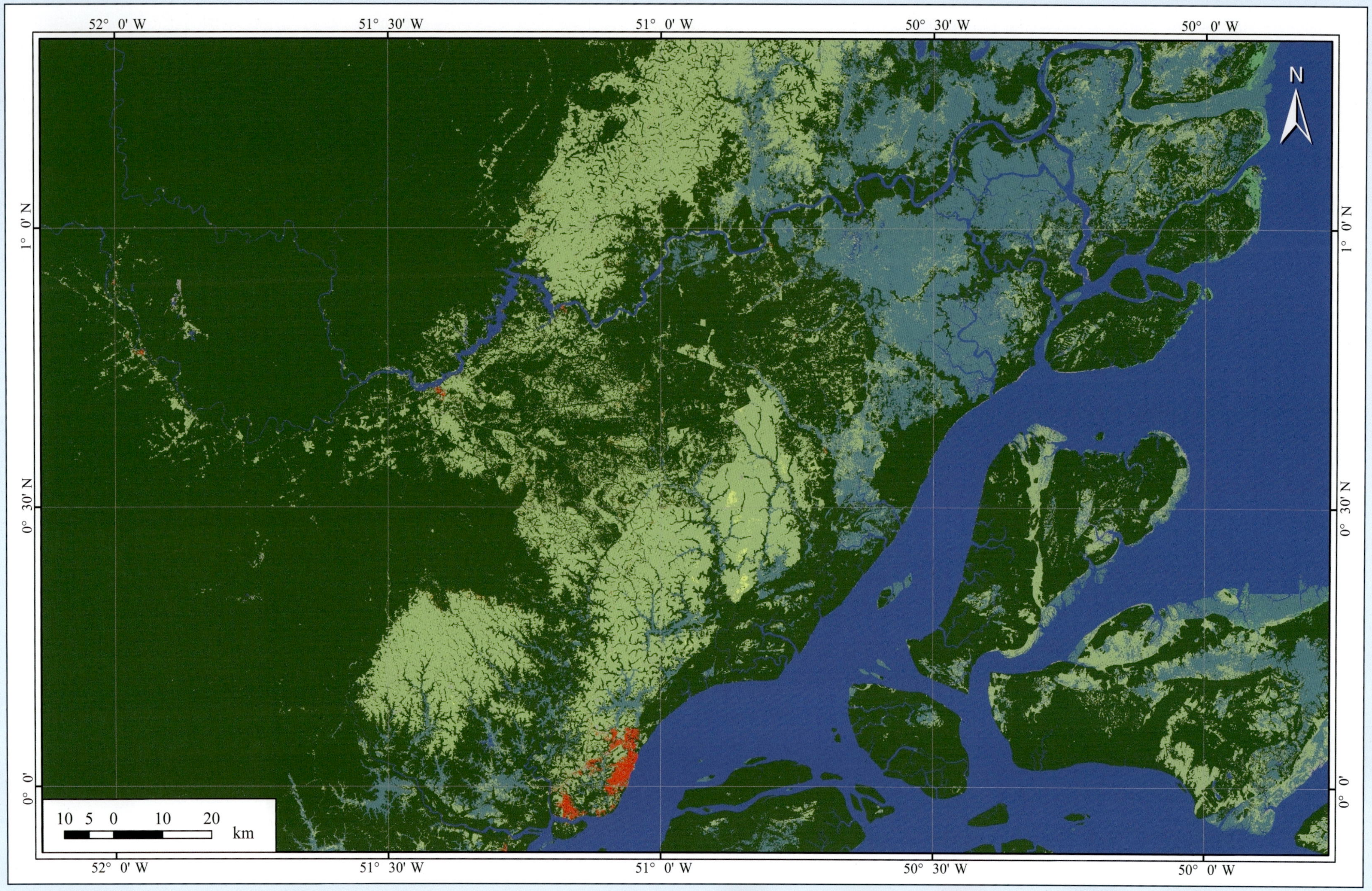

产品说明： WorldCover土地覆盖数据
分 辨 率： 10m
产品时间： 2021年

图 例

林地	草地	城镇用地	水体	红树林
灌木林	耕地	稀疏植被	湿地	

马卡帕城市土地利用图

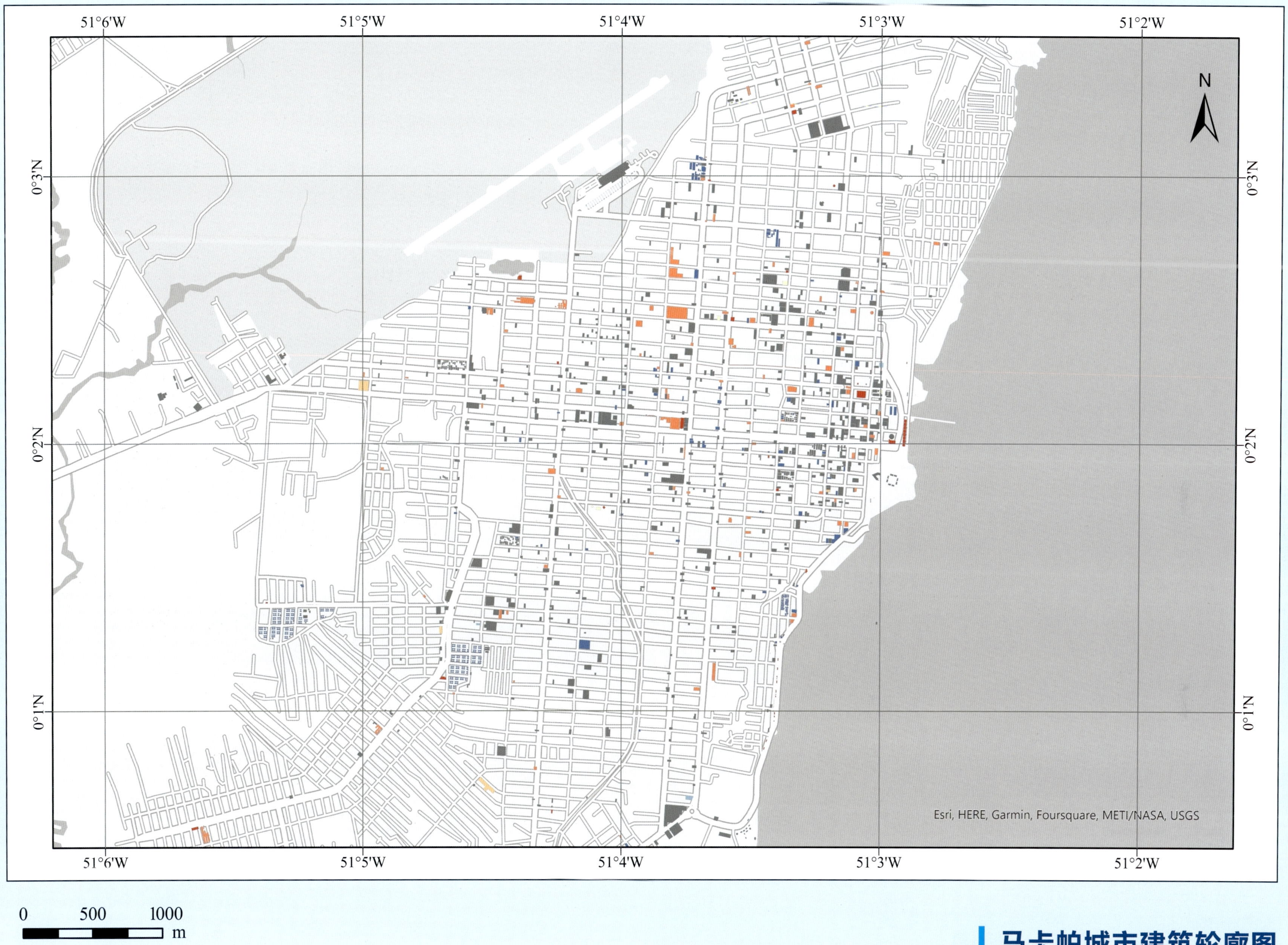
51°6'W
51°5'W
51°4'W
51°3'W
51°2'W
0°3'N
0°2'N
0°1'N
N
Esri, HERE, Garmin, Foursquare, METI/NASA, USGS
0
500
1000
m

马卡帕城市建筑轮廓图

遥感产品：Maxar　分辨率：1m　影像时间：2022 年 6 月 3 日

马卡帕城市入海口遥感图

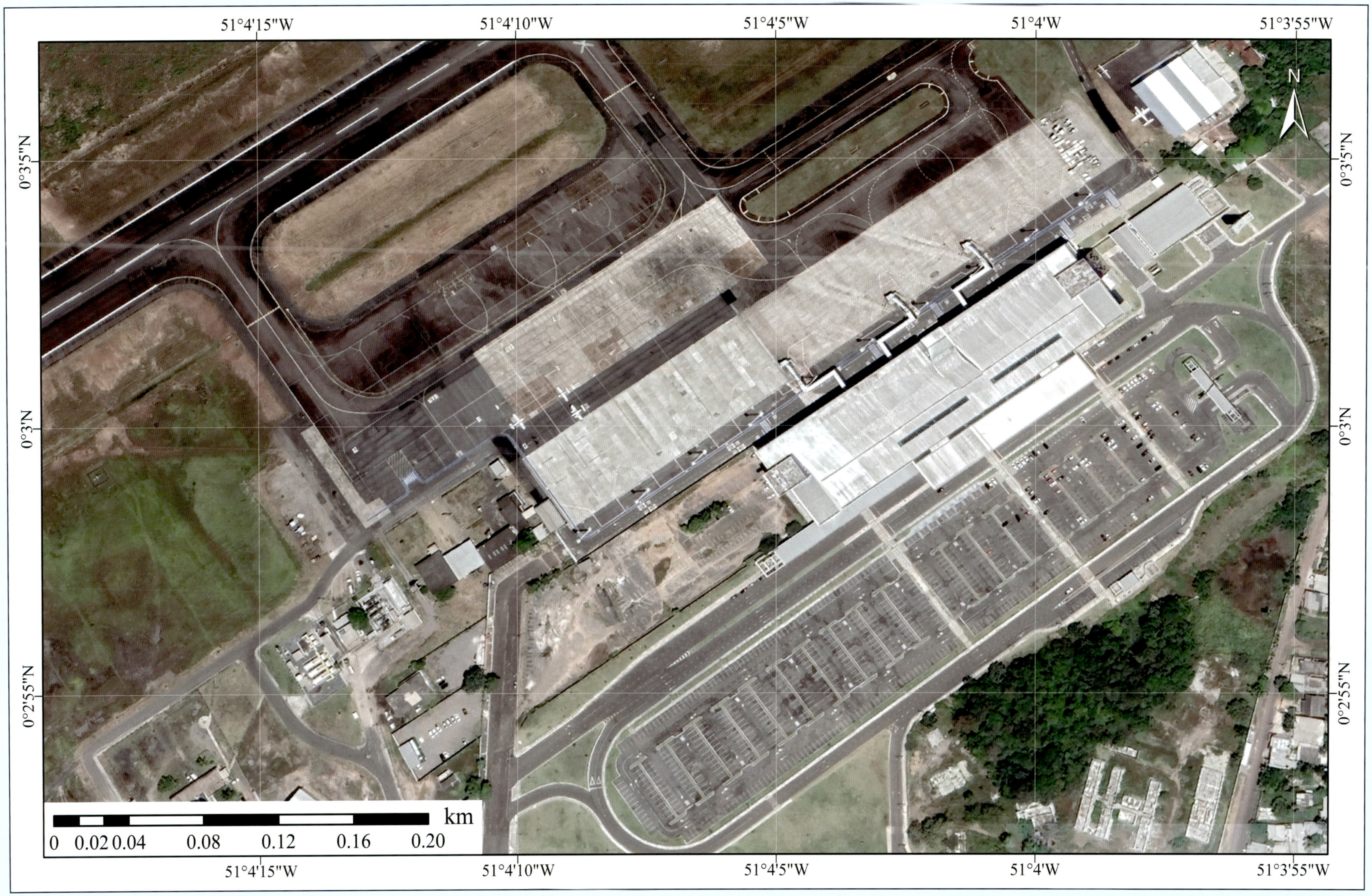

遥感产品：Maxar 分辨率：1m 影像时间：2022 年 9 月

马卡帕国际机场

遥感产品：Maxar 分辨率：1m 影像时间：2019 年 10 月 14 日

马卡帕堡垒

遥感产品：Maxar 分辨率：1m 影像时间：2021 年 6 月

阿马帕联邦大学

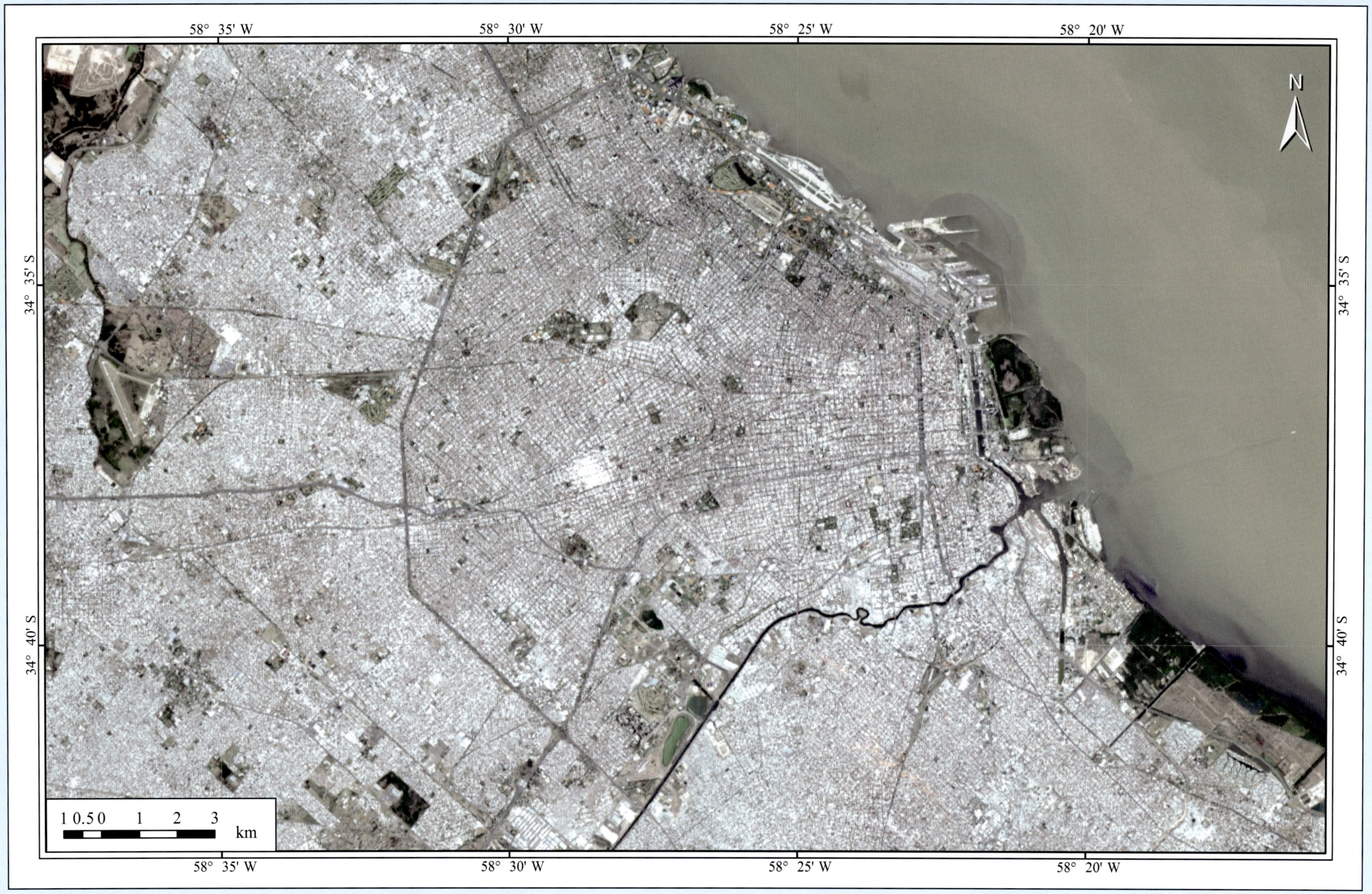

遥感产品：Landsat8

分 辨 率：30m

影像时间：2019年10月5日

布宜诺斯艾利斯城市鸟瞰遥感图

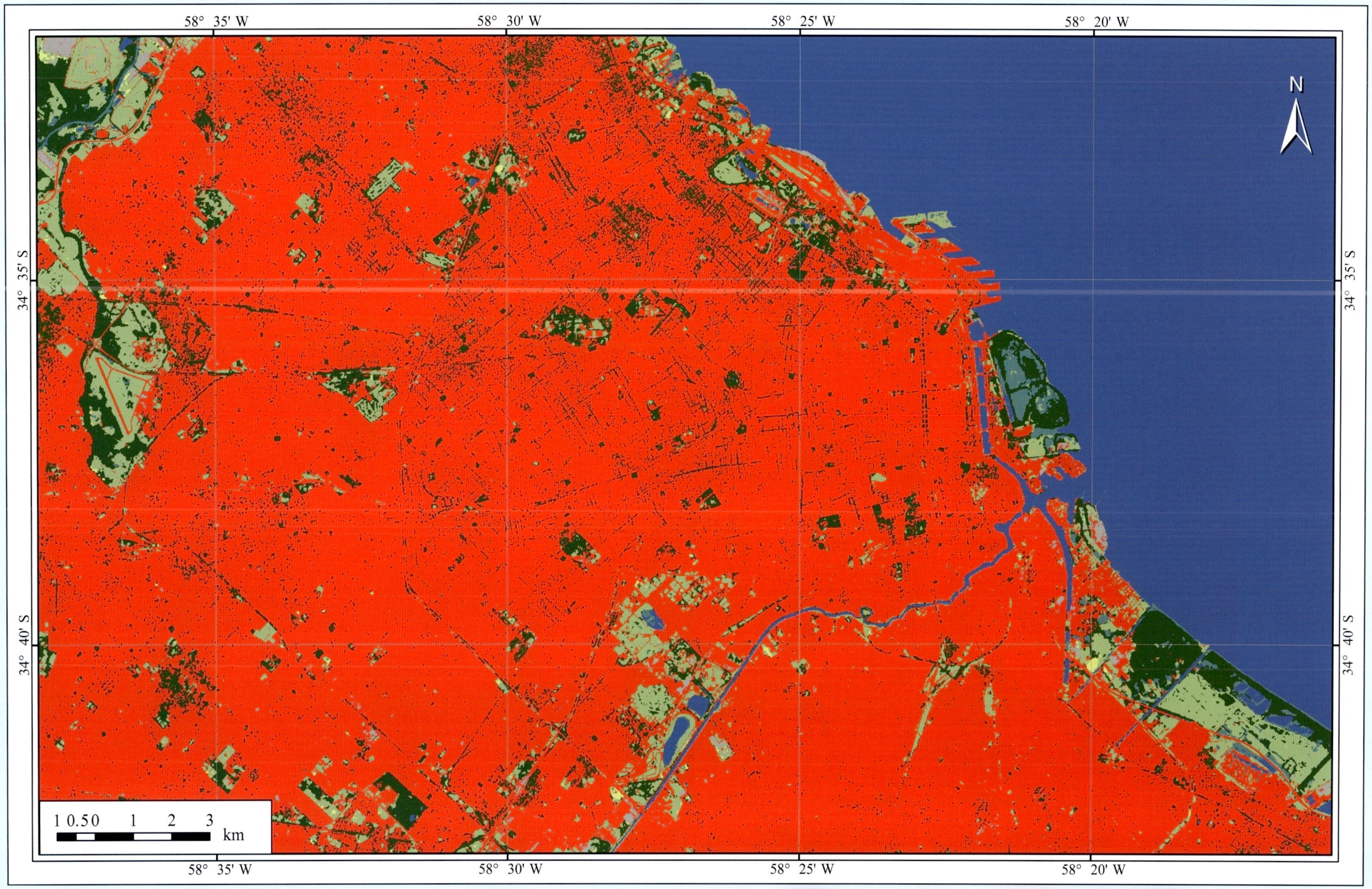

产品说明： WorldCover土地覆盖数据

分 辨 率： 10m

产品时间： 2021年

图 例

林地	草地	城镇用地	水体
灌木林	耕地	稀疏植被	湿地

布宜诺斯艾利斯城市土地利用图

km
0 0.25 0.5 1 1.5 2

布宜诺斯艾利斯城市建筑轮廓图

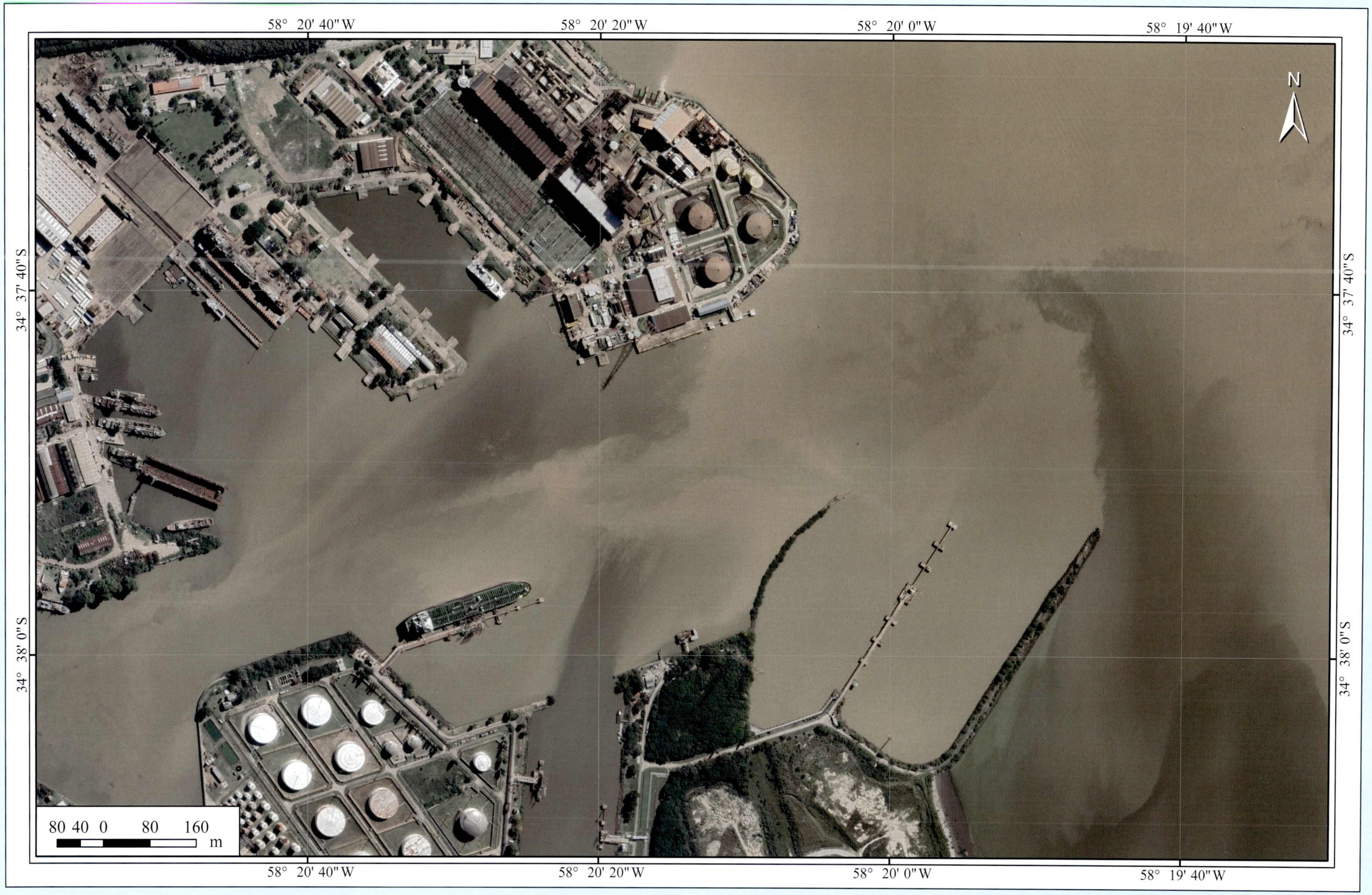

遥感产品：Maxar　分辨率：2m　影像时间：2022 年 4 月

布宜诺斯艾利斯城市入海口遥感图

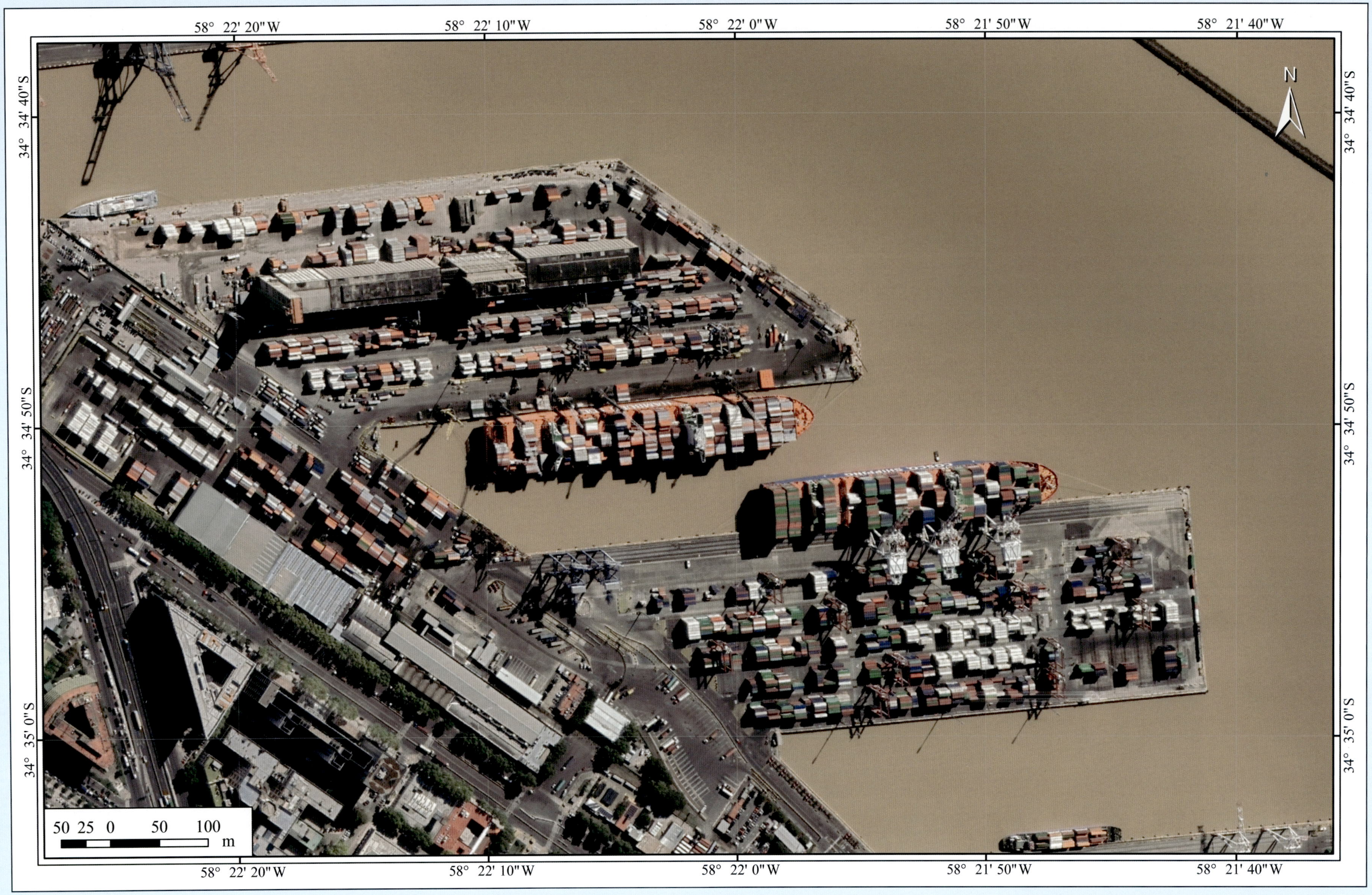

遥感产品：Maxar 分辨率：0.5m 影像时间：2022 年 4 月

布宜诺斯艾利斯城市港口遥感图

遥感产品：Maxar　分辨率：1m　影像时间：2023 年 2 月

规整的街区

遥感产品：Maxar　分辨率：1m　影像时间：2023 年 2 月

五月广场

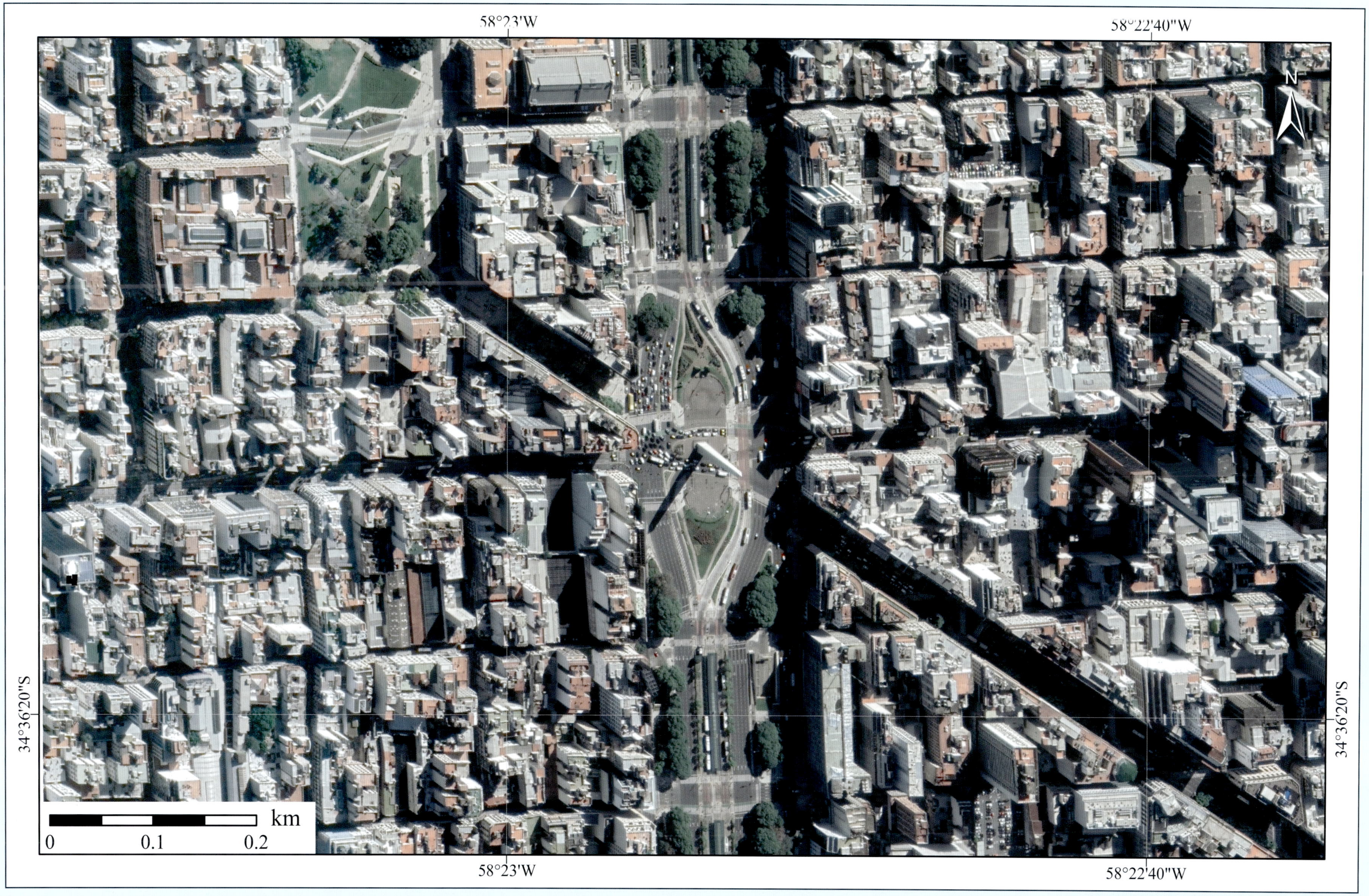

遥感产品：Maxar　分辨率：1m　影像时间：2023 年 2 月

方尖碑

Oceania

大洋洲

主要入海口城市

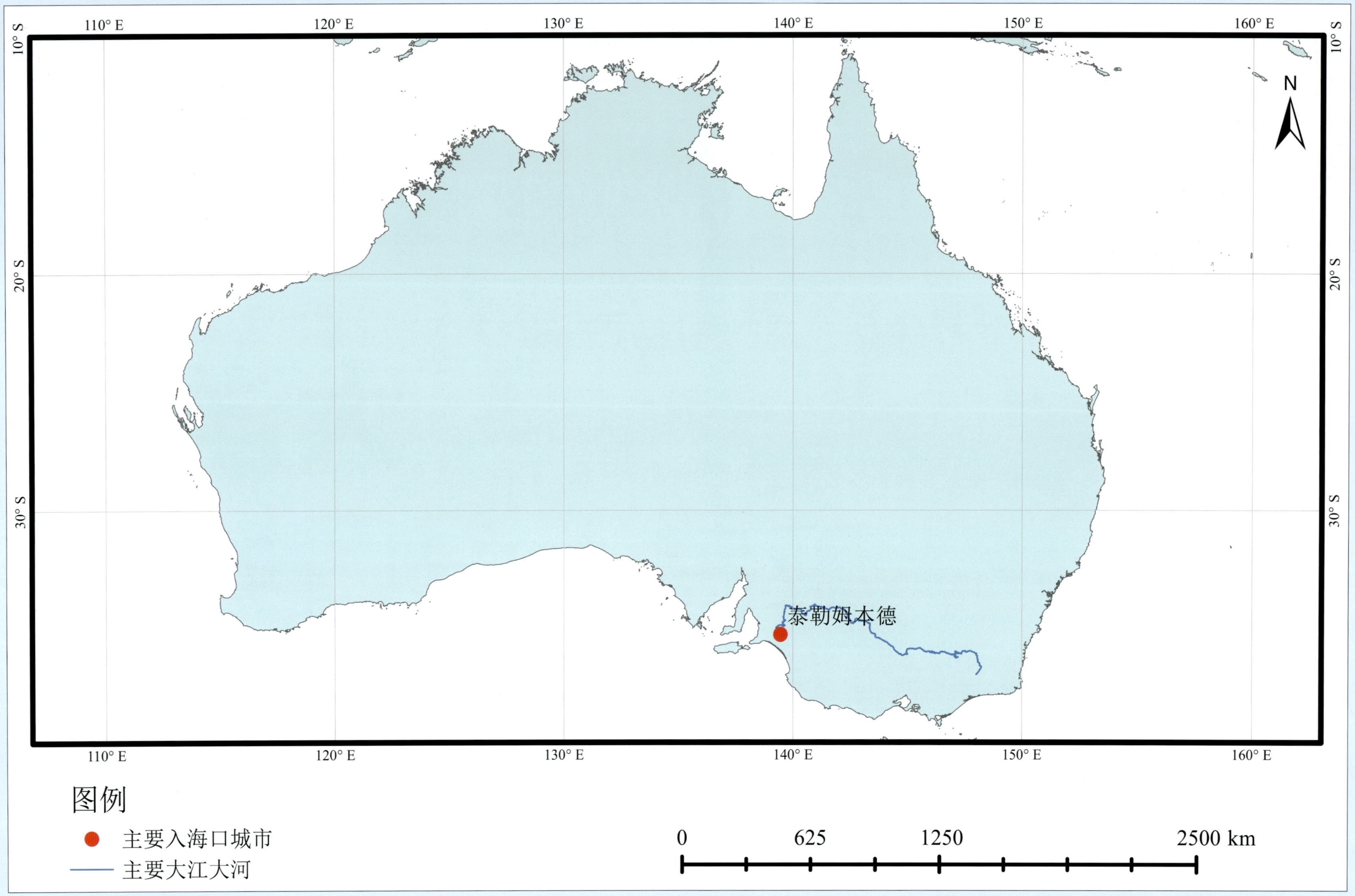

大洋洲主要入海口城市地理分布

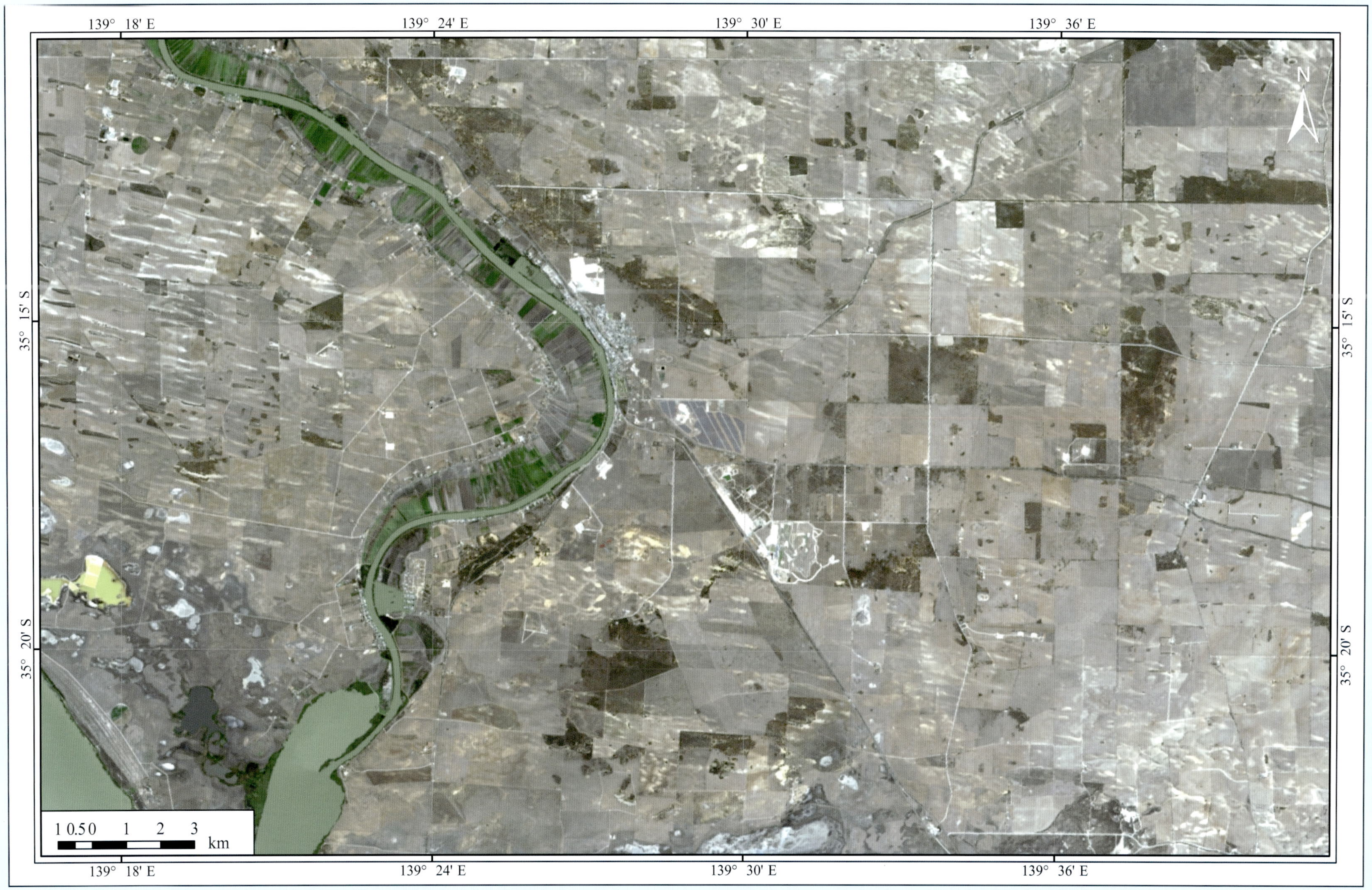

遥感产品：Landsat8

分 辨 率：30m

影像时间：2022年03月21日

泰勒姆本德城市鸟瞰遥感图

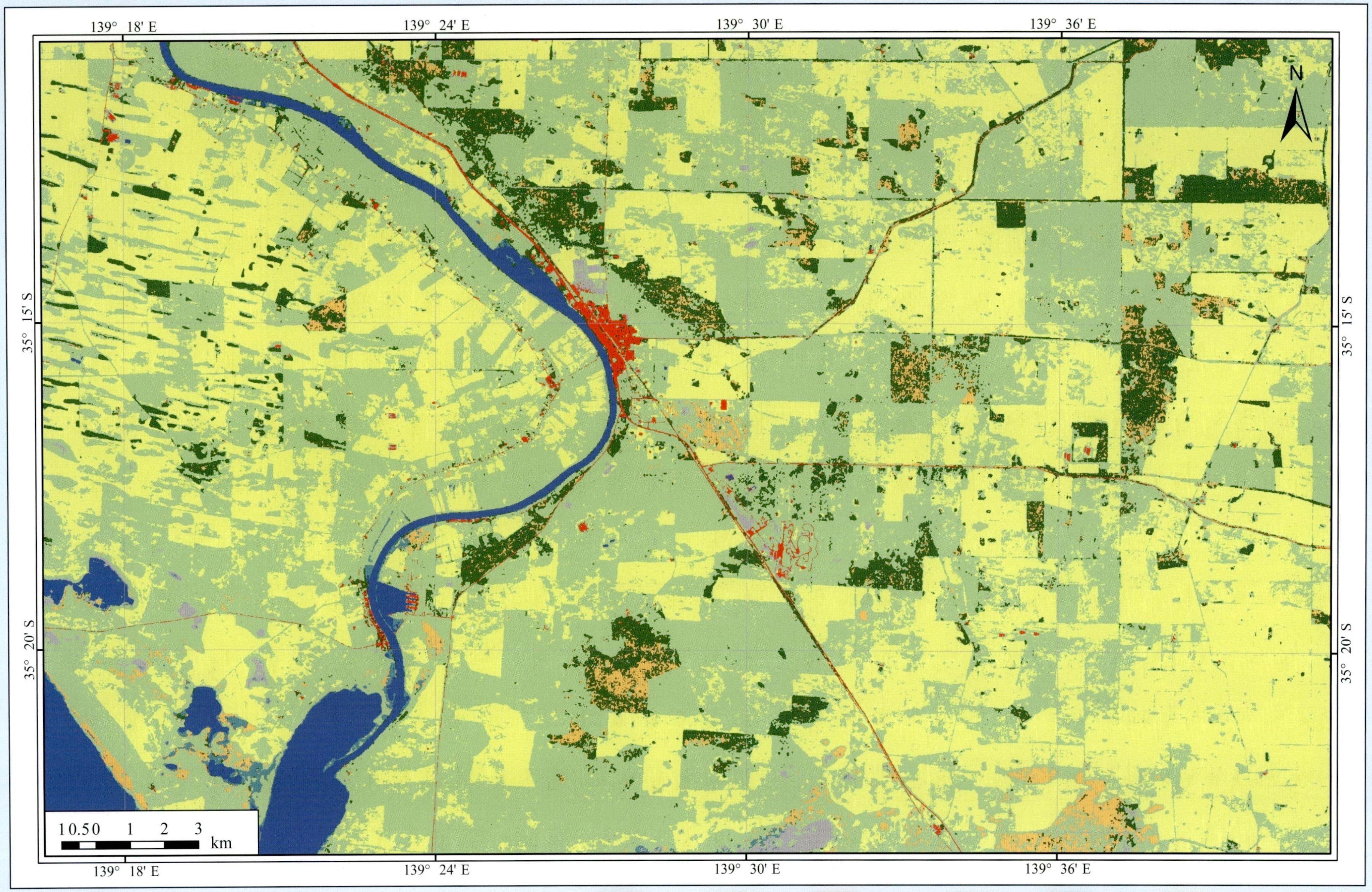

产品说明：WorldCover土地覆盖数据
分 辨 率：10m
产品时间：2021年

图 例

林地	草地	城镇用地	雪地	湿地	苔藓地衣
灌木林	耕地	稀疏植被	水体	红树林	

泰勒姆本德城市土地利用图

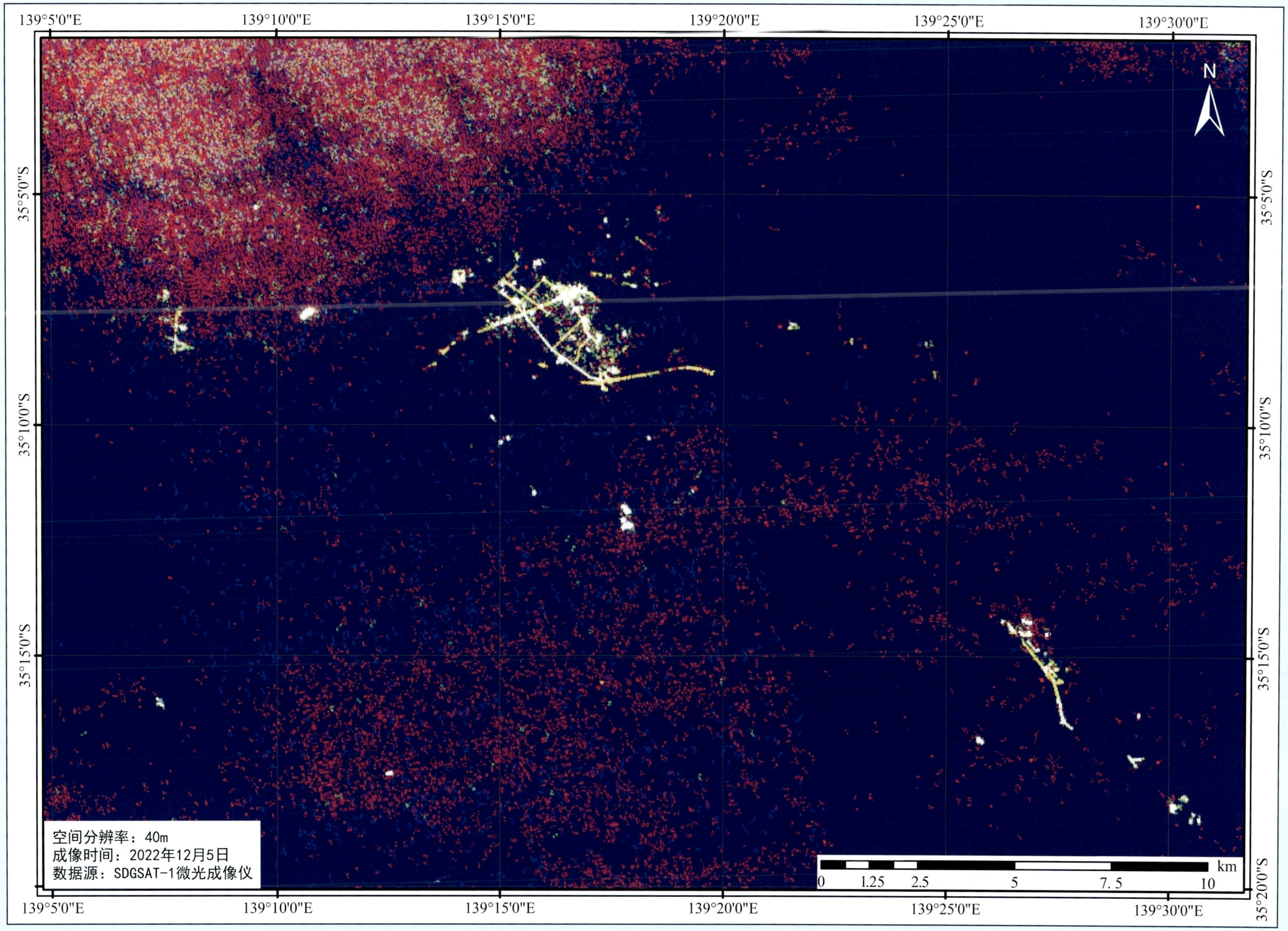

泰勒姆本德夜间灯光遥感图

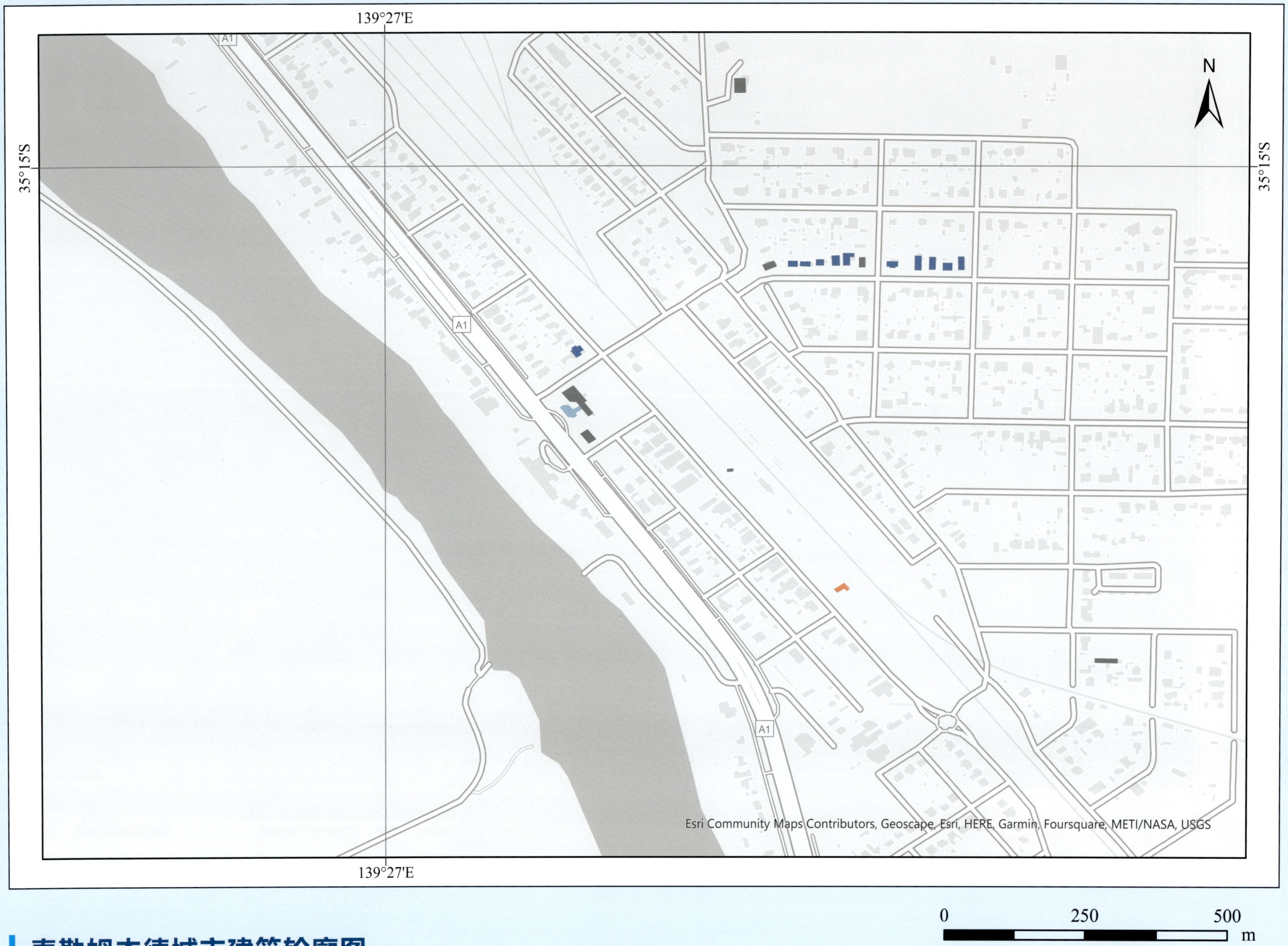

泰勒姆本德城市建筑轮廓图

遥感产品：Maxar　分辨率：1m　影像时间：2018 年 3 月

老泰勒姆镇

遥感产品：Maxar 分辨率：1m 影像时间：2018 年 3 月

墨累河两岸

遥感产品：CNES/Airbus　分辨率：1m　影像时间：2020 年 11 月

光伏发电厂

遥感产品：CNES/Airbus　分辨率：1m　影像时间：2020 年 11 月

赛车公园